撼動華爾街的數學鬼才

瘋狂又高智商的淘金客，如何運用量化交易鯨吞市場、掀起海嘯

How a New Breed of Math Whizzes
Conquered Wall Street and Nearly Destroyed It

THE QUANTS

史考特．派特森 SCOTT PATTERSON——著　盧開濟——譯

國際好評——8
人物介紹——11

第1章
從賭博開始——14
這場賽事的參與者都是百裡挑一的富豪和天才，是憑著神算和果敢橫行華爾街的風雲人物。白天，他們是精英交易員，衣冠楚楚地撮合一筆筆買賣；到了晚上，他們搖身一變，成了狂熱的豪賭客。這些人都是高階金融弄潮兒，他們平時行蹤詭秘，走出這個大廳便鮮為人知，但實際上，他們是金融市場的幕後領袖，談笑間決定著全球金融體系數百億美元的跌宕起伏。

第2章
寬客教父：愛德華．索普——29
索普的二十一點常勝模型和凱利的最佳下注系統，兩相結合所向披靡。儘管莊家頻設障礙，索普和基梅爾還是能夠連續擊敗莊家。索普明白，他就是戰勝屠夫的羔羊。很快，他便把目光投向了世間最大的賭場——華爾街。做為寬客教父，索普為數學交易員開闢了一條康莊大道。幾十年後，寬客成了華爾街的主宰，也幾乎將它摧毀。

國際好評

「史考特．派特森擁有看到你我所看不到的事情的魔力。他對本書的付出令人欽佩，他揭穿了黑箱交易者的祕密，而且敘事方式引人入勝。」

——納希姆．塔雷伯（Nassim Nicholas Taleb），《黑天鵝效應》、《隨機騙局》作者

「如果你想了解為何全球經濟系統崩潰的原因，在於那套系統所奠基的現代經濟理論存在根本性問題，卻有一批死忠門徒戮力奉行，那麼你該來看這本書。派特森有能力用極為吸引人又充滿洞見的故事，妥善地解釋我們經濟系統內的複雜理念。」

——馬克．贊迪（Mark Zandi），穆迪分析公司首席經濟學家

「派特森編織一本性格飽滿的故事，詳細描述了一群奇葩天才如何先是在賭桌上取勝，隨後又躍入世界最大的賭場——華爾街。從二十一點牌戲到黑天鵝叢生，本書告訴你我們為何會走到這個地步。」

——威廉．龐士東（William Poundstone），《紐約時報》傑出財經新聞獎得主

「頗具啟發又有娛樂性……派特森出色地細述這些數學大師與科技大師是如何忽略了人性本質。如果你真心想要理解金融崩潰的成因，你一定要閱讀本書。」

——大衛．維斯（David Vise），普立茲釋義性報導獎得主

「你是否想過，那些主宰華爾街的寬客們，是從何處而來，又做了哪些大事嗎？派特森為你準備了極佳的答案。」

——賈斯汀．福克斯（Justin Fox），《哈佛商業評論》前編輯總監

「本書揭露的資訊，會讓坐在高檔椅子上的避險基金經理緊張不安，也讓其他讀者驚詫於那些經理的貪婪程度以及他們對經濟層面的廣泛影響。」

——保羅．威爾莫特（Paul Wilmott），前避險基金經理人

「有趣且令人不安的一本書……派特森賦予寬客大師們面貌與人格，使他們的傳奇故事易讀又有趣……他的巨作讓人不禁想了解更多。」

——《紐約時報》

「本書深具價值，讓寬客大師的祕密世界為人所知，其中祕辛充斥著傲慢、高風險和昂貴的玩具。」

——《彭博社》

「引人入勝……在史考特．派特森這本著作中，描述了許多令人激動、戲劇化的時刻，也不缺幸災樂禍的趣味。」

——《金融時報》

人物介紹

彼得・穆勒（Peter Muller）

摩根史坦利神秘的內部避險基金產品開發團隊「過程驅動交易」經理，他以性格古怪、直言不諱著稱。這位數學天才偶爾會以街頭藝人的身份在通勤時段高峰出現在紐約地鐵站。二〇〇七年，在長期休假後，穆勒帶著雄心勃勃的業務和利潤擴張計畫回到過程驅動交易小組重掌大局。

肯・格里芬（Ken Griffin）

堅忍不拔的芝加哥避險基金「大本營投資集團」經理。他的公司是世界上最大、最成功的避險基金公司之一。在金融危機之前，格里芬花費了八千萬美元購置藝術品，並在巴黎凡爾賽宮舉行婚禮。

克里夫・艾斯尼斯（Cliff Asness）

口無遮攔、脾氣火爆的「ＡＱＲ資本管理公司」創始人。金融危機前，他的公司資產管理規模近四百億美元。ＡＱＲ原本已經做好了上市的所有準備，但因危機來襲只好無奈放棄。

博阿茲・魏因斯坦（Boaz Weinstein）

美國西洋棋聯盟終生大師、撲克算牌高手，德意志銀行頂尖衍生性商品交易員。他創立了德意志銀行內部的避險基金「薩巴」。在他的帶領下，薩巴成為世界上最強大的信用交易基金，部位總價值達三百億美元。

吉姆・西蒙斯（Jim Simons）

神秘的億萬富翁、「文藝復興科技公司」經理。他的公司是史上最成功的避險基金，其投資手法一直帶有濃厚的神秘色彩。文藝復興科技公司由一群科學家組成，大部分人以前是密碼分析專家和語音辨識專家。

愛德華・索普（Edward Thorp）

最早的一批寬客之一，被譽為「寬客教父」。他是二十世紀五〇年代特立獨行的數學教授，開發出一套「二十一點必殺技」，將賭博技巧與投資聯繫起來，後來又運用這些技巧在華爾街攫取了百萬美元利潤。

亞倫・布朗（Aaron Brown）

使用數學技巧在「說謊者的撲克牌」遊戲中顛覆了華爾街的舊秩序。職業上的便利使他很早便發現了抵押貸款證券的爆炸式增長，這在當時還尚未引起重視。

保羅．威爾莫特（Paul Wilmott）

寬客中的另類大師，牛津大學數理金融項目創始人。二〇〇〇年時，威爾莫特就警告說數學家將導致市場崩潰。

本華．曼德博（Benoit Mandelbrot）

數學家，從二十世紀六〇年代就開始警告量化模型所面臨的「黑天鵝」威脅——但這很快就被戰無不勝、所向披靡的寬客們忘得一乾二淨。

1 從賭博開始

彼得・穆勒（Peter Muller）踏入聖瑞吉斯飯店的凡爾賽大廳。這是一家位於曼哈頓中城的百年老店，儘管大廳美輪美奐，但穆勒對此視而不見。

能夠引起他注意的，不是天花板上金碧輝煌的三層碎花玻璃吊燈，不是左邊的古董落地鏡，也不是賓客身上的亞曼尼禮服和珠光寶氣的晚裙。空氣中彌漫的金錢味道，還有血戰到底的純粹陽剛競賽氣息，這些才是令人陶醉的馥鬱芬芳，環繞在他左右，令他無法自拔。迎接穆勒的是新啟香檳的翻騰泡沫，還有朋友們會意的頷首和目光。在這裡，各路頂尖銀行家和避險基金經理濟濟一堂，他們是這個世界上最富有的人，是穆勒的同類。

現在是二〇〇六年三月八日，「華爾街的撲克之夜」即將開始。一百多位玩家金履華服，在大廳中川流不息。白天，他們是精英交易員，衣冠楚楚地撮合一筆筆買賣；到了晚上，他們搖身一變，成了狂熱的豪賭客。今晚進行的是一項小型私人賽事，參與者都是百裡挑一的富豪和天才，是憑著神算和果敢橫行華爾街的風雲人物。這些人都是高階金融弄潮兒，大部分是穆勒的同儕，他們平時行蹤詭秘，走出這個大廳便鮮為人知，但實際上，他們是金融市場的幕後領袖，談笑間決定著全球金融體系數百億美元的跌宕起伏。

同在凡爾賽大廳的還有一些職業撲克玩家。T・J・克盧捷（T.J. Cloutier）曾六十次榮獲撲克大賽冠軍，以及科洛妮・高恩（Clonie Gowen），德州的金髮美人，有著天使的面孔、魔鬼的身材；不過在這間大廳裡，她是美國最成功的撲克女玩家之一的身份才是重點。

穆勒四十二歲，皮膚黝黑、身體健碩，看上去比實際要年輕十歲，儼然是短小精悍版的巔峰期派特・布恩，[1]身上散發著一種戰無不勝、男人特有的輕鬆酷感。他朝大廳另一端的吉姆・西蒙斯（Jim Simons）招了招手，西蒙斯是身家億萬美元的數學天才、全球最成功的避險基金——文藝復興科技公司（Renaissance Technologies）的創始人。這位鬍子花白、有些禿頂的量化投資大師四周圍滿了仰慕者，他一邊向穆勒眨眼示意，一邊和他們交談。

二〇〇五年，西蒙斯收取的避險基金管理費高達十五億美元，創下了當時的最高紀錄。他的精英交易員團隊棲身於長島西岸一隅，整合了世界上最高深的科學和數學成果——從量子物理、人工智慧到語音辨識技術，無所不包，然後他們將這些成果應用於金融市場，攫取了數十億美元的利潤。在穆勒心目中，「數風流人物，還看西蒙斯」。

穆勒和西蒙斯在二十世紀九〇年代早期就已經認識了，當時穆勒一度考慮加入文藝復興科技公司，但最終他還是決定前往紐約投資銀行巨頭摩根史坦利組建自己的避險基金。穆勒將他的精英交易團隊稱為「過程驅動交易」（Process Driven Trading；PDT），這是個神秘組織，甚至不為大多數摩根史坦利員工所知。然而，他們過去十年的業績記錄足以傲視華爾街，區區五十人便為摩根史坦利帶來六十億美元的利潤。

穆勒和西蒙斯是「寬客」（quants）中的巨人。寬客是一類不同尋常的投資者，他們使用複雜的數學公式和超級電腦，在稍縱即逝的市場機會中挖掘數十億美元的利潤。二十一世紀初，精於技術的寬客開始成為華爾街的主宰，他們手中的武器便是數學在金融市場應用方面的理論突破，其中不乏獲得諾貝爾獎的成果。他們將這些突破運用於高度實際、利潤豐厚的實踐當中，計算市場運行的可預測模式。

這些依靠電腦程式交易的投資者對公司的基本面毫不在乎；諸如員工士氣、執行長的尊容等等，他們認為這些都是難以捉摸的東西。基本面屬於華爾街的老頑固研究的對象，這些人像華倫．巴菲特、彼得．林奇那樣，關注一家公司究竟生產什麼東西、品質如何之類的因素。而寬客對這些事情一無所知，他們預測某公司的股票會漲或跌是基於一連串令人頭暈的變數，比如該公司股價相對市場上的其他股票是高還是低、漲跌是快還是慢，或是把這兩者綜合起來考慮，再搭配諸多變數。

在聖瑞吉斯飯店之夜，寬客們意氣風發。此刻，他們是人中龍鳳，是華爾街的主宰，一如二十世紀八〇年代的垃圾債券之王麥克．米爾肯（Michael Milken）君臨金融市場，又如二十世紀九〇年代靠腰痛決定買賣的避險基金經理喬治．索羅斯（George Soros）征服華爾街。

穆勒理了理遮住自己眼睛的沙褐色頭髮，一邊從移動托盤中取酒，一邊尋找朋友。今晚一些老派的基本面投資者也在場，他們時不時地與寬客們擦肩而過。長著娃娃臉的綠光資本經理大衛．艾因霍恩（David

Einhorn），[2][3]倚在又高又窄的窗前打電話，從那裡可以俯瞰五十五號大街與第五大道。他僅三十七歲，但已迅速崛起為業界最強的基本面投資者，回報率連年保持在二〇％以上。艾因霍恩同時也是撲克高手，曾在二〇〇七年拉斯維加斯「世界撲克系列賽」獲得第十八名，斬獲六十五萬九千七百三十美元獎金。

接著，穆勒又碰到一位億萬富翁——肯・格里芬（Ken Griffin）。格里芬長著一雙藍眼睛，是美國大本營投資集團（Citadel Investment Group）經理，出了名的冷酷無情。他的避險基金是業內最大、最成功的避險基金之一。大本營堪稱是避險基金中的「墳墓舞者」，[4]基金以整頓受困公司而著稱，擅長在斷肢殘臂之間尋找剩餘的血肉。但他的基金的核心引擎是基於計算程式的數學模型，他們根據這些模型的指引採取行動。格里芬留著板寸頭，髮色烏黑，是員工眼中的午夜惡兆，即使是親信也怕他怕得要死：**絕對不要在暗地裡跟肯・格里芬耍小把戲。他笑過嗎？這傢伙希望主宰一切他所接觸到的東西。**

「彼得。」

穆勒感到有人拍了下自己的背，原來是老友兼牌友克里夫・艾斯尼斯（Cliff Asness）。艾斯尼斯在二十世紀九〇年代早期從高盛發家，目前是最老牌的純量化避險基金之一——AQR資本管理公司——的經理，是與穆勒、格里芬平起平坐的寬客急先鋒。

「今晚咱倆好好贏一把？」他說。

艾斯尼斯明白，穆勒絕不會錯過這個加冕「世界寬客撲克之王」的機會。穆勒沉迷於撲克已經好幾年了，最近還把艾斯尼斯帶入了一個私人高賭注牌局，與其他幾位交易員和避險基金高手對弈。牌局通常設在曼哈頓各大飯店的豪華包間中，入場額高達一萬，玩家和觀眾都是艾斯尼斯和穆勒這樣的一流交易員。

儘管是由寬客們主持牌局，一些傳統投資界的巨頭也共襄盛舉。卡爾・艾康（Carl Icahn）是這個牌局的常客，他過去曾以用撲克贏到的四千美元在華爾街發家。大道資本集團（Avenue Capital Group）經理馬克・拉斯瑞（Marc Lasry）也是賭客一員，該避險基金同年稍晚聘用了前第一千金雀兒喜・柯林頓（Chelsea Clinton）。拉斯瑞被咸認為是冷靜的投資者，但他不動聲色的舉止實則掩蓋了他放手一搏的心態，據傳他曾不看手牌就下了十萬美元重注，而且贏了。

令艾斯尼斯感到不快的是，他搞不清楚穆勒什麼時候才會在曼哈頓。這傢伙經常到處亂飛，不是遠赴不丹坐牛車觀光，就是在玻利維亞玩漂流，要不然就前往大提頓山高山滑雪，[5]有時還去格林威治村的卡巴萊假扮民謠歌手。[6][7]穆勒甚至有過在紐約地鐵裡彈唱鮑勃・狄倫作品的經歷，[8]琴盒裡還散落著一堆硬幣，想必是哪個過路人給的施捨；對方一定不知道這個賣藝的傢伙其實身家億萬，還擁有私人飛機。

艾斯尼斯長著一雙頑皮的藍色眼睛，身材矮壯、一臉橫肉、有些禿頂；身穿卡其褲、開領衫，裡面是一件白T恤，他一邊眨眼睛，一邊捋著橙灰色的鬍碴。艾斯尼斯不像穆勒那樣八面玲瓏，但在金融方面的本事毫不遜色，過去五年也是戰績彪炳。他的公司全稱「應用量化研究資本管理公司」（Applied Quantitative Research; AQR）管理著兩百五十億美元資金，正處在高速成長期。

艾斯尼斯在業內以精明著稱，但努力工作才是他成功的秘訣。二十世紀九〇年代早期，他是赫赫有名的芝加哥大學經濟系優等畢業生。二十世紀九〇年代中期，他是高盛的明星員工；一九九八年，他離開高盛自立門戶草創ＡＱＲ，一開始便籌集到十多億美元，這在當時已接近最高紀錄。隨著財富的增長，他的自負和火氣也日漸膨脹。在外人眼裡，艾斯尼斯常常拿自己尋開心，思維極其犀利；但在ＡＱＲ內部，他經常突然爆發，把電腦摔個稀爛，還沒完沒了地給戰戰兢兢的員工發送打擊自尊的郵件。他的牌友也常常被嚇到——只要拿到一手爛牌，他便會勃然大怒，把身邊的飯店設施給砸了。

「看見博阿茲了嗎？」艾斯尼斯一邊問，一邊環顧大廳。

他們在找博阿茲．魏因斯坦（Boaz Weinstein），私人牌局的又一個成員。魏因斯坦今年只有三十三，但已是德意志銀行美國信用交易總管。他是國際象棋「終身大師」，二十五歲便成為德意志銀行的副總裁，兩年後又被任命為董事總經理，[9]是德意志銀行有史以來最年輕的董事總經理之一。魏因斯坦主持著德意志銀行內部一個非常成功的避險基金，打算將其命名為「薩巴」（Saba），即希伯來語「聰明的祖父」之意，這是為了紀念他自己的薩巴。

魏因斯坦每年都要和麻省理工學院的秘密二十一點小組成員（其中有好些人都在德意志銀行的交易部門上班）一起去幾次拉斯維加斯。這個小組現在早已名震江湖，先是被寫成了暢銷書《贏遍賭城》（Bringing Down the House），隨後又被好萊塢改編成電影《決勝二十一點》。據熟悉魏因斯坦的人說，他的名字已經上了不止一家拉斯維加斯賭場的黑名單，不過他對此毫不在意。拉斯維加斯雖然賭場遍地，但沒有一家比得上他每天都要在曼哈頓下城的三層辦公室中搏殺的那一家——華爾街。[10]

「在那兒呢。」穆勒一邊說著一邊指向魏因斯坦。魏因斯坦臉色粉白、棕色頭髮，他一邊在黑莓手機上飛快地打字，一邊和科洛妮．高恩聊天。艾斯尼斯朝他吹了聲口哨，又咳嗽了一聲。

各玩家很快直奔主題，優美的開賽鈴聲將他們召入主廳，衣冠楚楚的莊家早已在一張張牌桌前準備就緒，嶄新的撲克牌排成彩虹狀展現在玩家面前。今晚玩的是德州撲克。雖然暗中劍拔弩張，但表面上一團和氣，畢竟這是一場慈善賽事，賭注中將抽出兩百萬美元用於支持紐約市公立學校的數學項目——這真是再合適不過了，因為參賽選手都是華爾街的數學天才。對於穆勒、艾斯尼斯、格里芬和魏因斯坦這樣的寬客來說，數學就是他們呼吸的空氣。連本次比賽使用的籌碼也是特製的，印有伊薩克．牛頓等數學宗師的頭像。

寬客的數學才華、好鬥的個性以及天賦異稟的賭博本能，使他們對撲克產生了近乎狂熱的癡迷——這個遊戲包含了勝算、迴圈心智博弈，還有虛張聲勢（如果我對此下重注，另一個人就會認為我認為他會這樣認為……）。艾斯尼斯對待賭博不像穆勒和魏因斯坦那樣認真，幾年前他參加了ＡＱＲ內部的撲克比賽，碰巧贏了一把，此後他才開始成為玩家。但他的牌友都是撲克狂人。穆勒從二十世紀八〇年代開始就頻繁出入撲克場，那時他還只是柏克萊加大的年輕寬客。他從二〇〇四年開始認真對待這項遊戲並成為一位高手，參加了世界撲克巡迴賽，還贏得近十萬美元。穆勒沉溺於網路撲克遊戲，甚至有過創設一支線上撲克避險基金的瘋狂想法。魏因斯坦是二十一點高手，但玩起撲克來也毫不含糊。他在二〇〇五年的奈傑特（NetJets）撲克錦標賽上贏過一部瑪莎拉蒂跑車。格里芬則是因為討厭在任何方面輸給別人，於是憑著交易場上的智力及其殺手本色，磨刀霍霍殺向牌桌。

就算他們平時在別處拚搏撲克，但此間在座的都是寬客同行，他們必須全力以赴。這絕非芸芸眾生比試小聰明，乃是自負的靈魂間進行的殊死搏鬥。平日裡他們在華爾街鬥法，但彼此看不見對方，只是利用電腦角逐全球金融市場這個高籌碼牌局——我之所贏乃萬里之外，不知何者之所輸。此時，他們終於有了面對面拼個你死我活的機會。

在投資方面，他們各顯征服市場的神通：格里芬專注於透過數學方程尋找廉價債券或是俯首可拾的倒楣公司；穆勒擅長利用摩根史坦利的高校能電腦進行瞬間股票買賣；艾斯尼斯對數十年市場趨勢的歷史檢驗，探尋其中隱藏的不為人知的價格模式；魏因斯坦則精於交易信用衍生性金融商品——價值由基本資產（某檔股票或某支債券）決定的證券，他尤其擅長信用違約交換交易（credit default swap; CDS），那是一種本質上相當於債券保險的新式衍生性金融商品。

這些人擅長的交易類別各不相同，但他們在某一點上是相同的：對某種難以捕捉的玄妙之物孜孜以求，而這正是他們最為強大的地方。寬客們有時虔誠地將這一玄妙之物暗自稱為「真諦」（the Truth）。

真諦是關於市場如何運行的終極奧秘，唯有透過數學才能發現。寬客透過研究市場中的隱匿模式揭示真諦，從而打開有著億萬美元利潤的寶藏之門。他們使用巨型機器——連接全球金融市場的超級電腦來尋找真諦，用它來發掘不為人知的財富。機器越強大，你所能知曉的真諦就越多；知曉的真諦越多，你就越有把握下重注，從而變得越富有。可以想像成穿著白色實驗袍的科學家建造越來越強大的儀器來仿製宇宙大爆炸時的情形，希望以此來弄清楚開天闢地的力量源自何處。誠然，他們這樣做的目的充滿了銅臭味，但終究也能證明一些東西。每多賺一分錢，就證明他們在實現學術夢想和發現未知真諦的路上又前進了一步。

寬客為這個飄忽不定的真諦，創造了一個名字：阿爾法（alpha），聽起來好像是巫師修煉的某種秘方。阿爾法代表一種難以捉摸的技能，有些人生而擁有，從而能夠連續擊敗市場。與阿爾法相對的還有一個希臘字母：貝塔（beta），代表平淡無奇的市場回報，即便是腦子缺根筋的傢伙也能輕鬆取得。

寬客喜歡阿爾法，厭惡貝塔。阿爾法就是真諦，只要得到它，就能實現富貴大夢。

阿爾法這個概念及其所蘊涵的一夜暴富密碼，在避險基金的世界中無處不在。給避險基金排名次的雜誌叫做《阿爾法》（Alpha）；業界人士頻繁訪問的網站叫做「尋找阿爾法」（Seeking Alpha）；凡爾賽大廳中的不少寬客用這樣那樣的方式，宣稱自己已經擁有阿爾法；艾斯尼斯將自己在二十世紀九〇年代中期成立於高盛內部的第一隻避險基金，命名為「全球阿爾法」（Global Alpha）；穆勒在一九九二年跳槽到摩根史坦利之前，曾為柏克萊的量化實驗基地BARRA建造過一個電腦投資系統，起名為「阿爾法製造者」（Alphabuilder）；曼哈頓中城摩根史坦利總部大樓的過程驅動交易小組辦公室中，懸掛著二十世紀六〇年代高達的黑色電影（film noir）《阿爾法城》（Alphaville）的海報。[11]

但是，總是有一片陰霾在寬客們的優美演算法之上揮之不去。也許他們的成功與技術根本沒有半點關係，他們只是撞到了狗屎運，被天上掉下的餡餅砸中而已，說不定哪天幸運之神就不辭而別。說不定市場根本就是不可預測的？說不定他們的電腦模型某一天會失靈？說不定「真諦」其實是不可知的？更糟糕的是，說不定世上本就沒有「真諦」？

平日裡，寬客們盡情揮灑著內心的阿爾法狂熱，在自己的交易室和避險基金中各自為戰，尋找真諦。但在牌桌上，他們可以彼此對視，一邊對著自己的牌微笑，一邊一擲萬金繼續跟牌，一邊尋找虛張聲勢的對手流露的膽怯和馬腳。今晚的比賽雖是慈善性質，它仍然是比賽。精於撲克便是精於交易，從根本上講，它還意味著更重要的東西：神出鬼沒的阿爾法。

比賽漸酣，寬客頗有斬獲。沒過多久，穆勒便戰勝了高恩和克盧捷。魏因斯坦早早便出局了，但穆勒和艾斯尼斯所向披靡，格里芬和艾因霍恩均止步於十強。隨著時間推移，競爭趨於白熱化，到淩晨一點三十分，牌桌上只剩下三位玩家：穆勒、艾斯尼斯，以及大本營的投資組合經理安德烈・帕拉西維斯庫（Andrei Paraschivesku），格里芬的員工。

戰鬥仍在繼續。艾斯尼斯對前兩手牌很不滿意，早早地蓋牌免戰，樂於在一旁靜候良機，把底池讓給穆勒和安德烈。觀眾們屏息靜望，位於二樓的凡爾賽大廳遽然安靜下來，窗外第五大道日夜不絕的都會噪音頓時顯得清晰。

格里芬打破沉寂，朝他的手下吼道：「安德烈，你要是不能幹掉穆勒，明天就別來上班了。」沒人知道格里芬是不是在開玩笑，這傢伙總是難以捉摸。

大廳裡重歸寂靜，安德烈將自己面前蓋著的兩張牌翻開一角。一對4，還不錯。穆勒也抬起牌角看了看自己的兩張牌，一對K。他決定全壓，把籌碼全部推入了底池；安德烈認為這是虛張聲勢，也推入了自己的所有籌碼，跟牌，亮出一對4。穆勒秀出一對K，他藍色的眼睛裡首次閃過一絲勝利的喜悅。觀眾一陣驚歎，格里芬叫得最響。安德烈手裡的牌無力回天，他就此出局。

現在只剩下穆勒和艾斯尼斯，寬客對寬客。穆勒占盡上風，在擊敗安德烈之後，他手中的籌碼多出對手七倍，艾斯尼斯需要連勝好幾把才能把兩人拉回同一起跑線，正可謂敵為刀俎，我為魚肉。

格里芬因自己的王牌交易員出局而憤憤不已，承諾要是艾斯尼斯能贏穆勒，就願意向他最喜歡的慈善事業捐贈一萬美元。艾斯尼斯笑道：「你到底是不是億萬富翁啊？這點錢也好意思拿出來。」

莊家發牌，穆勒拿到一張K和一張7。穆勒想：馬馬虎虎，還是全壓吧，自己有的是籌碼。但這看起來並非良策：艾斯尼斯手裡的牌更好，一張A和一張10。牌一張一張地發出，艾斯尼斯看起來是贏定了。但在最後一張牌上，穆勒又拿到一張K。雖然勝算看似不在他這邊，但他還是贏了。現實有時候就是如此。

觀眾席響起掌聲，格里芬則發出噓聲。賽後，穆勒和艾斯尼斯捧起銀質獎盃合影留念，科洛妮．高恩站在他們中間笑靨如花。不過最開心的還是穆勒。

那天晚上，當大廳裡的富豪們走出飯店，在曼哈頓街頭各自散去之時，他們正站在世界之巔：股市處在史上最長的牛市中，房地產市場正值繁榮。經濟學家大談特談「金髮女孩經濟」（Goldilocks economy）——既不太熱，也不太冷，穩步增長將長期持續。

普林斯頓的卓越經濟學家班．柏南克剛剛接替艾倫．葛林斯潘成為美國聯準會主席。二〇〇四年二月，柏南克在華盛頓發表了名為〈大穩健〉（The Great Moderation）的演講。他緊扣熱情高漲的時代主題，描述了一個奔騰的經濟新時代，波動性——那種劇烈、突發性、會給人民的生活和財產造成嚴重損失的經濟動盪——已被永久地連根拔起。在柏南克看來，經濟樂土背後的第一推動力是「金融市場的成熟和不斷深化」。

換句話說，格里芬、艾斯尼斯、穆勒、魏因斯坦以及西蒙斯這樣的寬客和其他統治華爾街的數學天才，幫忙消除了市場的波動性。透過對真諦的認識不斷增長，他們掃除混沌、建立秩序。每當市場大大偏離均衡，他們的超級電腦就爭先恐後地開始拯救作業，掃除價格失準的證券，讓陷入困境的金融王國重新穩定下來。金融系統成了被完美設定的機器，聽話地在寬客無所不知的數學世界中嗡嗡運行。

寬客對社會貢獻不小，報酬亦頗為豐厚，但又有誰會對此心存不滿？工人們目睹著自己的 401（k）帳戶資金隨著市場節節上漲，[12] 房價永遠向上攀升，銀行有充足的資金用於借貸，預言家也描繪著道瓊工業指數會年復一年永遠上漲、永不下跌，而寬客在此間功不可沒。這是一個偉大的時刻——生在華爾街、富在華爾街、功成名就在華爾街。

瘋狂的金錢正蜂擁而至。美國各大養老基金曾在二〇〇〇年的科技股泡沫中遭到重創，現在它們又爭先恐後地湧向避險基金——寬客們喜歡的投資載體——將其成員的退休儲蓄委託給神秘難懂的投資人。艾斯尼斯的ＡＱＲ資本管理公司，在一九九八年成立時規模只有十億美元，到二〇〇七年年中，其管理的資產已經接近四百億美元；大本營投資集團的規模達兩百億美元；二〇〇五年，西蒙斯宣佈文藝復興科技公司將發行新基金，籌資規模可能達到創紀錄的一千億美元；而年僅三十三歲的魏因斯坦，在德意志銀行管理著價值三百億美元的部位。

避險基金業增長神速。一九九〇年，避險基金僅僅支配著三百九十億美元資產，這一數字在二〇〇〇年上升到四千九百億美元，二〇〇七年又進一步膨脹到兩兆美元，其中還沒有包括銀行內部的避險基金。在蜂擁而至的金錢的推動下，摩根史坦利、高盛、花旗、雷曼兄弟、貝爾斯登以及德意志銀行這樣的老牌「白鞋銀行」，[13]正在迅速轉型為旗艦避險基金，它們可以輕而易舉地籌得數十億美元，透過財務槓桿便能支配上兆鉅資，回報率就像打了雞血一樣向上直竄。

避險基金大泡沫（The Great Hedge Fund Bubble）是名副其實的泡沫，是史上最瘋狂的金錢盛宴之一，數以千計的避險基金掌門人積累了做夢都想不到的巨額財富。這場盛宴最佳的入場券便是數學和電腦背景。在二〇〇六年的那個華爾街撲克之夜，西蒙斯、格里芬、艾斯尼斯、穆勒、魏因斯坦意氣風發，他們擁有私人飛機、豪華遊艇和深宅大院，生活極其奢華。

一年後，同樣這群寬客卻赫然發現自己正處於史上最險惡的市場海嘯的中心，而他們自己正是始作俑者。實際上，寬客們在追求真諦、尋找阿爾法時，已經渾然不覺地埋好炸藥、點燃引信，然後在二〇〇七年八月，炸藥華麗炸響，金融市場一地狼藉。

結果是，史上最大、最快、最奇特的金融崩潰爆發，自大蕭條以來最嚴重的全球經濟危機隨之而來。奇怪的是，儘管寬客們個個智商超高、學識廣博，還頂著耀眼的博士頭銜，可以透過預測市場的下一步動作而贏得億萬巨富，而且他們數十年來一直致力於探尋全球市場的變化，卻沒有一個人看到災難就在眼前！

為什麼他們沒能預見到？問題究竟出在哪裡？

答案或許可以從一位幾百年前的人物那裡得到啟示，此人的頭像就印在那晚寬客下注的籌碼上：伊薩克・牛頓。牛頓在一七二〇年的南海泡沫，[14]即當代的「龐氏大騙局」中，[15]損失了兩萬英鎊。他事後感歎道：「我可以計算天體運動，但無法計算人類的瘋狂。」

譯注

1 派特・布恩（Pat Boone）是二十世紀五六十年代活躍在美國歌壇的著名歌手，同時也是演員和作家。

2 作者注：綠光資本（Greenlight Capital）因二十世紀九〇代艾因霍恩夫人為丈夫創立基金開了「綠燈」而得名。

3 作者在介紹出場人物時都使用「經理」頭銜，或許是為了強調他們是優秀的基金經理。這些人物的事業在起步的時候都只是操作一支避險基金，但現在他們大多已不再擔任某個基金的經理，而成了公司的主要管理者，旗下通常有多支避險基金。

4 墳墓舞者（grave dancer）即以高風險博取高收益者，他們在公司行將就木時掃貨，雖然利潤很高，但血本無歸的可能性也很高，正所謂「最靠近墳墓的舞者，也要時時注意自己不跌入死亡的深淵」。

5 大提頓山（Grand Tetons）位於美國懷俄明州西北部，黃石國家公園旁邊。

6 格林威治村（Greenwich Village）位於紐約西區，形成於一九一〇年前後，是叛逆作家、藝術家的聚集地，反主流文化的大本營。

7 卡巴萊（cabaret）是盛行於歐洲和美國的一種娛樂表演，常於晚間在餐廳或夜總會舉行，布景和服裝較為簡單，以歌舞形式為觀眾表演故事。

8 鮑勃．狄倫（Bob Dylan）是美國二十世紀六〇年代最著名的民謠歌手之一，對美國文化產生了重要影響，同時也是音樂製作人和詩人。

9 在投行中，雇員的級別序列通常是分析員、經理、副總裁、董事、董事總經理。董事總經理是雇員的最高級別（有的投行在董事總經理之上還有一個級別），再往上晉升就僅是職位的升遷了。

10 魏因斯坦是個交易員，每天的工作就是買賣證券，他的辦公室就是他下達交易指令的地方。證券交易有時也被稱做賭博，華爾街就是證券交易的賭場，因此魏因斯坦的工作就相當於坐在辦公室裡參與華爾街賭場的賭博。

11 尚盧．高達（Jean-Luc Godard），法國著名導演，原籍瑞士，法國電影新浪潮的旗手之一。

12 401（k）是美國的一種退休金計畫，每個月自動從員工工資中扣除一部分，這一部分加上雇主繳納的部分一起儲蓄起來並進行委託投資。這部分工資可以享受聯邦稅務減免和延遲繳納優惠。

13 「白鞋」（whiteshoe）原是二十世紀五〇年代美國新英格蘭地區上流紳士流行的鞋子，這些人通常畢業於常春藤盟校，任職於律師事務所、銀行這樣的機構。後來將老牌專業服務公司稱為「白鞋公司」（white-shoe firms），這些公司多是紐約歷史悠久的銀行、律師事務所和諮詢公司。

14 南海泡沫（the South Sea Bubble）是歷史上最著名的股票泡沫之一。英國南海公司的股票在一七二〇年二到六月間，從一百二十八英鎊漲到超過一千英鎊，到了年底又跌回一百二十四英鎊。牛頓曾在上漲過程中有所斬獲，但他未能及時脫身，最後以巨虧收場。

15 龐氏騙局（Ponzi scheme）是由一位名叫查爾斯．龐齊（Charles Ponzi）的投機商所發明的金字塔騙局。他透過許諾高投資回報來騙取資金，用後來投資者的資金去償付先前投資者的利息，即不斷地借錢還債。

2 寬客教父：愛德華・索普

一九六一年春天的一個星期六，凌晨五點剛過，朝陽正欲將光輝灑向內華達州雷諾市的一間破舊小賭場。賭場裡仍是無盡的黑暗，只有霓虹燈在閃個不停。一位二十一點玩家坐在空蕩蕩的賭桌旁，投入了最後一百美元籌碼。愛德華・索普（Edward Thorp）疲憊不堪，卻仍不願收手停賭。

「妳就不能一次發兩手牌嗎？」他問道，迫切希望速戰速決。

「絕對不行，這是規矩。」莊家回答。

索普惱怒地直了直身子。「我在別的地方玩牌時，莊家都是兩手兩手發的。」他反唇相譏。

「兩手兩手發會把其他玩家趕跑的。」她一邊回應，一邊洗牌。

索普環顧了一下空蕩蕩的賭場。**為了阻止我贏錢，她真是無所不用其極。**

莊家迅速地將牌發出，想激他一激。終於，索普看到了他等了好久的東西。終於（也許吧），他得到了在真實賭場中證明自己的二十一點系統有效性的機會。索普二十八歲，深色頭髮，嘴巴一刻也閒不住。他看起來和那些老想著在內華達各家賭場贏取大把籌碼的年輕人沒什麼兩樣，但實際上絕不相同。索普是個不折不扣的天才——加州大學洛杉磯分校物理學博士、麻省理工學院教授；他也是長於設計各種賭博必勝技的專家，從百家樂到二十一點都是他的研究對象。[1]

從夜裡直到淩晨，索普出手一直不重，每次只下注一、兩美元籌碼，這是他在為自己的系統尋找機會。不過，機會到現在還沒來，他的籌碼倒是快要告罄了。幸運女神老是與他作對。但是，形勢快要逆轉了。這其實與運氣沒有任何關係，純粹是數學在起作用。

索普的系統構築在十分複雜的數學以及大量的電腦運算之上，主要依靠計算「十點牌」被發出的次數。在二十一點遊戲中，所有的臉譜牌（K、Q、J）都算做十點，和「十」這張牌是一樣意義。索普計算得出，當十點牌占剩餘牌數的比例上升時，勝算就開始倒向他這一邊。此時，莊家爆掉的可能性增加，因為莊家在自己手中的牌小於十六點時必須叫牌（即給自己再發一張牌），換句話說，剩餘牌中的十點牌越多，索普擊敗莊家手裡的牌、贏得賭局的可能性就越大。索普的十點牌策略，即眾人皆知的「加大減小」策略，[2]是算牌技巧中的革命性突破。

索普無從得知下一張牌究竟是什麼，然而他確實知道，從統計上來說，他已經取得了優勢。其中的奧妙就是機率論中最基本的定律之一：大數定律。

大數定律說的是，對於一個隨機事件樣本，比如擲硬幣的結果，或是二十一點賭局中手上的牌，隨著樣本規模的擴大，期望均值也會增加。[3]擲十次硬幣，結果可能是七次正面、三次反面，正反七三開；但是擲上一萬次硬幣，得到的結果必然接近於正反五五開。對於索普的二十一點策略來說，這意味著由於具有統計優勢，儘管在某些牌局上他會失利，但只要玩的次數足夠多，最後他總能獲勝——只要他沒把所有籌碼輸光。

隨著莊家一張一張將牌發出，疲憊的索普看到了勝利的曙光。剩餘的牌裡已經都是臉譜牌，收穫的時候到了。他加注到四美元，贏了一把；他把贏得的籌碼全部壓上，又贏了一把。索普盤算著自己的勝算正在越變越大，正所謂機不可失，他繼續加注，又贏了，這次連本帶利收穫十六美元，下一把又翻倍到三十二美元。這時索普改變了戰術，留下十二美元利潤，只用剩下的二十美元繼續賭局——他又贏了。此後，他每次都下二十美元的注，連賭連贏，很快便把輸掉的一百美元贏了回來，還綽綽有餘。他想：見好就收吧。

索普拿著戰利品轉身離開。他回頭看了一眼莊家，發現她一副又驚又怒的表情，好像看到了自己無法理解的怪事。

當然，索普證明了這沒什麼奇怪的。事實勝於雄辯，他的系統有效。索普微笑著邁出賭場，走入內華達州和煦的陽光下。他擊敗了莊家。

那天早晨發生的事情只是索普成功的開端。很快，他就要去華爾街大顯身手，在那裡，他驚人的數學技巧將給他帶來億萬美元的利潤。索普是寬客的祖師爺，他為數學交易員開闢了一條康莊大道。幾十年後，寬客成了華爾街的主宰，也幾乎將它摧毀。

事實上，寬客技術的大多數重要突破，都是由索普這個難以捉摸、愛惡作劇的數學家所做出。他是最早使用純數學技術賺錢的人之一：先是在拉斯維加斯的二十一點賭桌前，然後是在名叫華爾街的全球大賭場中。如果沒有索普，後來的金融奇才，比如格里芬、穆勒、艾斯尼斯、魏因斯坦，也就不會在二〇〇六年三月的那個夜晚，於聖瑞吉斯飯店聚首了。

愛德華．索普從小就是麻煩製造者。一九三二年八月十四日，他出生在芝加哥，父親參加過一戰，在西線擔任前線軍官。索普從小就顯露出數學天賦，七歲時就能心算出一年有多少秒。後來，索普一家搬到加州洛杉磯附近的羅密托，而這時的索普也變得像所有的天才兒童一樣淘氣。第二次世界大戰期間，他基本上都是一個人在家，母親在道格拉斯飛機公司（Douglas Airlines）上中班，父親在聖佩德羅（San Pedro）船廠上夜班，因此他盡可以順著自己的想像力胡搞。搞爆炸是他的一大愛好，他在自家車庫中搭了一個實驗室，做出一個小型爆炸裝置，又從朋友在化工廠工作的姐姐那裡拿到硝化甘油，然後用這些東西造出了土製手榴彈，在帕洛斯韋迪的無人山洞中引爆取樂。[4] 索普也有安靜的時候，他架設火腿電臺（ham radio）和千里之外的對手下西洋棋。[5]

有一回，索普和朋友將紅色染料投入加州長灘市最大的室內游泳池，驚慌失措的泳客紛紛逃離泳池，渾身都是紅色液體，這件事上了當地的報紙。還有一回，他把汽車前燈連上望遠鏡並接入汽車電源，然後拖著這個發明來到離家半英哩遠的情人坡上，等著幽會車輛排起長龍。當車內開始蒸汽氤氳的時候，他按下按鈕，那玩意兒發出的光束宛如警燈，車上的小情侶們嚇得你推我搡、亂作一團，索普則在一旁大笑不止。

上高中的時候，索普開始琢磨賭博。有一次，他最喜歡的一位老師去了一趟拉斯維加斯，回來之後向他繪聲繪色地描述一位賭客如何在輪盤賭中輸得精光。這位老師說：「你不可能勝過這些傢伙。」但是索普可不這麼看。在他住的鎮上有好幾台非法老虎機，只要能正確地搖動手柄，就會吐出一串硬幣。索普暗自思忖：輪盤賭或許也隱藏著類似的破綻，一種統計破綻。

一九五五年春天，索普已是加州大學洛杉磯分校的一名二年級物理學研究生，但他仍然在思考輪盤賭的問題，他琢磨著能否研究出一個持續贏得輪盤賭的數學系統。他已經想到用數學來描述輪盤賭背後所隱藏、看似隨機系統的機制，後來他將同樣的想法應用到股票市場，最終發展成量化投資的核心理論。

一種可能性是找到輪盤賭的缺陷。一九四九年，芝加哥大學的兩位室友，亞伯特．希布斯（Albert Hibbs）和和羅伊．沃爾福德（Roy Walford）成功找到拉斯維加斯和雷諾賭場中某些輪盤賭裝置的漏洞，並利用這些漏洞贏取數千美元。這件事登上了《生活》（Life）雜誌。希布斯和沃爾福德的本科課程是在加州理工學院就讀，他們的壯舉在鄰近的洛杉磯加大被精明份子廣為流傳。

索普相信，即使輪盤賭裝置沒有漏洞，也能找到擊敗輪盤賭的方法。事實上，沒有漏洞的輪盤賭反而更容易打敗，因為在這種情況下，球的運行軌跡可以預測，就像行星必定沿著軌道運動。關鍵在於，莊家是在球動起來以後才接受下注，所以從理論上說，既然球和轉子的位置和速度都能夠確定，那麼球大致會落在哪一格也就可以預測。

當然，單靠肉眼無法勝任此事。索普夢想製造一種可以穿在身上的電腦，這樣就能對球和輪盤的運動進行現場計算，並將球最後會停在哪裡做為結果輸出。索普相信他有能力造出可以對輪盤看似隨機的運動進行統計預測的機器：先由觀察者穿著這樣的電腦，將輪盤轉速的資訊輸入電腦，然後透過無線電將計算結果傳給不遠處的下注者。

索普買了一架半尺寸的輪盤來做實驗，用一隻百分之一秒的碼錶給它的轉動計時。索普隨即發現這架便宜貨缺陷太多，無法用來開發可靠的系統，這令他大失所望。當時他忙於寫畢業論文，於是暫時擱置這件事。但索普已經對此深深著迷，他並沒有停止實驗。

一天晚上，索普的岳父、岳母到他家吃晚飯，但索普沒有出門迎接。這令兩位老人家十分吃驚，搞不懂他在做什麼。最後，他們發現他在廚房研究彈珠在V型槽裡的滾動，還記錄了彈珠在廚房地板上滾動多遠才停下來。索普解釋說，他是在模擬輪盤中球的轉動軌道。意外的是，他們並沒有因此認為女兒嫁了個瘋瘋癲癲的傢伙。

一九五八年。索普一家第一次去了拉斯維加斯，此時索普剛剛獲得學位，開始教學生涯。這位節儉的教授聽說那兒的住宿很便宜，再者他仍對穿著電腦贏得輪盤賭的主意念念不忘。拉斯維加斯的輪盤是如此平滑，使得索普堅信他能夠預測最終的結果。現在，他所需要的只是品質上乘、符合賭場標準的輪盤，以及合適的實驗設備。

同時，在那次旅行中，索普決定將自己新接觸到的二十一點策略也試一下。這一策略來自美國統計學會會刊（Journal of the American Statistical Association）上一篇十頁長的論文，作者是美國陸軍數學家羅傑・鮑德溫（Roger Baldwin）和他在亞伯丁試驗場的三位同事，[6] 詹姆斯・麥克德莫特（James McDermott）、赫伯特・塞爾（Herbert Maisel）以及威爾伯特・坎蒂（Wilbert Cantey）。二十一點迷將鮑德溫的團隊稱為「四騎士」，不過他們當中沒有人真的在拉斯維加斯用過這一策略。四騎士花了十八個月，把大量資料手動鍵入桌用計算機，並一一描繪出數千種手牌獲勝的機率。

身為科學家，索普決定趁著和妻子在拉斯維加斯度聖誕假期的機會來測試這個策略。雖然實驗並不成功（他最後輸了八・五美元），但他確信這一策略可以改進。他聯繫了鮑德溫，索取他們所使用的數據。一九五九年春，就在離開洛杉磯加大、前往麻省理工學院之前，索普收到了他想要的資料。

在麻省理工學院，索普找到了悄然改變現代社會進程的創造性智力搖籃。他的職位是赫赫有名的CLE摩爾導師（C. L. E. Moore Instructor），其前任是數學奇才、一九九四年諾貝爾經濟學獎得主約翰・納許（John Nash）。納許的獲獎成果是博弈論，這是從數學角度探討人們如何競爭與合作的理論。納許後來成為《美麗境界》（A Beautiful Mind）一書和電影的原型，主要描寫了他的天賦異稟及其與精神疾病的頑強搏鬥。

在麻省理工學院的第一個夏天，索普埋頭研究四騎士給他的數據，漸漸理出頭緒，摸索出一套二十一點遊戲歷史性的突破方法。索普在電腦中輸入大量繁雜的資料，尋找其中隱藏、可以使他獲利的模式。到那年秋天，他已經發現了能夠戰勝莊家的二十一點系統的基本元素。

索普渴望將自己的成果公之於眾，於是選定了一家聲譽卓著的專業期刊——美國科學院院報（The Proceedings of the National Academy of Sciences）。麻煩的是，該期刊只接受科學院院士的文章，於是他向麻省理工學院唯一的數學學科院士克勞德・艾爾伍德・香農博士（Dr. Claude Elwood Shannon）求助，一位這個星球上最聰明、同時也是最古怪的人。

一九六〇年十一月的一個下午，冷風呼嘯著吹過查爾斯河，麻省理工學院的校園裡灑滿落葉。索普飛快地走著，這位新晉數學教授心情緊張，因為他即將和克勞德·香農面對面談話。在麻省理工學院，很少有比香農更加令人畏懼的人物。二十世紀最偉大的兩個知識進步上，都鐫刻著香農的大名。

其一是二進位系統在電路中的應用，這也是電腦誕生的基礎。香農的突破性進展是引入了一個雙符號邏輯體系，所有的問題都通過操控兩個數位來解決：0和1。在電路應用中，1表示開關閉合，0表示開關打開。一連串閉合和打開的開關，其實就是一連串1和0，就能代表幾乎所有種類的資訊。

其二是資訊理論。在這方面，香農解決了如何將資訊編碼，然後從A點傳遞到B點的問題。香農理論的關鍵之處，也是頗有爭議的地方在於，他一開始就主張，儘管資訊「總是帶有某種意義（meaning）」，但（這種）通訊的語義外表和工程問題無關」。換句話說，資訊做為一個技術問題，與它本身的意思及語境無關，而是純粹統計性的，因而可被編碼。

這一觀點與直覺正好相反。香農之前的科學家大多認為，意義且唯有意義，才是通訊的基本元素，而香農完全顛覆了這一觀點。

不過，索普無意與香農探討二進位編碼和資訊理論，他想談的是二十一點。踏入香農辦公室時，索普志忑不安。香農的秘書告訴他，香農很忙，只能給他幾分鐘時間。

索普盡快地說明他關於二十一點的研究結論，並把論文呈給香農過目。香農被吸引住了，並表示索普做出重要的理論突破。他同意上交這篇題為《二十一點常勝策略》（A Winning Strategy for Blackjack）的論文，但他有個建議。

「我覺得這個標題得改一下。」

「沒問題。」索普應道，但十分不解。「為什麼呢？」

「科學院都是些老頑固，你這個標題賭博的味道太重。改成《二十一點的有利策略》（A Favorable Strategy for Twenty-One）吧？這樣看起來比較無聊，不會一眼就被扔了。」

索普同意了，這時他的幾分鐘時間也到了。在他起身時，香農問道：「你在賭博方面還有做別的研究嗎？」

索普沉吟片刻。他研究輪盤賭本是個秘密，而且已經好幾個月沒有好好鑽研，不過香農也許會覺得這挺有意思。

「我在研究輪盤賭，也發現了些有意思的結果。」他答道。

「真的嗎？」香農眼睛一亮，請索普再次坐下。「繼續說。」

幾小時後，索普才從香農的辦公室中走出來，消失在十一月的暮色中。

十一月下旬，索普開始定期出現在香農家中，和他一起探討輪盤賭問題。香農將自己家稱為「熵府」（Entropy House），這是在向資訊理論的核心概念「熵」致敬。這個概念借自熱力學第二定律——宇宙萬物最終會變成一大坨黏糊糊、無差別的同質的東西。香農把熵的概念引入資訊理論，做為一種在看似亂數字串的混亂表象下發現秩序的方法。

在香農的三層木屋中，可以鳥瞰劍橋市西北數英哩的神秘湖（Mystic Lakes）。一踏入熵府，索普立刻明白了為什麼香農要把它和宇宙滑向絕對隨機的宿命聯繫起來。索普事後這樣描述：那裡是亂糟糟的「機件迷天堂」（gadgeteer's paradise）——電子和機械小發明琳琅滿目，放到今天至少價值一百萬美元。香農沉迷於模擬人類行為的自動化小玩意兒，對製造機器人小丑和投幣機尤其感興趣。他是個獨輪車高手，經常在自家後院給來客表演走鋼絲；他的女兒也表演騎獨輪車跳繩的節目，技驚四座。有一段時間，香農沉迷於計算獨輪車可以小到何種程度而不影響騎行。

科幻作家亞瑟．克拉克（Arthur C. Clarke）曾多次拜訪熵府，一種香農稱為「終極機器」的裝置令他毛骨悚然。克拉克寫道：

沒有什麼比這東西更簡單的了。它只不過是個小木盒，大小、形狀與雪茄盒相仿，其中一面有一個開關。

撥動開關，你會聽到憤怒而堅定的蜂鳴聲，盒蓋會緩緩打開，一隻手從盒中伸出，找到開關、把它關閉，又縮回盒中。在手退回盒中的一剎那，蓋子會猛然蓋上，叫聲戛然而止，一切重歸寂靜。要是事先沒有準備，看到這幕肯定會留下心理陰影。對於這樣一個什麼都不做（除了將自己關閉以外）的機器，你會產生一種說不出的恐懼感。

索普和香農花了一千五百美元從雷諾訂購一個標準輪盤，把它放在一張滿是灰塵的撞球桌上。為了分析它的運動，他們用閃光燈為它測速，燈光有節奏地閃閃爍爍，令人出神。球每沿著輪盤轉過一圈，他們就按動一次開關，以此來給球計時；開關同時控制著閃光燈，用以記錄按下開關時球的位置。由此，索普和香農就能估計給球計時的精確度，只要看一下開關有沒有按早或者按晚就行了。

雖然結果很精妙，但也許註定要失敗。在經過無數次的試誤後，索普和香農計算出一種方法，可以用來預測球最可能落在輪盤的哪個槽裡。輪盤有八個槽，其中六個槽有五個格子，另兩個是四個格子，總共三十八個格子。只要能預測球落在哪個槽裡，勝算就會大很多。如果他們的方法是正確的，那麼只要對所預測的槽中的四或五個格子都下注，就能百戰百勝。當然，這其實是在出千，要是被抓住的話，將會發生的高機率事件便是體壯如牛的賭場保安會用毛茸茸的手給人吃苦頭。但這不是他們現在考慮的問題。

索普和香農設計了一種嵌在鞋裡、香煙盒大小的電腦，電腦上有兩個開關，一個控制電腦，一個給輪盤轉子計時（用腳趾在輪盤開始轉動時按一下，轉了一圈時再按一下）。電腦會計算結果，並將結果（應該在八個槽中的哪一個下注）傳遞給另一個戴簡易單耳耳機的人。這大概是世界上首台穿戴在身上的電腦。

但是，技術問題導致這一方案註定失敗。耳機線很難運用，有一次索普戴著耳機在賭桌旁下注，他發現一位女士驚恐地盯著他，趕緊溜進洗手間；一照鏡子，原來是揚聲器鼓了出來，看起來好像是耳朵裡有隻大蟲子。

雖然香農沒能帶領索普在輪盤賭上發家致富，但老教授還是為這位年輕同事的二十一點策略做出關鍵貢獻。在索普探索二十一點常勝策略的過程中，有個關鍵問題始終無法解決：如果賭徒不想因賭資告罄而出局，他應該怎樣下注？香農告訴索普，紐澤西州穆雷山貝爾實驗室的物理研究員小約翰・凱利（John Kelly Jr）知道答案。在一九五六年的論文中，凱利描述了賭徒在握有棒球聯盟兩支勢均力敵的球隊誰能獲勝的內部消息，並且該資訊通訊管道存在一定雜訊（即所獲得的資訊有一定的可能性是錯的）時應該如何下注。

索普意識到，他可以利用凱利的系統對自己在各大賭場的二十一點下注方案進行優化。用最簡單的話來講，就是勝算大時下大注，勝算小時就收手。

評估凱利系統的一個好方法是將它與另一種賭博策略相比較：加倍下注策略。試想在某局二十一點中你下注十美元，結果輸了；如果下一局你下注二十美元而且獲勝，你就賺了。但你有可能繼續輸，這樣的話，後續一局如果你下注四十美元，贏了就能一舉回本。加倍下注（又稱平賭法）是一種遲早轉虧為贏的策略，被卡薩諾瓦（Giacomo Casanova）等賭壇傳奇所使用。但這個策略有個明顯漏洞：賭徒終歸出局。最終，採取加倍下注策略的賭徒會輸光所有錢——只要賭徒一直玩下去，發生這一情形的機率是百分之百。

凱利策略限制了賭徒每次下注的最高額度，只有在獲勝機率是百分之百時，賭徒才會全壓，但這種情形在賭場內基本上不可能發生——不過，幾年後，索普發現華爾街倒是存在這樣的情況。

凱利策略其中的數理規則，精確地告訴索普如何根據自己的荷包加碼和減注，以此來獲取最佳結果。用凱利的話說，這一規則描述了一個賭徒如何既「使自己的資金量呈指數增長」，同時又避免破產的詛咒。

———

一九六一年一月，索普向美國數學會（American Mathematical Society）提交了自己關於二十一點的論文。由於美國數學會不像科學院那樣保守（美國科學院已經接受了這篇文章），於是索普乾脆就以《財富密碼：二十一點常勝策略》（Fortune's Formula: A Winning Strategy for Blackjack）為題。一位美聯社記者看到了這篇論文，據此寫了一則天才數學家破譯二十一點密碼的故事，在全美報紙廣為轉載。愛德華・索普一夜成名。

這篇文章也引起許多雄心勃勃的職業賭徒的注意——這些人對新系統總是躍躍欲試。向索普詢問系統性質的信件紛至遝來，也有人願意出錢供他一試。最慷慨的贊助來自一位紐約商人，他願意出資十萬美元。索普渴望對自己的理論進行檢驗，但認為不需要如此多的資金。他決定接受一萬美元，然後直奔雷諾。

那天淩晨五點，索普在雷諾破舊的賭場裡大勝莊家後一覺睡到下午，醒來後又迫不及待地要繼續自己的實驗。在享用了豐盛的早餐之後，他和財務贊助人碰了面——在索普的《擊敗莊家》（Beat the Dealer）一書中，稱這位贊助人為神秘的X先生。當天稍晚，又來了一位Y先生。

X先生和Y先生其實都是紐約商界與黑道掛勾的人物。X先生是伊曼紐爾·「曼尼」·基梅爾（Emmanuel "Manny" Kimmel），身材矮小的白髮詐財大師，從紐澤西州紐華克的非法賭局到東海岸跑馬場他均有染指；他還合夥經營一家金尼泊車公司（Kinney Parking），在紐約市擁有六十四個車位。一份一九六五年的聯邦調查局備忘錄稱基梅爾「與許多跨國惡黨有著過命的交情」。Y先生名叫埃迪·漢德（Eddie Hand），汽車租賃業的大亨，也是基梅爾參與高賭注賭局的賭友。

在漢德到達之後，他們去了哈樂德俱樂部（Harold's Club），這是一家坐落於雷諾市中心巨型建築中的著名賭場。這裡比索普前一夜玩的二流賭場高檔多了，他的系統將在這裡接受更為嚴格的檢驗。

他們坐上了一張五百美元封頂的賭桌，這也是全場賭注最高的賭桌。短短十五分鐘，他們便贏了五百美元，所下的注在二十五到兩百五十美元不等。莊家暗自踏下了腳旁的機關，索普看到俱樂部的老闆哈樂德·史密斯（Harold Smith）從賭場的另一頭向他們走來。

「晚上好，先生們。」史密斯滿臉堆笑，與他們一一握手。索普剎那間便明白其中寓意：**他要出手阻止我了**。

他們又玩了幾手，現在還剩下大約十五張牌。一般來說，莊家在只剩幾張牌的情況下才會重新洗牌，但有時會提早洗牌，藉此阻撓算牌高手。

「洗牌。」史密斯向莊家說道。儘管是用洗過的牌從頭開始，索普和基梅爾仍舊屢戰屢勝，因為「十點策略」在發出四張牌之後就能見效，儘管這時效果不那麼好，需要謹慎下注。當牌發掉一半的時候，史密斯向莊家點了點頭。

「洗牌。」

索普的系統依然在幾手牌之後就能見效，莊家也開始在兩手牌之後就重新洗牌。這樣一來，儘管系統仍然奏效，但勝算被頻繁的洗牌極大地影響了。於是，索普和基梅爾帶著贏得的幾千美元揚長而去。

索普的二十一點常勝模型與凱利的最佳下注系統，兩相結合所向披靡。儘管莊家頻設障礙，索普和基梅爾還是能夠連續擊敗莊家。不出幾日，他們一萬美元的初始資金便翻了一倍。

在華盛頓特區公佈自己的成果後不久，索普在電視上看到一則討論賭博的節目。記者問一位賭場老闆，賭博到底是否能獲得回報。

「當一頭羔羊站上砧板的時候，牠殺掉屠夫的可能性自然存在。但是，恐怕沒人會下注屠夫被殺。」賭場老闆回答。

索普一笑。他明白，他就是戰勝屠夫的羔羊。正如他日後所寫的那樣：「羊的春天已經來了。」

在首闖拉斯維加斯之後，索普開始了《擊敗莊家》的寫作。在一九六二年出版後，該書迅速登上《紐約時報》暢銷書排行榜，令所有賭場大亨心驚膽寒。

索普一再奔赴拉斯維加斯，在二十一點牌桌上攫取大把美鈔。莊家開始防備這位賭博教授了，於是在去賭場之前他開始變裝，因為擔心賭場對他出陰招——他對算牌高手被拖入無人小巷和賭場地下室圍毆的事情了然於胸。

一九六四年的一天，他正在拉斯維加斯玩百家樂。他要了一杯加糖加奶精的咖啡，啜了幾口，就開始覺得身體不太對勁。與索普夫婦同行的朋友中正好有位護士，她翻開索普的眼皮看了看，發現了急診室裡用藥過量患者眼中常有的神采。透過散步，索普的症狀有所緩解，但這次遇險把他嚇壞了。他決定為他的策略尋找新的實驗場。

索普立刻把目光投向了世間最大的賭場——華爾街。

譯注

1 百家樂（baccarat）為一種用六到八副撲克牌玩、比較點數大小的牌戲。

2 加大減小策略（hi/lo）：發出2、3、4、5、6，算做「加一」，十、J、Q、K（十點牌）、A（既可以當一也可以當十一）算做「減一」。每看到一張小牌就加一，看到一張大牌就減一，數值越大，剩下的牌裡大牌越多。

3 大數定律說的是隨著隨機試驗次數的增加（即隨機事件組成的樣本規模擴大），結果的平均值越來越接近某個常數，這個常數就是樣本分佈的均值。

4 帕洛斯韋迪（Palos Verdes）為洛杉磯西南部富人區，多山。

5 「火腿」（ham）指的是無線電愛好者。火腿族喜歡用自製電臺（即火腿電臺）相互聯絡。

6 亞伯丁試驗場（Aberdeen Proving Ground）位於美國東海岸馬里蘭州的亞伯丁平原深處，被稱為「美國陸軍兵器試驗場」。美國陸軍所使用的大多數常規武器，都是在這裡經過嚴格測試後才列裝部隊。

3 他們都是瘋狂的淘金客

一九六五年夏，在沙漠烈日的暴曬下，新墨西哥州的阿布奎基又乾又熱。一天，索普縮在躺椅裡研究華爾街尚不為人知的一種金融工具：股票權證。

權證是一種長期合約，跟看漲期權（call option）非常類似，投資者可以將其兌為普通股。在數學上，權證與一份給予投資者在未來某日買入某檔股票的權利的看漲期權是一樣的。當時，權證的交易量很小，主要在場外交易的陰暗王國——投機商號裡買進賣出，也是賭棍的最愛，但絕非數學教授的研究主流。那時，還沒有人指出該如何給權證正確定價。

就是在這個不起眼的角落，索普看到了寶藏。他發現，用於二十一點的贏家法則，也能套用在權證定價上。

在發現這個隱藏金礦後不久，原本在新墨西哥州任教的索普，接受了前往爾灣加大的教職。在那裡，索普聽說有一位紐約出身、名叫希恩．卡索夫（Sheen Kassouf）的黎巴嫩裔金融學教授，正在堅持不懈地進行權證定價研究。

卡索夫在二十世紀六〇年代早期便開始涉足權證。儘管他尚未破解定價方法，但對這種證券的運行方式已經有了深刻把握。於是兩位教授開始頻繁見面，終於設計出第一個精確的量化投資策略，他們將其稱為「科學股票市場系統」。在研究了大量的書籍、投資顧問報告和投資基金後，他們確信自己已經開發出第一個從股票市場穩定盈利的純量化方法。

這一系統可以正確地為可轉換債券定價。可轉換債券是一種由債券（支付穩定利息）和交易清淡的權證（給予所有者將這一證券轉換為股票的權利，可轉換債券的名稱就是這麼來的）組成的混合證券。給權證定價絕非易事，因為其價值由標的股票在未來某日的價格決定。索普和卡索夫設計的系統可以預測股票價格未來的走勢，藉此找出被錯誤定價的可轉換債券。

在索普和卡索夫的系統中，其中一個關鍵部分源自索普將注意力從二十一點轉向華爾街後不久讀到的一本書：《股市價格的隨機性質》（The Random Character of Stock Market Prices）。這是一部一九六四年出版的論文集，主要觀點是市場服從所謂的**隨機遊走**。從本質上，這意味著不管是整體市場還是個股或債券，未來的運動方向都和擲硬幣沒什麼兩樣，漲跌的可能性各是五〇%。

市場以隨機遊走的方式運動，這種觀點自二十世紀五〇年代中期以來開始逐漸進入人們的視野，然而其源頭要追溯到一八二七年一位蘇格蘭植物學家和他喜愛的花粉。這位植物學家是羅伯特．布朗（Robert Brown），他長期用顯微鏡研究粉色水仙花粉，發現這些被放大的花粉顆粒會不停地搖擺，就像數千個微小的乒乓球在一塊兒亂舞。

布朗不明白這種運動背後的原因。在觀察其他植物樣本、甚至是岩石碎末時，他也發現了類似的不平穩運動，於是布朗認定自己觀察到的是一種神秘、完全隨機的現象。其中的奧秘直到一九〇五年才被愛因斯坦揭開。愛因斯坦發現，這種被命名為「布朗運動」的奇怪運動，是數以百萬計的微觀粒子不停狂舞的結果。

布朗運動和市場價格之間的關係，最先由巴黎大學一位名不見經傳的學生路易士・巴舍利耶（Louis Bachelier）於一九〇〇年提出。那一年，他寫出了題為《投機理論》（The Theory of Speculation）的博士論文，企圖找到能夠預測巴黎股票交易所債券價格運動的公式。這篇論文的首個英譯本命運多舛，直到二十世紀五〇年代才引起人們的注意，被收進了索普在新墨西哥州讀到的那本關於市場隨機性的書中。

巴舍利耶分析的關鍵之處，在於他觀察到債券價格的運動方式與布朗於一八二七年首次發現的現象完全一樣。在巴黎股票交易所裡交易的債券，其價格運動模式在數學上與那些隨機震盪的花粉顆粒別無二致。與胡亂搖擺的花粉一樣，債券價格的分鐘趨勢也顯示出完全的隨機性，時而向上、時而向下，而數以千計的投資者在一旁不亦樂乎地對市場的下一步走勢進行著猜測。根據巴舍利耶的想法，這些人純屬白費力氣——市場下一步會怎麼走是不可知的。

巴舍利耶用來描述這一現象的公式表明，市場的未來走勢本質上和拋硬幣沒有區別——債券價格上漲和下跌的可能性是相同的，正如拋硬幣拋出正面和反面的可能性是相同的，亦如液體中的花粉向左轉彎和向右轉彎的可能性是相同的。巴舍利耶寫道，對於債券價格而言，這是因為當前價格是「真實的價格，如果市場認為這個價格不對，那麼報出的就不會是這個價格，而是另一個更高或更低的價格」。這一發現後來被稱為隨機遊走（random walk），也被稱為酒鬼亂步（drunkard's walk）。

想像一下，在一個深夜，你穿過濃霧（姑且想成是巴黎一九〇〇年代的大霧）回家去，途經蒙馬特區的波西米亞住宅區時，你發現一個醉漢靠在燈杆上——也許是某個潦倒的藝術家在慶祝事業突破呢！他明顯是喝多了，搖搖晃晃地不知道哪邊才是回家的路。東？西？南？還是北？突然，他從燈杆邊上站了起來，堅定地走向南邊，不出五秒便絆了一跤。然後，他改變了主意。當然他完全可以這樣做，他可是巴黎的藝術家？當然在西邊了。走了五秒，他又改變主意，這回是南……如此周而復始。

在巴舍利耶看來，酒鬼五秒向東、五秒向南的走法，和現價一百法郎的債券忽而上漲一法郎、忽而下跌一法郎是完全一樣的。

把隨機遊走的無數結果繪成一張圖，就是所謂的鐘形曲線圖（見圖3-1）：先緩緩地向上傾斜，到達圓潤的頂部，然後以同樣的方式下降。對於那個找不著北的酒鬼而言，隨機朝各個方向胡亂踏步（處於曲線中部的樣本點））的可能性，要比徑直前行或者不停繞圈（處於曲線末端的樣本點，一般稱為分佈的尾部）的可能性大得多。在一千次擲硬幣中，出現五百次正面和五百次反面（落在曲線中部）的可能性，要比出現九百次正面和一百次反面（落在曲線邊緣）的可能性大得多。

索普對愛因斯坦一九〇五年的發現瞭若指掌，對布朗運動也已爛熟於心，因此他馬上就抓住了債券和權證之間的聯繫。事實上，其中的奧秘正是幫助索普在二十一點賭桌上所向披靡的統計學原理：大數定律（觀察次數越多，擲硬幣次數越多，結果的確定性就越高）。對於某一手二十一點，索普並不知道自己能否勝出，但他知道從長期來看，只要遵循自己的算牌規則，最終就一定能獲勝。類似地，對於股票下週是漲或跌，索普並不確定，但他可以推算出股票漲跌二％、五％或一〇％的機率有多大。

索普把這一公式用到了權證上。**股票的未來運動（寬客將這一變數稱為波動性）是隨機的，因而是可以量化的**。如果權證在定價時高估或低估了可能的波動性，你就能從中獲利。

發現給波動性定價的方法。是打開股票—權證金礦的鑰匙。假設你擁有一份ＩＢＭ股票權證，ＩＢＭ的股票現價是一百美元。該權證十二個月以後到期，只有在此期間ＩＢＭ的股價躍上一百一十美元，你才可能獲利。如果你能給ＩＢＭ股票的波動性——在此期間達到一百一十美元的可能性有多大——做定價，你就能確定權證的價值。索普發現，借助描述布朗運動的公式（即隨機遊走模型）再加上一個該股是否傾向於比其他股票上漲或下跌更多的變數，他就能比市場上任何人都更確切地知道ＩＢＭ股票權證到底值多少錢。

圖 3-1　鐘形曲線圖

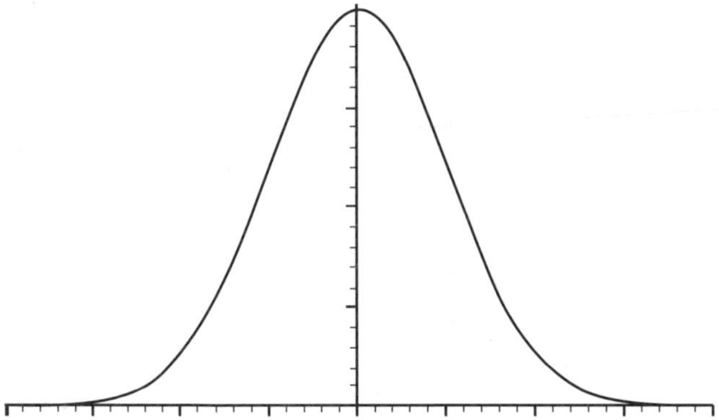

賭徒無時不刻都在對這種有時間限制的賭局下注。權證的期限就像是美式足球比賽的四節、棒球比賽的九局，或是田徑比賽的一圈。投資者在一個預先確定的時間框架內為某個結果下注，而索普純粹使用自己的數學技巧和千錘百煉的賭博本能，來對這些因素進行量化。

但對於那些保守的投資群體，例如國債和藍籌股的投資者來說，這無異於向水晶球求問未來之事，屬於江湖術士的下三濫手段。但是，身為一位受過良好訓練的物理學家，索普認為這相當於根據固定參數對未來結果的機率進行推算——這不正是物理學家和工程師的日常工作嗎？

透過運用預測波動性的方法和能力，索普和卡索夫意識到存在著大量價格失準的權證：有些價格過高，有些則是過低。他們於一九六七年合著《戰勝市場：一個科學的股票市場系統》（Beat the Market: A Scientific Stock Market System），書中描述了這一發現。該書是量化投資的開山之作，甫上市便立刻成為有史以來最具影響力的投資指南之一。

《戰勝市場》直接挑戰當時學術圈日漸流行的理論：持續戰勝市場是不可能的。該理論的正式名稱是「有效市場假說」（efficient market hypothesis; EMH），是由芝加哥大學的金融學教授尤金・法瑪（Eugene Fama）在二十世紀六〇年代首次提出。有效市場假說的基礎，是市場運動遵從隨機遊走，且當前價格已經反映了所有關於市場的已知資訊。果真如此的話，人們就不可能獲知市場的未來漲跌情況——不管是整體市場，還是個股、貨幣、債券、商品，皆是如此。未來是隨機的，就像擲硬幣。一言以蔽之，這是用花稍的說法重申「世上沒有免費的午餐」。這一理論最終催生了規模上兆美元的指數基金市場。指數基金背後的思想是，既然積極管理也不可能持續帶來高於市場回報的利潤，那麼為何不以更低的成本投資整體市場，比如標準普爾五百指數呢？

對於隨機遊走，索普自然完全理解，這正是他用來確定權證價格的工具。但對於有效市場假說，他認為純屬學術清談，是象牙塔裡的學究運用高深數學和模糊邏輯的自娛自樂。傳統觀念還認為莊家是不可戰勝的呢，但這不是也被他推翻了嗎？這時的他自信滿滿，覺得自己在股市也能依樣畫葫蘆，大獲全勝。

索普和卡索夫很快用他們的科學系統將權證投資了個遍，賺得盤滿缽滿。同事們聽說他們屢戰屢勝，紛紛要求入夥。沒多久客戶便超過十人，達到了做為一個投資顧問必須向政府報告的門檻。對索普來說，為多人打理投資的最佳方式是創造一個單一的資產池，但他不知道該如何操作。

這個問題的解決方法，來自當時正在迅速崛起成世界上最精明投資者的人：華倫・巴菲特。

一九六八年夏，索普從爾灣驅車前往拉古納海灘，巴菲特在那兒有一棟別墅，只要他不在位於內布拉斯加州奧馬哈的辦公室裡賺取百萬美元，就經常回別墅度假。當時巴菲特正在削減投資池——巴菲特有限合夥公司（Buffett Limited Partnerships）——的規模，將資產返還給投資者，包括新英格蘭州一家名叫波克夏・海

瑟威（Berkshire Hathaway）的紡織廠股份。幾年後，巴菲特將波克夏改造成現金流製造機，從此踏上成為「奧馬哈先知」（Oracle of Omaha）和世界首富的康莊大道。

但是，巴菲特並沒有對索普的拜訪流露出多少熱忱。當時他覺得市場狀況不是很好，決定暫時收手。巴菲特的一位投資人——爾灣加大的校長拉爾夫．傑拉德（Ralph Gerard）——不得不尋找新的投資途徑，於是他想到了索普，並請巴菲特幫忙評估這位在股票權證市場上大有斬獲的數學高手。

巴菲特向索普解釋了自己的合夥制度：一種由班傑明．葛拉漢創造的合法結構。葛拉漢被尊為價值投資之父，是巴菲特的導師，也是《智慧型股票投資人》（The Intelligent Investor）的作者。前《財富》（Fortune）雜誌作者艾福瑞德．瓊斯（Alfred Winslow Jones）也採用過類似的結構。這就是**避險基金**。

一九四〇，美國國會通過了保護小投資者免受共同基金經理欺詐的《投資公司法》（Investment Company Act），但國會設置了一個例外：如果基金經理將投資人限制在九十九人或以下，且每人的資產規模不低於一百萬美元，同時又不進行廣告宣傳，他就可以為所欲為了。

葛拉漢的投資在大蕭條期間遭受重創。他的投資風格出了名的保守，投資目標只限於他認為有著固若金湯的「安全邊際」的公司。瓊斯的風格激進得多，這位來自澳大利亞、曾在時代集團擔任編輯的作家，善於對股票短期波動下注，也喜歡對股票崩盤進行投機。一九四九年，他創建了第一支真正意義上的避險基金——瓊斯公司（A. W. Jones & Co），初始資本金為十萬美元，其中四萬是他自己的錢。

為了進一步迴避政府監管，瓊斯公司以離岸的方式註冊，每年收取二〇%的績效費。為了降低基金的波動性，他「賣空」某些股票，以期從下跌中賺錢；同時也「做多」另一批股票，從上漲中獲利。理論上，這樣做能在市場狀況好壞相間時改善回報，空頭部位「對沖」了多頭組合，這就是避險基金別名「對沖基金」的意思，儘管這個說法要到二十世紀六〇代之後才流行起來。瓊斯的基金業績傲人，開業的第一個十年總回報率高達六七〇%，遠遠超過當代頂尖共同基金的三五八%回報率。於是一時間，人們群起效仿瓊斯。

記者出身的瓊斯就這樣成了最早的寬客，他使用統計分析來改善基金的風險管理。為了放大回報，他採用了槓桿，也就是舉債投資。對於部位構築合理的基金來說，槓桿可以帶來諸多好處，但一旦價格運動對部位不利，所遭受的打擊也非常致命。

在二十世紀六〇年代奔騰的牛市中，其他明星避險基金經理也開始嶄露頭角，如匈牙利學者喬治・索羅斯。據美國證券交易委員會統計，一九六八年有一百四十支避險基金在美國運營。現在，愛德華・索普要在這份名單上加上一個新的名字。

一九六九年，索普的機會來了。這一年，嬉皮們開始在海特與艾許伯里聚會。[1]那時越南戰爭也打得如火如荼；紐約噴射機隊（New York Jets）在喬・納馬斯（Joe Namath）的帶領下擊敗了巴爾的摩小馬隊（Baltimore Colts）贏得美式足球超級盃。但索普的雷達緊緊地鎖定著一個目標：賺錢。

就在此時，索普遇到了傑伊・雷根（Jay Regan）。雷根畢業於達特茅斯學院，主修哲學，當時在費城的布徹與謝勒德經紀公司（Butcher & Sherrerd）上班。他比索普整整小十歲，之前讀過索普的《戰勝市場》，並被書中的革命性投資策略深深吸引。雷根認定這位西海岸的科學怪才會大獲成功，於是他打電話給索普，要求碰面。

雷根說，他在東海岸有些人脈，可以幫忙開辦基金，還能搞到有價值的可靠市場消息。索普對這個主意挺感興趣，這樣他就不必把時間浪費在應付經紀人和會計師身上了。他們達成了共識：索普待在紐波特比奇（Newport Beach），繼續在爾灣加大當教授，同時負責基金的投資策略；雷根則負責把基金開在紐澤西州的普林斯頓，密切關注華爾街的一舉一動。基金的名字一開始叫做可轉換避險合夥基金（Convertible Hedge Associates），一九七五年改名為普林斯頓—紐波特合夥公司（Princeton/Newport Partners）。

與此同時，索普並沒有停下手中關於權證定價公式的研究工作，繼續為自己的新科學股票市場系統尋找用武之地。索普用自己的方法檢查了成百上千種權證，發現絕大多數權證的價格都被高估了。不知出於什麼原因，投資者總是過於樂觀，認為權證在到期時一定會是「價內」的——[2]這意味著IBM的股票在未來十二個月後將攀上一百一十美元。這一點倒是與賭徒總是喜歡把注壓在自己喜歡的球隊身上十分相似。

賺錢的機會就在這裡。索普可以賣空價格過高的權證——從協力廠商借入，然後以現價賣給另一位投資者——預期在將來某日能以更低的價格買回這一權證，並將其中的差價收入囊中。這一方式的風險在於，權證的價格可能因標的股票升值而上漲。這樣的話，賣空將遭受沉重的打擊，因為從理論上講，股價的上漲空間是無限的。

但索普自有護身法寶：**套利，它是現代金融業最核心的內容，也是寬客尋找真諦的萬能鑰匙**。瓊斯的多空對沖策略就是套利的雛形，但與索普正在開發的定量方法相比，簡直是小兒科。

真正的套利幾乎不存在不確定性。套利即在某個市場買入某種資產且（幾乎）同時在另一個市場賣出同一種資產或其等價物。例如，假設紐約黃金價格為一千美元，而倫敦為一千零五十美元，眼明手快的套利者就會在紐約買入黃金，同時在倫敦賣出黃金，將五十美元差價收入囊中。在那個買賣股票還得靠經紀人在華爾街的梧桐樹下吆喝的年代，[3]套利是很困難的。但自從電報及隨後的電話、高速網路、衛星通信發明之後，套利便成了現代社會稀鬆平常的事。

在實踐中，明顯的套利機會非常罕見，它往往隱藏在錯綜複雜的金融市場中，如同夾雜在茫茫沙海中的黃金。而寬客那幫數學天才，便是金融市場中的淘金客。

套利行為的背後是一價定律（law of one price; LOP）。按照一價定律，黃金在紐約、倫敦以及世界各地只能有一種價格。一桶輕質原油在休斯頓的價格應該和在東京的相同（扣除運輸成本和各種稅收成本等因素之後）。但由於某些市場參與者握有資訊優勢，或者由於某些技術原因導致價格出現微小的不一致，又或者由於市場中存在各種擾動因素，一價定律時常會出現例外的情況。

在權證這個陰暗角落，索普和卡索夫撞見了一座滿是套利機會的金礦。他們可以賣空定價過高的權證，同時買入等量的股票做為避險。如果股價出人意料地上漲，股市中的利潤可以填補權證上的損失。他們的公式可以告訴他們怎樣確定對沖權證部位所需買入股票的數量，最佳情況是權證價格下跌而股票價格上漲，市場失效的情形被修正，他們便可以兩頭獲利。

這種策略後來被稱為**可轉債套利**。這是有史以來最成功、最能賺錢的交易策略，數以千計的避險基金都借這一策略而揚帆起航，其中就包括肯．格里芬掌舵的巨艦：大本營投資集團。

這種形式的套利在華爾街並非新事物，但索普和卡索夫率先使用了精確、量化的方法來發掘權證價值，以及辨明投資者應該持有多少股票來與權證部位進行對沖之間的關係。後來，華爾街各銀行和避險基金都將運用這種套利方式，並將其稱為德爾塔避險（delta hedging，德爾塔是希臘字母，用於表示股票與權證或期權價格變動之間的關係）。

索普對自己的策略所包含的風險一清二楚，這意味著他可以推算在每次交易中可能出現的盈虧情況。在此基礎上，他可以確定應該花多少錢去做交易，而他所用的方法就是二十一點策略上的老伎倆：凱利規則。也就是說，當他瞄準機會時，他會積極出擊，但又不至於過度魯莽。當絕佳機會來臨時，好比二十一點賭桌上只剩下臉譜牌，索普就會磨刀霍霍、大筆下注；但當勝算對他不利時，他就會小心翼翼，確保交易失利時手上還能剩下足夠的現金。

索普的謹慎程度近乎偏執，他時刻提防著可能對自己不利的突發事件，諸如東京發生大地震、紐約被核彈轟炸、華盛頓被隕石擊中，都是他的設想情境。但如此謹小慎微是值得的。索普醉心於風險管理，這正是他長期成功的核心保證。當勝算站在他這一邊時，他可以獲得最大回報；但更重要的是，當他感覺邪門時就會及時收手、靜觀其變——後續世代的寬客們似乎並沒有學到這堂教訓。

索普和雷根的基金甫成立便大獲成功，一九七〇年獲利三%，而標準普爾五百指數（被廣泛視為整體市場表現的衡量標準）當年是下跌五%。一九七一年，基金增值一三．五%，比整體市場高出四個百分點；一九七二年回報率為二六%，標準普爾為一四．三%。索普就在紐波特比奇辦公室的惠普電腦上編寫權證跟蹤和定價程式，密切監視著千里之外華爾街上的一舉一動。

一九七三年，索普收到一封信，寄信人是性格古怪的芝加哥大學經濟學家費雪．布萊克（Fischer Black），信中有一份布萊克和另一位芝加哥大學經濟學家麥倫．休斯（Myron Scholes）合作的論文草稿，其內容與股票期權定價公式有關。此文後來成為金融學歷史上最著名的論文，但在當時，即使作者本人也未能預見到它的重要性。

布萊克對索普和卡索夫的德爾塔避險策略並不陌生，《戰勝市場》書中對此已有所描述。布萊克和休斯使用相似的方法發掘期權的價值，其結果就是後來的布萊克─休斯期權定價公式。索普瀏覽了一下論文，將他們的公式鍵入惠普電腦，螢幕上隨即出現一張圖表，顯示由此得出的期權價格和由他自己的公式得到的價格非常接近。

布萊克─休斯公式註定要掀起一場革命，使華爾街迎來寬客時代，這將永遠改變金融體系的運行方式。正如愛因斯坦於一九〇五年發現的相對論，引領人們重新認識宇宙並發明原子彈一樣，布萊克─休斯公式徹底改變了人們對金錢和投資世界的看法，但同時也孕育了自我毀滅的種子，為一系列金融災難鋪平道路，並在二〇〇七年八月爆發的撼動全球的大崩潰中達到最高潮。

與索普的權證定價方法相同，**布萊克—休斯公式的基本假設之一也是股票運動呈現隨機遊走**。換句話說，股票價格的運動軌跡被假設與布朗在一八二七年所發現的花粉粒子的運動一模一樣。在一九七三年的論文中，布萊克和休斯寫道，他們假設「股票價格在連續時間內服從隨機遊走」。正如索普已經發現的，這讓投資者得以確定波動性的相關機率——某檔股票或期權在一定的時間框架內會上漲或下跌到什麼價位。

就這樣，隨機游走理論發軔於布朗對植物的研究，經由巴舍利耶對債券價格的觀察，最終進入了最具現實意義的領域：布萊克—休斯公式成為整個華爾街交易上兆美元期權所依據的公式。

但這個公式的核心前提，在多年之後將會狠狠咬了眾寬客一口。從實踐角度講，將布朗運動用於對期權波動性的定價意味著，交易員緊盯著股票價格最有可能的運動方向——那些處在鐘形曲線正中央的情形。從定義可以看出，這一方法基本上忽視了價格的大幅跳動，因為那被視為是不可能發生的事情，正如在巴黎街頭搖搖晃晃的醉漢不可能一眨眼就越過塞納河，從巴黎聖母院徑直抵達巴黎大學文理學院。

然而，物理世界和金融世界儘管有諸多相似之處，但並非總是同步。忽視大幅跳動意味著，遺漏了市場價格行為的一大關鍵事實：確實會瞬間發生巨大的價格變動。這個公式沒有考慮到人為因素——大醜聞、研發失敗的新藥、有毒的產品，還有見怪不怪、由歇斯底里的投資者所引發的恐慌性大逃亡。歷史表明，**投資者總是表現得如羊群一般，只知道跟著前面的領頭羊，咩咩叫著跳下懸崖**。

沒有人願意考慮突發巨大價格變動這樣的偶然事件，但經驗老道者如索普則對此心知肚明，並做出相應調整。索普對於地震和核武攻擊這樣的突發事件有著近乎妄想症的恐懼，他時刻緊盯著凱利規則的首要參數——真實勝算。這使得他不至於過分依賴布萊克—休斯公式。而其他量化交易員，由於只會死抱書本、不知變通，便以為這一模型反映了市場的真實運行情況。該模型在投資界大行其道，以致很快便難以分清模型和市場本身到底哪個是哪個了。

不過在二十世紀七〇年代早期，布萊克—休斯模型簡直就是市場上的祥瑞。當時，以自由市場巨擘密爾頓．傅利曼（Milton Friedman）領銜的一群芝加哥大學經濟學家，正致力於在芝加哥建立期權交易所，而期權定價公式的突破性進展加速了他們的計畫日程。一九七三年四月二十六日，布萊克和休斯的論文付梓前一個月，芝加哥期權交易所開始營業。不久以後，德州儀器公司就推出了為使用布萊克—休斯公式給期權定價而設計的掌上型計算機。

隨著布萊克—休斯公式的發明並被華爾街迅速接受，量化革命正式拉開了序幕。多年以後，麻省理工學院教授羅伯特．默頓（Robert Merton）因使用隨機微積分技巧將該公式進一步完善，而與休斯一起以在期權定價方面的貢獻獲得諾貝爾獎（布萊克在此前不久去世，因而錯過了獲獎機會）。索普推導出了本質相同的公式，卻從未被正式承認過；但他將自己的公式付諸實踐，賺取了億萬財富。

一九七四年，普林斯頓—紐波特合夥公司受到了廣泛關注。《華爾街日報》在頭版報導了該基金：〈玩轉勝算：電腦公式成為市場成功秘訣〉（Playing the Odds: Computer Formulas Are One Man's Secret to Success in the Market）。文中說：「據接近該基金的經紀公司的可靠消息透露，其年均淨資產增長率達到二〇%以上。」更為矚目的是，當時市場正因高通膨和水門案而處於自大蕭條以來最艱難的時期。一九七四年，標準普爾五百指數下跌二六%，而索普的基金盈利九．七%。接著，文章描述了世界上最老道的投資操作：

索普依靠將合理的數學公式寫成電腦程式，來尋找期權及其他可轉換證券與標的股票的反常關係。電腦模型告訴索普可轉換證券的合理價位是多少……波動性和轉換條款都做為相應參數輸入電腦。索普的基金預示著資金管理正在向定量化、機械化轉變，電腦將在資金管理中起到日益重要的作用。

最終，華爾街的投資者都將成為索普的徒子徒孫。

從二十世紀七〇年代開始，普林斯頓—紐波特合夥公司增長勢頭相當猛烈，連續十一年獲得兩位數的回報（扣除索普和雷根按避險基金業慣例收取的二〇%績效費）。事實上，自從該公司運營以來，從未出現過年度甚至季度虧損的情形。一九八二年，索普辭掉了爾灣加大的教職，開始了全職的資金管理生涯。

索普的勝利勢不可擋，即使市場下跌的年份也不能阻止他賺錢。一九八五年十一月（該基金的財務年度以十一月為結束），普林斯頓—紐波特合夥公司報告當年業績為增長一二%，而標準普爾五百指數下跌了二〇%。當時，索普和雷根管理的資金已高達一．三億美元，而索普的初始資金是曼尼．基梅爾在一九六一年贊助他玩二十一點的一萬美元！在一九六九年基金成立的時候，那一萬美元已經擴張到一百四十萬美元了。

但索普並未因此滿足，他時刻尋找新的千里馬。一九八五年，他遇到了剛從摩根史坦利跳槽的天才交易員格理．班伯格（Gerry Bamberger）。班伯格創造了一種高明的股票交易策略，後來被稱為「統計套利」（statistical arbitrage; stat arb）。這是有史以來最強大的交易策略，幾乎無懈可擊，不管市場運動方向如何都能盈利。

這正是索普要找的。

格理．班伯格發現統計套利純屬偶然。他來自長島，身材高大、天資聰穎，是個正統的猶太教徒。一九八〇年，班伯格獲得哥倫比亞大學電腦學位，隨後加入摩根史坦利，他所在的團隊負責為所有股票操作提供分析和技術上的支援。

班伯格的職責是為摩根史坦利的大宗交易部門編寫交易軟體。大宗交易是指一次交易量在一萬股以上的交易，客戶大多是共同基金這樣的機構投資者。大宗交易使用「配對策略」（pairs strategy）來使損失最小化。如果大宗交易部門持有了大量通用汽車的股票，他們便會賣空福特汽車，以抵銷通用汽車股價下跌的損失。班伯格的軟體可以為交易員提供這些成對的相對部位的最新資訊。班伯格注意到，大宗交易通常會導致一對中的一檔股票出現強烈波動，而另一檔股票卻幾乎原地不動。這樣一來，兩檔股票價格之間的區別（即「價差」），就會暫時出現異常。

假設在通常情況下，通用汽車股票的價格是十美元，而福特的股價是五美元。通用的大買單可能導致其價格暫時竄升到十點五美元，與此同時，福特的價格仍然是五美元。兩檔股票之間的「價差」便擴大了。

班伯格意識到，他可以透過追蹤歷史模式和快進快出，來把握這些稍縱即逝的機會。他可以**賣空一對之中上升（或下降）的股票，在價差恢復正常水準時獲利；也可以買入（或賣空）一對之中價格不變的股票，從而在另一檔股票沒有回到原始價格的情形下為自己提供保護**——只要價差恢復歷史水準，多頭部位遲早是要上漲的。

這其實就是古老的低買高賣遊戲的量化版。

班伯格向上司建言了自己的想法。一九八三年，他進入股票交易部，組建了一個交易小組，分配到五十萬美元資金，開始了日進斗金的職業生涯。到九月時，他的小組多空部位價值之和就達到四百萬美元。一九八四年初，又進一步攀升到一千萬美元，並於十月達到一千五百萬美元。一九八五年，班伯格小組名下已有三千萬美元。

木秀於林，風必摧之。摩根史坦利的高層見不得如此賺錢的機器掌控在一個程式師手裡，於是他們派農西奧．塔爾塔利亞（Nunzio Tartaglia）接管班伯格的團隊。班伯格怒不可遏，一走了之。

出生於布魯克林的塔爾塔利亞作風特立獨行。二十世紀六〇年代早期，他在耶魯大學獲得物理學碩士學位，之後卻義無反顧地加入了耶穌會。五年後，他又告別神職，前往匹茲堡大學攻讀天體物理學博士學位。

七〇年代早期，塔爾塔利亞加入美林公司，成為一位零售經紀人；此後他又輾轉效力於五家公司，最後在摩根史坦利落腳。

接手班伯格的團隊後，塔爾塔利亞便將其更名為自動化自營交易（Automated Proprietary Trading，簡稱APT），並將辦公地點移至埃克森大廈摩根史坦利總部十九樓的一間十二公尺長的單間中。塔爾塔利亞把原系統進行自動化改造，將其直接與紐約股票交易所的超級訂單轉送及成交回報系統相連。[4]不久，APT的交易量便占到了紐約股票交易所總成交量的五%。

塔爾塔利亞入主的第一年，APT的統計套利策略創造了六百萬美元利潤，一九八六年更是達到了令人瞠目結舌的四千萬美元，一九八七年又上升到五千萬美元。帶著些許神秘色彩，APT開始在華爾街聲名鵲起。

一九八六年，塔爾塔利亞請來在哥倫比亞大學任教的電腦天才大衛．肖（David Shaw）執掌APT技術部門。肖是史丹佛大學的博士，也是火紅新領域「並行處理」的專家。[5]他幾乎沒有交易經驗，但學習能力過人，不久便被APT獨特的交易策略所深深吸引。在同事眼中，肖性格靦腆，在異性面前總是一副緊張模樣。他長得又高又瘦，看起來像隻蜘蛛，但他是最早涉足電腦約會的人之一。[6]換句話說，他是個古典寬客。

摩根史坦利聘請肖時，承諾他可以開發自己的交易策略來賺取真金白銀。但隨著塔爾塔利亞逐漸掌握APT的大權，開始竭力把利潤頗豐的交易平臺把持在一小撮人手裡。肖意識到，他不可能再有交易的機會了，於是他決定奮起反擊，奪回主動權。

一九八七年九月的一天，APT正在對高層演示業務計畫。和往常一樣，肖負責並行處理和高速演算法的演示，然而他突然開始闡述起債券套利策略。會議結束後，ＡＰＴ的交易員和研究員們怒不可遏——大衛．肖越線了，程式設計師不能干涉交易事務，連談論也是被禁止的。那時，程式設計師和交易策略師之間是井水不犯河水。但隨著交易越來越電腦化，兩類人之間的界限也變得越來越模糊。

從自身利益出發，肖希望摩根史坦利高層能夠看到他的思想的價值。他也接觸了不少層峰長官，試圖建立由他領導的全新研究團隊，這個團隊將成為量化電腦金融研究的科學實驗室。但摩根史坦利高層對他的想法充耳不聞，塔爾塔利亞也毫不讓步。在演示事件之後的那個週末，肖決定辭職，並在週一告知塔爾塔利亞。塔爾塔利亞愉快地接受了肖的辭呈，他也許早已把肖視為一個威脅。

這或許是摩根史坦利歷史上損失最慘重的人才流失事件。吉人自有天相，肖離開摩根史坦利之後，他以兩千八百萬美元的資本開辦了自己的避險基金「肖氏避險基金」，[7]並很快成為世界上最成功的避險基金之一，其核心策略正是統計套利。

塔爾塔利亞卻流年不利。一九八八年，摩根史坦利高層將ＡＰＴ的資本金從九億美元削減到三億美元。塔爾塔利亞提高了槓桿率，使ＡＰＴ債務與資本比提高到八比一（這意味著ＡＰＴ用於投資的每九美元中有八美元是借來的）。一九八九年，ＡＰＴ開始出現虧損。情況越糟糕，塔爾塔利亞越焦躁，最終被解雇；不久以後，ＡＰＴ也壽終正寢。

與此同時，班伯格找到了新東家。他在摩根史坦利時有位叫弗雷德．泰勒（Fred Taylor）的同事，對方正在一家量化避險基金效力。離開摩根史坦利後，班伯格接到了泰勒的電話。

「有何貴幹？」班伯格問道。

泰勒告訴班伯格：「聽過普林斯頓—紐波特合夥公司嗎？老闆是一個叫愛德華．索普的傢伙。」

泰勒繼續解釋，說索普對新策略總是充滿著興趣，有意研究一下統計套利。泰勒把班伯格介紹給傑伊．雷根，兩人一拍即合。索普和雷根同意出資建立一家名叫ＢＯＳＳ合夥公司的基金。[8]班伯格選定一間位於紐約西區五十七號大街、三坪大小的十二樓辦公室做為ＢＯＳＳ的落腳點。ＢＯＳＳ資本金為五百萬美元，在班伯格的運作下即刻取得佳績，第一年的回報率高達三〇％。到一九八八年，ＢＯＳＳ已掌控著約一億美元的資金，每年的回報率都在一〇％以上。

一九八八年初，ＢＯＳＳ也和ＡＰＴ一樣陷入困境。到這一年年末，班伯格覺得已經賺夠了錢，便關閉了ＢＯＳＳ，北上紐約州立大學布法羅分校教授金融和法律。從此以後，班伯格再也沒有再玩過股票。

但他的策略仍舊光芒萬丈，普林斯頓—紐波特合夥公司絕非唯一的受益者。班伯格和塔爾塔利亞手下的交易員在散夥後，帶著統計套利策略投奔各大避險基金和投資銀行。在肖氏避險基金賺得盆滿缽盈的時候，其他避險基金也開始複製它的極速交易風格。二十世紀九〇年代早期，前ＡＰＴ研究員羅伯特．弗雷（Robert Frey）將統計套利帶到了吉姆．西蒙斯的文藝復興科技公司。在塔爾塔利亞離開摩根史坦利數年後，彼得．穆勒粉墨登場，在摩根史坦利建立了他自己的統計套利賺錢機器，業績遠勝塔爾塔利亞。長期以來密切關注索普一舉一動的肯．格里芬，則把統計套利策略移植到大本營投資集團。總之，統計套利迅速大行其道，成為華爾街長盛不衰的賺錢方式——事實上，它流行得太過頭了，不過芸芸眾生要到二〇〇七年八月才會發現此事。

與此同時，索普和雷根這裡仍舊波瀾不驚。他們的基金在一九八六年表現紮實，一九八七年上半年在BOSS的利潤推動下更進一步。接著，股票市場開始動搖。十月上旬。市場裂痕初現，最終演變成一場大地震——震源正是寬客和布萊克—休斯期權公式。

譯注

1 海特（Haight）和艾許伯里（Ashbury）是洛杉磯兩條街道的名稱，嬉皮喜歡在兩條街道交匯處聚會。

2 「價內」（in the money）權證就是指行權有利可圖的權證。與此相對應的是「價外」（out the money）；介於兩者之間的稱為「價平」（at the money）。

3 華爾街最初的模式，是一群經紀人聚在一棵梧桐樹下，像賣菜一樣喊價買賣股票。

4 作者注：超級訂單轉送及成交回報系統（Super Designated Order Turnaround System; SuperDOT）是紐約股票交易所為方便電腦化交易而開發的交易系統。

5 作者注：並行處理（parallel processing）就是使用兩台或更多電腦主機來處理同一問題的資料，藉此節省時間、提升效率。

6 電腦約會服務崛起於二十世紀八〇年代，會將客戶的資料資料登錄電腦，並根據一定的規則進行資料比對和匹配，可以提高客戶的配對成功率。而量化投資是將當前價格資訊按一定規則與歷史資料進行匹配，藉此發現獲利機會，兩者之間頗有相似之處。

7 肖以自己全名（David Elliot Shaw）命名了公司（D. E. Shaw）。

8 BOSS的全名（Bamberger Oakley and Sutton Securities）中，Oakley和Sutton分別是索普和雷根的中間名。

4 毛骨悚然的「波動率微笑」

一九八七年十月十九日午夜，芝加哥商業交易所十九樓，里歐．梅拉梅德（Leo Melamed）拿起辦公室的電話，他的手心裡全是汗。他要打電話給艾倫．葛林斯潘電話。此時，新晉美國聯準會主席人在達拉斯的阿道弗斯高檔酒店（Adolphus Hotel），將在隔天於美國銀行家協會（American Bankers Association）年度會議致詞，發表他上任之後的首次公開演講。

這次演講後來被取消了，因為道瓊工業指數出現大崩盤，一日之間跌了二三%，包括芝加哥商業交易所在內的其他交易所也陷入一片混亂。大批市場玩家破產，無法結算他們的帳單。葛林斯潘遭受各大銀行和交易所高層的電話轟炸，此刻他唯一的目標，是確保第二天能夠正常開市。

葛林斯潘想知道芝加哥商業交易所能否擔起這項重任，但梅拉梅德不敢打包票。芝加哥商業交易所是一個新興金融產品的交易場所，它交易與標準普爾五百指數相聯繫的期貨合約。在平時的每個交易日，每位虧損方都必須將資金匯入芝加哥商業交易所的清算所，再由清算所將這些錢打入盈利方的帳戶。一般來說，每天大約會有一．

二億美元換手。但在那個星期一（即一九八七年十月十九日），標準普爾期貨的買方輸給賣方的資金大約有二十億到三十億之多，其中有些人根本付不出來。

如果芝加哥商業交易所無法繼續開展業務，那麼恐慌將會在市場上蔓延，屆時整個體系都會被拖下水。那天晚上，梅拉梅德發瘋似地給全美各大機構打電話，希望能夠結清帳目。到第二天早晨，已有二十一億美元資金轉手完畢，但仍有一家客戶還欠芝加哥商業交易所的清算代理銀行伊利諾大陸銀行（Continental Illinois）四億美元。

梅拉梅德仍舊不能確定，缺了這四億美元芝加哥商業交易所還能不能開門營業。早晨七點，他決定致電大陸銀行負責芝加哥商業交易所帳戶的財務官威爾瑪・施梅爾策（Wilma Smelcer）。如果施梅爾策無法提供幫助，梅拉梅德就只能再一次撥打葛林斯潘的號碼並告知噩耗。

施梅爾策認為四億美元數目太大，大陸銀行無法視而不見，雙方沒能達成共識。但梅拉梅德努力說服。

「威爾瑪，我相信你的客戶不會反對。你們不會為了幾億壞帳就坐視芝加哥商業交易所完蛋，對吧？」

「里歐，我真的無能為力。」

「威爾瑪，聽我說。你必須保證我們的帳目平衡。否則我就得打電話給艾倫・葛林斯潘。到時候，下一次經濟蕭條的成因就是我們了。」

經過一陣緊張的沉默，施梅爾策總算開口。「里歐，等我一下。湯姆・西奧博爾德（Tom Theobald）剛好進來了。」西奧博爾德是大陸銀行的董事長。

幾分鐘後，施梅爾策對梅拉梅德說：「搞定了，湯姆說沒問題。你們可以獲得想要的資金。」

那一刻是早晨七點十七分，而芝加哥商業交易所貨幣市場的開盤時間是七點二十分。人們或許不知道，金融市場曾經距離全面崩潰如此之近——就差三分鐘。

———

一九八七年十月十九日「黑色星期一」背後的關鍵因素，可以追溯到十多年前一位躁動不安的金融學教授的不眠之夜。那個夜晚誕生了一項金融工程新技術，即所謂的資產組合保險。資產組合保險基於布萊克—休斯公式，它擾亂了股市的內在運行機制，最終鑄成了史上最劇烈的單日暴跌。

一九七六年九月十一日深夜，三十五歲的柏克萊加大教授海恩．利蘭（Hayne Leland）輾轉難眠。他剛從法國回來，美元貶值使得這趟法國之行格外破費。在美國，高通膨與低經濟成長相結合的「停滯性通膨」（stagflation）正在肆虐，經濟和股市遭到嚴重打擊。加州州長傑瑞．布朗（Jerry Brown）表示要削減利蘭等學者的薪資。他十分擔心，自己可能再也享受不到父執輩的奢華美式生活了。

血淋淋的現實擺在眼前，利蘭想起他與兄長約翰的一段對話，約翰在舊金山的一家投資管理公司工作。一九七三年，股市正處在大底部，養老基金因紛紛出逃而錯過了隨後的反彈。約翰說：「要是有保險的話，這些基金就會被吸引回市場裡了。」

利蘭對布萊克—休斯公式很熟悉，他也知道期權的作用和保險很相似。一份看跌期權在股價下跌時起作用，相當於一份股價保險單。他一步一步地深入思考：設想我手中握有ＩＢＭ股票，成本價是五十美元。我很擔心股價下跌，因此我可以用三美元的價格買入看跌期權，這樣就算ＩＢＭ股票下跌到四十五美元，我也不會有多少損失（該期權允許我以五十美元的價格將股票脫手）。這和我以三美元的保費買股價下跌險，本質上是一樣的。

利蘭意識到，兄長所說的其實就是以整個股票組合為標的的看跌期權。他坐進桌子，開始根據自己的想法試算。如果整個股票組合的下跌風險可以被量化，而且所買的保險可以將其完全覆蓋，那麼風險就算無法完全消除，也可以被控制和管理。於是，投資組合保險就這樣誕生。躁動不安的教授們再也不用睡不著覺了。

接下來的幾年中，利蘭與一個由馬克．魯賓斯坦（Mark Rubinstein）和約翰．歐布萊恩（John O' Brien）等人組成的金融工程師團隊，創造了一種面向整個股票組合的保險，他們所依據的便是布萊克—休斯公式。

一九八一年，他們組建了利蘭—歐布萊恩—魯賓斯坦合夥有限公司（Leland O' Brien Rubinstein Associates Inc，簡稱ＬＯＲ）。一九八四年，他們的業務量開始猛增。一九八二年，芝加哥商業交易所開始交易與標準普爾五百指數掛勾的期貨合約，使ＬＯＲ的業務再上一層樓。ＬＯＲ的金融奇才們可以透過賣空標準普爾指數期貨來複製他們的投資組合保險，若股價下跌，他們可以多賣空幾份期貨合約。這種交易容易、單純，又有賺頭。

到一九八七年秋，ＬＯＲ的投資組合保險保護了機構投資者手中五百億美元的資產，其中大多是養老基金。ＬＯＲ的模仿者也開始蜂擁出現，投資組合保險總額約達一千億美元。

一九八七年上半年以來，道瓊工業指數漲勢如虹，到八月下旬，已經上漲超過四〇％。政府主導的「雷根革命」政策恢復了美國人民的信心。通貨膨脹已經減緩；日本投資者正在用手裡的日元支持著美國市場；信仰「新時代」（New Age）的美國人發現了水晶球的神奇功效。新任美國聯準會主席風華正茂，紐約大都會棒球隊剛剛上演了灰姑娘奇蹟，在年輕打者達里爾·史卓貝瑞（Darryl Strawberry）和投手德懷特·古登（Dwight Gooden）的率領下奪取美國職棒世界大賽冠軍。萬事如意，哪裡會出問題呢？

問題多的是！到十月中旬，市場已露疲態，短短兩個月內下跌一五%。雷曼兄弟公司的大宗交易部設了一個金屬告示牌，上面畫有箭頭標示，輔以文字說明：**救生艇由此去**。市場上滿是陰鬱之氣，交易員們談論著股市和期市中由神秘的電腦輔助交易所觸發的連環下跌。十月十六日週五收盤時，美國證券交易所的一位股指期權交易員失聲叫道：「世界末日來了！」

十月十九日，週一早晨，紐約的投資者在開盤之前就早已做好出擊準備。在風城，[1]芝加哥商業交易所股指期貨交易廳安靜得令人窒息，交易員都在靜待開盤，每對眼睛盯著芝加哥的「影子市場」——這裡的期貨走勢是實際走勢的先行指標。芝加哥開盤後幾秒鐘，距離紐約開盤時間十五分鐘之前，標準普爾五百指數期貨下跌了十四點，這預示著道瓊工業指數將下跌七十點。

在接下來的十五分鐘裡，也就是紐約證券交易所開盤之前的那段時間，股指期貨上積聚了沉重的賣壓，幾乎全部來自投資組合保險公司。股指期貨的大跌給了另一群交易員一個訊號，這群人就是指數套利者（index arbitrageurs），他們透過指數與成份股之間的微小價差牟利。紐約開盤後，洶湧的賣單排山倒海而來。隨著股市暴跌，投資組合保險者必須進一步賣出期貨，於是爭相賣出的反饋迴路就此形成。套利者爭先恐後地搶著成交，但仍舊兵敗如山倒，因為股指期貨和股票都在下跌。市場亂成一團。

費雪．布萊克在他位於紐約的高盛銀行辦公室裡目睹了股市災難的發生，當時他在高盛負責量化投資策略。高盛交易員羅伯特．瓊斯（Robert Jones）衝進布萊克的辦公室，向他報告市場的慘狀：「我以市價單賣出，但根本沒辦法成交。」市場下跌猶如洪水氾濫，根本不存在像樣的反彈可以使指令成交。

「啊，真的嗎？」布萊克愉快地擊了擊掌。「這是在創造歷史啊！」

十月十九日，交易時段的最後七十五分鐘，跌勢達到了最高潮。投資組合保險商將期貨越壓越低，接踵而至的是來自美國各地經紀商的賣出指令，道瓊工業指數完全崩潰，一下子跌去三百點，是此前單日最大跌幅的三倍；放到今天，相當於下跌一千五百點。道瓊工業指數最終以一七三八．四點收盤，全日下跌五百零八點。

在電子交易時代，全球各個市場之間盤根錯節，牽一髮而動全身。週一晚上，股災像蛇毒一樣蔓延到全世界，席捲東京、香港、巴黎、蘇黎世、倫敦，最後又回到紐約。週二早晨，在令人痛心斷腸的片刻之後，股市沿著「黑色星期一」的腳步繼續下滑，混亂尤有過之。藍籌股甫開盤便平均下跌三〇％，股票、期權和期貨的交易凍結，市場簡直是完全癱瘓。

在紐波特比奇，索普的團隊也亂作一團。週一，索普沮喪地看著市場跌入深淵。他心急如焚地吃完午飯時，股市已經跌掉二三％。股市收盤了，索普的心在淌血，但他馬上明白，市場癱瘓的罪魁禍首是投資組合保險。

週二開盤，標準普爾期貨和現貨之間出現了巨大的價差。在平時，這意味著一種叫做指數套利的流行策略的良機出現。索普對指數套利早有涉足，這種策略利用股指期貨及其成份股現價之間的瞬時差異獲利。期貨合約與成份股價格之間的巨大差別（由投資組合保險商的賣單所造成的），意味著應該買入期貨、賣空成份股。

週二那時，絕大多數套利者仍處於驚嚇狀態，在黑色星期一的摧殘之下，他們一個個都變成了驚弓之鳥。但索普無所畏懼。他的計畫是賣空成份股、買入期貨，利用兩者的巨大價差大賺一筆——難處在於怎麼在快速波動的市場中使指令及時成交。在市場持續下滑的情況下，買單和賣單一經下達，便已落後於市場形勢。

在危機最高峰的時刻，索普在電話裡向普林斯頓—紐波特的首席交易員下達指令：「以市價單買入價值五百萬美元的股指期貨，同時賣空價值一千萬美元的股票。」

索普的盤算是，股票交易的指令若能實現一半就要謝天謝地了。出於技術因素，在市場如自由落體般下落時，很難使賣空指令成交。

一開始，交易員有些躊躇。「做不到，市場已經凍結了。」

索普使出殺手鐧，他咆哮道：「如果你不照辦，我就用我的個人帳戶來做，你們就等著喝西北風吧。」他挑明，交易員所在的公司別想從這筆交易的利潤中分成。

交易員只好勉強遵命，但由於市場波動太劇烈，索普的賣空指令只能成交六〇%。不一會兒，他又如法泡製了一回，賺入了一百萬美元的利潤。

索普此舉實屬大膽。大多數的市場參與者，此時都還認為大難臨頭，深陷絕望之中。

然後，混亂結束了。週二下午，市場穩住了陣腳。隨著美國聯準會向系統注入大筆資金，市場開始上漲。道瓊工業指數當天收漲一百零二點，第二天又上漲了一百八十六點八四點，創造了當時的單日漲幅紀錄。

但創傷已經造成了。隨著垃圾債券醜聞頻頻登上報紙頭條，華爾街成為眾矢之的。一九八七年十月，《新聞週刊》（Newsweek）在封面文章打出了大大的問號：〈派對結束了嗎？華爾街神童遭遇重創〉（Is the Party Over? A Jolt for Wall Street's Whiz Kids）。同年十二月，觀眾在奧利佛．史東（Oliver Stone）執導的電影《華爾街》裡，聽到了由麥克．道格拉斯（Michael Douglas）所扮演的惡質收購專家戈登．蓋柯（Gordon Gekko）說出的當代金句：「貪婪是個好東西。」市面上一系列的暢銷書，也反映了當時社會上反華爾街的情緒：包括湯姆．沃爾夫（Tom Wolfe）的《虛榮的篝火》（Bonfire of the Vanities）、《華爾街日報》記者布萊恩．伯瑞（Bryan Burrough）與約翰．赫萊爾（John Helyar）合著的《門口的野蠻人》（Barbarians at the Gate）、康妮．布魯克（Connie Bruck）的《掠食者盛宴》（The Predators' Ball），以及麥可．路易士（Michael Lewis）的《老千騙局》（Liar's Poker）。

寬客正在重整旗鼓，他們的新奇發明——投資組合保險——受到了嚴厲譴責，被認為是市場癱瘓的元兇。法瑪的有效市場理論立刻遭到了質疑。市場第一天一切「正常」，第二天卻在毫無新消息的情況下大跌二三％，第三天一切又恢復正常。這怎麼可能發生呢？

數學天才們乾脆當起了鴕鳥。他們反駁道：黑色星期一從來沒有發生過。柏克萊加大的博士後訪問學者延斯．卡斯滕．亞克維特（Jens Carsten Jackwerth），以及投資組合保險的發明者之一馬克．魯賓斯坦，兩人提出不容辯駁的證據表明一九八七年十月十九日發生的事情，在統計學上是不可能的。根據他們於一九九五年發表的機率公式，黑色星期一這樣的崩潰屬於「二十七個標準差事件」，發生機率大約是十分之一的一百六十次方。該書原句寫道：「宇宙到目前為止的壽命是兩百億年，即使一個人從宇宙誕生的那一刻起一直活到現在，而且重覆兩百億次，他這一輩子遇到這種等級的大跌的可能性，仍舊是微乎其微。」

但是，黑色星期一仍是鐵一般的事實。目擊此役的交易員，心底都留下深深的疤痕。從芝加哥的交易池到曼哈頓的交易所大廳，到處都是股災的受害者。這次崩潰是如此迅速猛烈，很難想像世界上最發達、最成熟的金融市場會發生這種事情。

尤其是，這種事情居然發生在布朗運動當道、股價隨機遊走的王國。市場本該遵循美妙的統計法則運行吧？二十七個標準差事件，相當於你擲一百次硬幣，其中連續九十九次都是正面一樣。

是不是寬客的完美理論存在著致命瑕疵？黑色星期一就像一再出現的噩夢，永遠縈繞在寬客心頭。二〇〇七年八月爆發的金融市場災難，只不過是這個噩夢的又一次現身。

而這個瑕疵，幾十年前就被一位天才數學家找到了：本華・曼德博（Benoit Mandelbrot）。

一九四〇年，當德國坦克蹂躪法國的時候，曼德博還是個十六歲的少年。他的家族本是立陶宛猶太人，一九三六年在愈演愈烈的經濟蕭條中遷往巴黎。曼德博的叔叔索勒姆・曼德博（Szolem Mandelbrojt）一九二九年就來到巴黎，並很快在巴黎數學圈嶄露頭角。小曼德博在叔叔的指導下學習，進入一家法國中學讀書，但他的生活被納粹入侵完全擊碎。

法國淪陷後，曼德博全家逃進法國西南部帝勒（Tulle）的小山村投靠朋友。小曼德博瓦進入了當地的學校，那裡的學生根本無法和他相提並論。脫離巴黎學校激烈的同窗競爭，這種自由激發了他的創造力，他很快便發展出一種獨特的能力：能夠在腦海中構想複雜的幾何圖像，還能依靠直覺找到解決難題的方法。

曼德博的父親以前是一位服裝批發商，此時早已失業，全家窮困潦倒。他獲知有位零售店主在第二次世界大戰前進了一批怪異的蘇格蘭式衣服，由於太難看，白送都沒人要，不過小曼德博並不介意，於是父親就幫他拿了一件。

有一天，法國遊擊隊摧毀了附近的一個德軍哨所。目擊者注意到其中一位遊擊隊員是怪異的蘇格蘭式打扮——和小曼德博在村裡穿的衣服一模一樣。一位村民告發了他，於是與襲擊一點關係都沒有的曼德博只好和哥哥一起逃亡。他們被迫東躲西藏了整整一年，一次又一次地逃過了德軍的搜捕。一九四四年，盟軍解放巴黎。這一年，他二十歲。

在法國鄉村顛沛流離的五年生活，對於曼德博的數學才華發展極為關鍵。在這五年中，沒有嚴格的教條限制，也沒有激烈的同窗競爭，這使他可以天馬行空，神游於數學王國的邊界之外，思考同齡學子做夢都想不到的問題。

他參加了巴黎高等師範學校和巴黎綜合理工大學的入學考試，儘管沒有時間複習，他也能舉重若輕。數學科目由一些非常複雜的代數和幾何問題組成，結果往往（經過一系列煩瑣的計算）是零。曼德博得了全法國最高分，拿到兩所大學的入學許可。一九五二年，他獲得博士學位。

畢業後，他的職業生涯並不順利。他先在法國心理學家尚・皮亞傑（Jean Piaget）手下幹了一段時間，然後於一九五三年前往普林斯頓高等研究院工作了一年。一九五八年，他加入了位於曼哈頓北部的湯瑪斯—沃森研究中心（Thomas J. Watson Research Center），這是ＩＢＭ最重要的實驗室。當時，他在不同社會的收入分配問題等方面的工作，已經引起了ＩＢＭ之外的經濟學家的注意。一九六一年，他獲邀前往哈佛大學發表演講。一到達哈佛，他便直奔向他發出邀請的經濟學教授亨德里克・霍撒克（Hendrik Houthakker）的辦公室，並被霍撒克身後的黑板吸引住了。

黑板上畫著一副奇怪的圖：向右張開的Ｖ形凸曲線。曼德博坐了下來，黑板上的圖正落在霍撒克的肩膀上。他無法將自己的眼睛從這張圖上移開。

幾分鐘寒暄之後，曼德博說：「很抱歉，我一直在看你的那塊黑板，因為我發現了一件很奇怪的事。你黑板上的那張圖，正是我演講的內容。」

霍撒克回頭看了一眼那張圖。「你說的是什麼意思？我並不知道你演講的內容啊。」

這張圖來自一位學生對棉花價格行為的研究專案，霍撒克對此非常感興趣。那位學生試圖識別棉花的價格模式是如何與主導金融理論的標準布朗運動模型相吻合。但令他感到沮喪的是，現實根本不是這麼回事，數據無法對應到布朗運動或鐘形曲線，價格的變動太不穩定。令曼德博感到無比巧合的是，霍撒克黑板上的這張棉花價格圖，與他在演講中所使用的收入分配圖完全匹配。

棉花價格軌跡中充滿了詭異的猛漲和暴跌，在霍撒克看來，這太狂野了。或許是數據不對——但不太可能，這份資料出自紐約棉花交易所，載有數世紀以來的棉花價格紀錄。也或許是模型有問題。無論如何，霍撒克已經快要放棄這項研究了。

「我受夠了。」他告訴曼德博。「我竭盡所能想從這些棉花價格中發現點東西。我試過測量波動性，但它無時不刻都在變動。所有的東西都在變動，沒有什麼是不變的，完全是亂糟糟的一片混沌。」

曼德博從中發現了機會。收入分配（他自己的研究主題）和這些令霍撒克智窮的棉花價格波動，一定有著什麼隱藏的聯繫。兩者都顯示出狂野的怪異跳動，與常態分佈的鐘形曲線框架完全搭不上邊。霍撒克愉快地將一個紙箱轉贈給曼德博，裡面裝滿記載棉花價格的電腦穿孔卡。

「祝你好運，希望它們對你有用。」

一回到位於約克鎮高地（Yorktown Heights）的ＩＢＭ研究中心，曼德博就開始在ＩＢＭ的超級電腦上運行這些資料。他也去曼哈頓的國民經濟研究局和華盛頓的美國農業部，從落滿灰塵的文獻中收集價格資料。他調查了小麥價格、鐵路類股股價、利率資料，所有這些資料都呈現出相同的情形：不該出現的巨大震盪，大大超出了鐘形曲線的界限。

曼德博梳理這些資料，寫成一篇題為《投機性價格變動》（The Variation of Certain Speculative Prices）的論文詳細描述自己的發現。這篇論文做為ＩＢＭ內部研究報告發表，直接挑戰用來對市場建模的常態分佈。儘管曼德博對自己的偶像巴舍利耶不吝讚美之詞，但他還是斷言，價格變化的經驗分佈相較於高斯分佈樣本，[2] 顯得太過「極端」。原因是，「價格劇烈變動的情況，出現得要比預期中頻繁得多」。

曼德博設想以一種新方法來測量價格的不規則變動，這一方法借用了他在巴黎學習時的導師保羅．萊維（Paul Lévy）所發展出的數學技巧。萊維研究的主題是單一樣本能夠徹底改變曲線的分佈。一千個人的平均身高，不會因為加入第一千零一個人而發生巨大改變；但所謂的「萊維分佈」，會因為樣本的一次劇烈變化而面目全非。曼德博用盲射手來做比方：可能他一千次都能夠射在目標附近，但只要第一千零一次偶然地偏離目標很多，總體的分佈就被完全改變了。

這是一種全新的統計思路——對趨勢的一次嚴重偏離，可以逆轉此前所有的結果，股市一天下跌二三％正是這種嚴重偏離。萊維的公式給了曼德博一把分析棉花價格狂野變化的數學鑰匙，不會像霍撒克那樣陷入困惑。繪製在圖表上時（如圖4-1所示），這些超乎預期的狂野變化看起來完全不會像是標準的鐘形曲線，而會讓曲線的首尾兩端（也就是分佈的「尾部」）膨脹起來，於是被稱為「肥尾」（fat tails）。

曼德博的論文迅速在學術圈流傳。一九六三年下半年的一天，他接到了麻省理工學院金融學教授保羅．庫特納（Paul Cootner）的電話。庫特納正在編輯一部關於市場運行的最新的數學研究論文集，其中包括了巴舍利耶關於布朗運動的論文，他希望把曼德博的論文也收進去。他將這本書命名為《股市價格的隨機性質》，也就是索普在二十世紀六〇年代探索權證價格公式時讀的那本書。

在這本書中，庫特納對曼德博的論文提出了長達五頁的猛烈批評，說曼德博「沒有許諾我們一個烏托邦，許給我們的只有鮮血、汗水、辛勞和眼淚」。萊維公式的狂野混亂和價格的突發性跳動，導致不可能產生什麼齊整的結果，結果註定是混沌的。只有幾位經濟學家稍稍瀏覽了曼德博的分析，隨即將它束之高閣。有些人說，曼德爾布羅特的觀點過於簡化，其他人則覺得他所使用的方法不易運用，不能預測價格行為，就好像某人試圖預測墨西哥跳豆的跳動方向一樣。批評者說，曼德博的結論也許在價格運動比較詭異的時候會短時間有效，但從長期來看，價格的運行還是遵照更加有序的布朗運動。如果考察一下股票市場的長期趨勢，便會發現整體市場的價格確實傾向於沿著規則的模式運動（如圖4-2所示）。

曼德博也同意，從長期來看，均衡總是主流。但問題並不在這裡。市場可以在短期內呈現狂野的變化，對於高槓桿、高倉位的投資者而言，這樣的變化足以造成巨大的損失，使他們一蹶不振。

量化模型的批評者納西姆．塔雷伯（Nassim Taleb）在他的數本書中均指出，相信市場運動呈現隨機游走的投資者，都是「中了隨機性的陷阱」（fooled by randomness，這也是其著作《隨機騙局》的原文書名）。塔雷伯將市場以及生活中出現的出人意料的極端事件稱為「黑天鵝」，

圖 4-1　肥尾分佈曲線圖

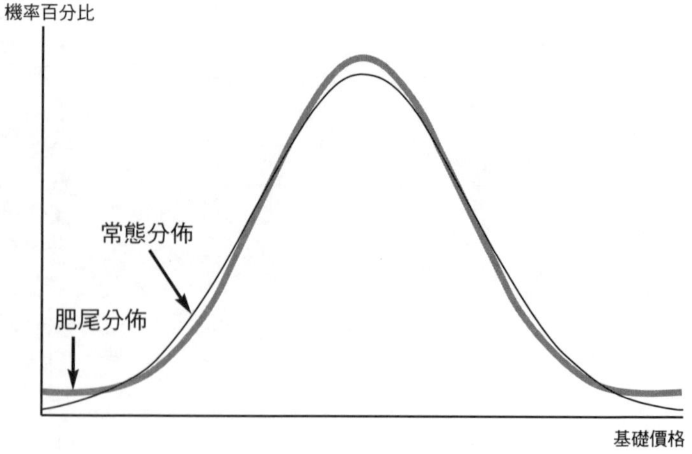

這一稱呼源自西方人長期堅信不疑的觀念：天鵝都是白的，直到有水手在澳大利亞看見了黑色的天鵝，才打破了這一觀念。塔雷伯認為，世界上的黑天鵝事件要遠遠多於人們所認為的，而基於歷史趨勢和隨機遊走期望的模型，註定給使用者帶來毀滅性的打擊。

曼德博的理論被金融工程師束之高閣因為他們不願意處理其中暗含之混亂、混沌的世界。但混亂和混沌就像揮之不去的噩夢，永遠縈繞在他們心頭，而且時不時地發作一次，掀起黑色星期一般的波動狂潮。而當市場恢復平靜後，金融工程師總是再一次將它束之高閣，如此週而復始，百試不爽。

無可避免的，致命的波動性終究再次出現。在黑色星期一過去十年之後，由好幾位金融天才組成的避險基金——長期資本管理公司（Long-Term Capital Management）——在曼德博的狂野市場中折戟沉沙。一九九八年夏天，長期資本管理公司在數週之內損失幾十億美元，幾乎動搖了全球金融市場，逼使美國聯準會主席葛林斯潘出面組織鉅額緊急援助。長期資本管理

圖 4-2　道瓊工業指數（1995 ～ 2008 年）

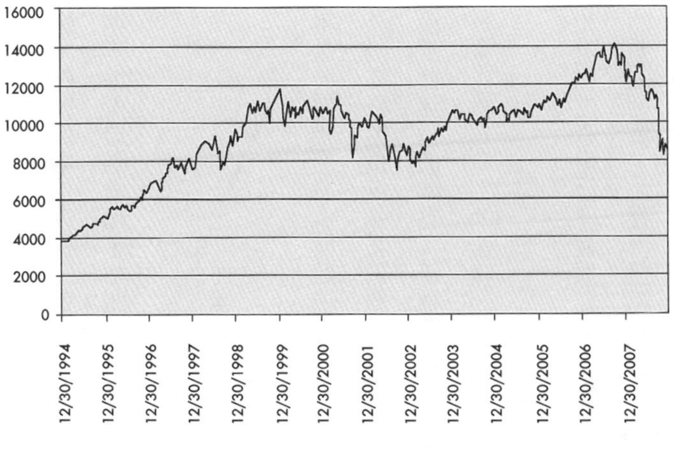

公司的交易全都基於成熟的電腦模型和風險管理策略，並採用極高的財務槓桿，一旦市場運動呈現出那些模型無法預測到的情形時，高槓桿使得該基金的資本在瞬間蒸發殆盡。

與長期資本管理公司相關的交易員，包括了合夥人麥倫・休斯、羅伯特・默頓這兩位期權定價公式的創造者。他們一再辯解說，只要能夠撐過足夠長的時間，他們終將以盈利收場。這個思路看起來不錯，但現實要簡單得多：長期資本管理公司賭上了全部身家，然後輸得精光。

——

黑色星期一在市場結構的每一處都留下了不可磨滅的印記。股災過後不久，期權交易員開始注意到，股票期權價格圖表上出現了一種奇怪的模式：與平價看跌期權相比，深度價外的看跌期權（相當於對股價大幅下跌下注）的價格高得離譜。這些期權的價格圖表顯示出彎曲的扭結，然而根據流行的觀點，這種情況不應該出現。交易員們很快將這種現象稱為「波動率微笑」（volatility smile）。這是黑色星期一的慘痛記憶，在市場價格支撐水準所發出的令人毛骨悚然的冷笑。

波動率微笑與有序世界中「無套利」的性質相悖。布萊克—休斯公式和現代投資組合理論都表明，波動率微笑是不可能存在的，因為一旦出現，交易員就可以賣出這些深度價外的看跌期權，並獲得豐厚的利潤。如果看跌期權對其所包含的風險（根據布萊克—休斯公式計算而得到）要價過高，聰明的交易員就會迅速地大量賣出，於是這些期權的價格就會跌落，最終回到應有水準。但奇怪的是，交易員們並沒有這麼做。他們擔心類似黑色星期一的災難會再次來襲，將他們打倒在地。他們戰戰兢兢，不敢越雷池半步。直到今天，波動率微笑還存在著。

波動率微笑令華爾街的寬客們百思不得其解。它不但將他們精心構建的避險策略打得七零八落，也令基本理論受到了質疑。艾曼紐．德爾曼（Emanuel Derman）是老牌金融工程師，曾在高盛與費雪．布萊克共事。在《一個計量金融大師在華爾街》（My Life as a Quant）書中他寫道：

> 我意識到，波動率微笑的存在與二十年前布萊克和休斯創造的期權理論完全相悖。而且，如果布萊克—休斯公式是錯誤的，那就不可能預測期權價格對標的指數的敏感性是多少……因此，波動率微笑相當於在期權交易的防洪堤上戳出了一個深深的小洞。

黑色星期一造成的後果還不止這些。它不僅在布萊克—休斯公式上戳了一個洞，還動搖了整個量化革命所依據的理論基礎。**股票並不是像布朗運動和隨機遊走理論預測的那樣，做著微小的增量運動，而是像墨西哥跳豆一樣上竄下跳**。投資者並不像量化理論假設的那樣理性，而是一群驚弓之鳥。

更嚴重的是，股市災難的罪魁禍首投資組合保險。正是寬客一手打造的產品。投資組合保險的初衷是保護投資者免受巨額損失，到頭來卻給投資者造成了意欲避免的損失。

並非所有人都在黑色星期一遭遇了毀滅性打擊。普林斯頓—紐波特合夥公司在索普的英明領導下，只損失了幾百萬美元。災難過去之後，索普那如同熱追蹤導彈般掃描市場情況的模型，讓他發現了很多交易良機。普林斯頓—紐波特基金當月毫髮無傷，一九八七年全年盈利二七％，而標準普爾五百指數只上漲了五％。

索普成功地在股市最兇險的下跌巨浪中毫髮無傷，表面看起來一切順利。但就在此時，出其不意的災難降臨在普林斯頓—紐波特身上。愛德華・索普的「黑天鵝」出現了。

一九八七年十二月中旬，一隊廂型車駛入寧靜的普林斯頓，停在一幢普通辦公大樓前。一隊身穿防彈衣、全副武裝的美國聯邦員警跳下車來，衝入一家哈根達斯冰品店的樓上，那裡是普林斯頓—紐波特合夥公司的辦公室。

他們在搜尋該基金與麥克・米爾肯的垃圾債券王國「德崇證券」（Drexel Burnham Lambert）交易的相關文件。領頭的官員是時任紐約南區檢察官的魯道夫・朱利安尼（Rudolph Giuliani），他正在為政府起訴德崇證券搜集證據，希望普林斯頓—紐波特的員工能夠指證米爾肯。為此，他不惜以巨額罰款和牢獄之災威脅。

但這毫無成效。一九八九年八月，曼哈頓陪審團判決普林斯頓—紐波特的五位高層（其中包括雷根），在六十三樁非法股票交易案中有罪。而身處兩千英哩之外紐波特比奇辦公室中的索普，儘管明顯與這些所謂的暗箱交易有關，卻沒有被起訴。雷根和其他被判有罪的普林斯頓—紐波特合夥人既不認罪，也拒絕指證米爾肯，反而是反訴政府並且勝訴。一九九一年六月，美國聯邦上訴法院推翻了欺詐判決；一九九二年年初，原告撤訴。沒有任何普林斯頓—紐波特的員工坐牢。

政府突襲行動的最大受害者是普林斯頓—紐波特公司。索普無法在眾多爭議之下平穩掌舵，他在普林斯頓的合夥人被訴訟案弄得心煩意亂，憂心忡忡的投資者也紛紛撤出了資金。

索普決定過簡單的生活。他暫停為他人管理資金，不過自己仍有大量資金投資在市場中，他也為養老基金和捐贈基金做點諮詢服務。一九九一年，一家公司請索普檢查它的投資組合，他將那家公司的投資品項梳理了一遍，注意到有一項對某基金的投資在二十世紀八〇年代的回報率令人震驚，每年都不低於二〇％，遠遠超過任何索普所知的成績，就連普林斯頓—紐波特都只能自歎弗如。

帶著一點好奇、一點懷疑，索普仔細研究該基金的策略，並要來了交易紀錄。該基金坐落於紐約第三大道著名的「唇膏大廈」（Lipstick Building），據推測從事的是快進快出的股票期權買賣——根據某個神祕公式達到低買高賣的效果，大獲其利。索普收到的交易紀錄囊括了所有資訊：買入了多少期權、標的股是哪一支、最終交易結果如何等等。

經過一天的研究，索普認定這檔基金是騙人的。交易紀錄所顯示的期權買賣量，遠遠超過公開交易所的總交易量。例如，在一九九一年四月十六日，該基金記錄：買入一百二十三份寶潔公司的看漲期權。但當天寶潔期權的總交易量只有二十份（此時的期權交易還沒有發生接下來十年中的爆炸式增長）。類似的反常之處，在IBM、迪士尼和默克製藥（Merck）等股票的期權交易紀錄裡都存在，被索普一一識別出來。他要那家公司趕快把資金從那檔基金中抽回。

該基金就是伯納·馬多夫證券投資公司（Bernard L.Madoff Investment Securities）。二〇〇八年下半年，這家由紐約金融家伯納·馬多夫執掌的基金被揭露為史上最大的龐氏騙局，從投資者手中騙取了數百億美元。監管者一再對這檔基金提出過警示，卻始終無法確定其投資策略是否合法。

在索普從投資遊戲中抽身而出的那段時間裡，金融市場成了寬客崛起的炫麗舞臺。混跡於加州某寬客實驗場的彼得·穆勒開始摩拳擦掌，渴望在真槍實彈的投資中大展拳腳；克里夫·艾斯尼斯進入了大名鼎鼎的芝加哥大學經濟學系；博阿茲·魏因斯坦還在念高中，但他的目光已經投向了華爾街激動人心的交易廳。

隨著普林斯頓—紐波特合夥公司的謝幕，避險基金的權杖從索普手中傳給了一位二十二歲的奇才。他將成為全世界最炙手可熱的避險基金經理，後來又站在了二〇〇七年八月肇始的市場崩潰的中心舞臺。

譯注

1 芝加哥因終年多風，故得風城（Windy City）別稱。
2 高斯分佈即常態分佈。

5 四隻兇殘的法瑪食人魚

肯．格里芬

愛德華．索普有一位名叫弗蘭克．梅耶（Frank Meyer）的長期投資者，他平時深居簡出，以發掘金融界新人為樂。一九九〇年的一天，梅耶給索普打了個電話，提出一項特殊要求。

「我發現一塊好料。」梅耶不假辭色的粗啞嗓音自話筒隆隆傳來，他聽起來十分興奮，彷彿大學美式足球校隊教練挖掘到下一位海斯曼獎得主。[1]「他是我見過的最厲害的傢伙，他曾經在大學宿舍裡用奶奶的帳戶交易可轉換債券。」

「他叫什麼名字？」

「肯．格里芬，哈佛大學天才畢業生。愛德華，他讓我想起了你。」

「哈佛？」麻省理工背景的索普哼了一聲。「他多大？」

「二十一歲。」

「哇，很年輕嘛。你想要我做些什麼？」

「來點文件。」

梅耶正在為肯・格里芬設立避險基金，意欲使用普林斯頓—紐波特的要約文件做為樣板，這樣可以省下不少錢。格里芬身高一八〇，體型削瘦，是個一心只想著賺錢的數學天才。索普答應了梅耶的要求，寄給他原普林斯頓—紐波特的法律文件；在朱利安尼橫掃普林斯頓辦公室之後，索普將基金改名為「西耶拉」（Sierra Partners）。在當時，起草建立避險基金所需要的文件通常要花費十萬美元；有了索普的樣板，梅耶的律師其實只需要把合夥人名字改一下，花費就能減到一萬美元以下。

梅耶的辦公室流傳著一個段子：他們聘用了一家名為「餅乾刀」的法律公司來幫助創立格里芬的基金。[2]最後，格里芬的基金被稱為「大本營投資集團」，這個名字很容易讓人聯想到戒備森嚴的堡壘，可以抵擋住任何想像得到的金融風暴。至少在理論上是如此。

梅耶在芝加哥經營著一支叫做葛蘭伍德資本管理（Glenwood Capital Management）的「避險基金的基金」。這類公司投資一大批避險基金，收益通常與客戶一九分成。在今天，基金的基金早已成為一個很大的產業，它們所管理的資金可達數兆美元（儘管在二〇〇七年金融危機之後如同戳破的氣球大大縮水），但在一九八七年梅耶創建葛蘭伍德時，這個產業還是一片空白。

事實上，到二十世紀八〇年代末，普林斯頓—紐波特合夥公司關門大吉為止，避險基金仍然只是蓬勃發展的全球金融體系的小字輩。當時叱吒風雲的是保羅・都鐸・瓊斯（Paul Tudor Jones）和喬治・索羅斯這樣的快槍俠式投資者，他們憑著靈光一現（比如索羅斯就總是以腰痛做為徵兆）進行數百萬美元的豪賭。另一類呼風喚雨的人物，包括身處普林斯頓的一群鮮為人知的市場奇才，他們籌組的「商品公司」（Commodity

Corp）在商品期貨界做得風生水起，風頭罕有其匹。商品公司誕生了許多耀眼的交易明星，比如：路易士・摩爾・貝肯（Louis Moore Bacon），他後來創立摩爾資本管理公司，管理的資金高達一百億美元；布魯斯・科夫勒（Bruce Kovner），他後來以六十億美元建立卡克斯頓合夥公司（Caxton Associates）。

在紐約，崛起了一位智勇雙全的交易員，朱利安・羅伯遜（Julian Robertson），他以八百萬美元起家成立老虎資產管理公司（Tiger Management），後來成長為兩百億美元的基金巨艦。在西棕櫚灘，[3]伊利諾收益投資者公司（Illinois Income Investors，更為人熟知的是其縮寫ＩＩＩ或3Ｉ）的一群交易員正在開發抵押貸款支持證券、貨幣和衍生品市場的創新交易策略。

交易變得越來越量化，在索普和新理論的帶動下，越來越多數學家開始走出象牙塔，湧向華爾街。吉姆・西蒙斯的文藝復興科技公司發行了大獎章基金（Medallion Fund），很快便成為投資界的傳奇；大衛・肖帶著統計套利的光環，在格林威治村的一家共產主義書店樓上創立了自己的避險基金。索普的投資者在失去了原先的金鵝後，開始尋找新的天才。對很多人來說，肯・格里芬正是不二之選。

索普還送了梅耶和格里芬一座金礦：幾大箱可轉換債券和權證的招募說明書，其中很多由於年代久遠，早已在市面上消失。對於避險基金來說，這些都是千金難買的寶貴資訊，是打開市場寶庫的萬能鑰匙。透過研究索普所做的交易，格里芬學會了怎樣自己尋找類似的機會。

這些資訊讓格里芬更容易評估哪種交易能夠在可轉換債券市場中實踐。儘管索普提供的文件並未細載交易的枝微末節，仍有類似藏寶圖之效。有了這些資料在手，使得格里芬能更準確判斷自己應該留心在市場的哪個部份，他也很快發展出一套投資戰略，其中許多層面皆與索普在幾十年以前首創的技巧相通。

格里芬還飛去紐波特比奇與索普見面，希望直接向大師求教。索普帶領他研究一系列的債券套利交易，傳授數十年積累的寶貴實戰交易經驗。求知若渴的格里芬，如海綿般吸收了所有教導。

索普還把普林斯頓—紐波特的業務模式告訴了格里芬，包括其「利潤中心」是怎樣隨盈利能力的變動而演化，該理念被大本營全盤照搬。格里芬還照搬了索普的管理費結構——投資者根據基金的支出情況付費，而不是像大多數避險基金那樣收取固定的管理費（通常是資產管理額的二%）。

梅耶承諾支持格里芬，不過有個條件：大本營必須開在芝加哥。佛羅里達人格里芬答應了這一要求。一九九〇年十一月，懷揣四百六十萬美元，格里芬的交易生涯正式起步。他使用的是一種神秘的單一策略：可轉換債券套利——就是愛德華．索普用過的那一套。

格里芬的父親是奇異公司（General Electric）的專案經理，讓格里芬從小對就高科技機械感興趣，對世間萬物如何運轉好奇不已。他睜大自己的藍眼睛東張西望，似乎總是能從錯綜複雜的事情中理出頭緒，看到一般人看不到的東西。這在金融的混沌世界中可是巨大的優勢。

在博卡拉頓社區高中（Boca Raton Community High School）讀書時，格里芬開始接觸電腦程式設計，還找了一份為ＩＢＭ撰寫程式碼的工作。他的母親會把他載到當地的電腦賣場，在那裡他可以和賣家聊半天關於電腦和軟體的事情。一九八六年，格里芬還不滿十八歲，便想出了向學校兜售教育軟體的主意。他和在電腦賣場認識的一群朋友組建了一家「碟現教育系統公司」，[4]儘管格里芬幾年之後便賣光股份，這家公司至今仍在西棕櫚灘營業。

在哈佛大學讀大一時，格里芬在《富比士》雜誌上讀到了一篇論證居家購物網公司股票價格過高的文章，[5]於是他買入了該股的看跌期權，欲在股價下跌中盈利。這筆交易相當成功，為格里芬帶來數千美元的利潤，但離格里芬所想像的數字還相去甚遠；該權證的造市商、一家名叫薩斯奎哈納國際集團（Susquehanna International Group）的費城證券公司索取高昂手續費，大大侵蝕了格里芬的利潤。格里芬意識到，投資遊戲要比他想像中複雜多了，於是他找來所有能夠找到的關於金融市場的書籍來鑽研。最終，他發現了一本關於索普最喜歡的投資工具——可轉換債券——的教科書。當時，索普在《戰勝市場》一書中表達的思想，已經被學術界接受，並在全美國的金融學課堂上講授。當然，格里芬後來也修習那門課，認真研讀《戰勝市場》。

與索普一樣，格里芬迅速發現，可轉換債券大量存在定價錯誤的情況。他運用電腦長才編寫了一個軟體，可以用來尋找價格失準的債券。為了獲取最新的市場訊息，格里芬在他的宿舍——位於爬滿常春藤的哈佛大學卡伯特樓（Cabot House）——設置衛星傳輸線路。衛星接收器裝在宿舍樓的樓頂，連接的纜線穿過四樓的窗戶，經電梯豎井接到他位於三樓的房間，這樣他就能下載到即時股票報價。這個計畫的唯一問題是，四樓的窗戶會因此關不上，而波士頓的冬天可是天寒地凍。

一九八七年夏天，也就是大一暑假，他經常拜訪在棕櫚灣第一國民銀行工作的朋友。一天，他在銀行聊起自己關於可轉換債券和避險策略的想法時，一位名叫薩爾·高金（Saul Golkin）的退休人士正好踏入銀行。在聽了格里芬侃侃而談了二十分鐘後，高金說：「我要去吃午餐了，不過我願意投五十。」

格里芬起初不明所以，朋友向他解釋：高金的意思是，他願意投資這位聰明的哈佛小伙子五萬美元。後來，格里芬從母親和祖母等親戚以及朋友那裡籌集到二十六萬五千美元，開設一家名為「可轉換避險基金一號」（Convertible Hedge Fund #1）的有限公司，名稱與索普的第一檔基金「可轉換避險合夥基金」驚人地相似。秋季，一回到哈佛，他就開始用這筆錢進行投資，主要策略是買入價格過低的權證，並用賣空相應股票的方式避險（其實就是索普的德爾塔避險策略）。

他入市的時機再好不過。十月，股票市場迎來了黑色星期一，格里芬的空頭部位價格跌幅遠勝於權證，因為股票是受投資組合保險禍害最深的資產。風暴之後，他很快又籌集七十五萬美元，開設另一檔基金「可轉換避險基金二號」（Convertible Hedge Fund #2）。

格里芬在黑色星期一毫髮無傷，其實還小賺了點，這著實揭示了一些東西。華爾街的職業投資家無不受到了沈重打擊，卻讓這位身處哈佛宿舍，使用衛星、電腦和複雜投資策略的毛頭小孩嶄露頭角。格理芬首次領教了小機率事件的威力。

但格里芬的路還長著呢。他的策略需要同時交易多種證券，因此需要一個機構交易帳戶，即共同基金和避險基金這樣的專業交易者使用的帳戶。一九八九年，十九歲的格里芬找到了美林公司駐波士頓的可轉換債券專家泰倫斯·奧康納（Terrence O'Connor），向他推銷自己看起來有些瘋狂的計畫：讓我——肯·格里芬，乳臭未乾的十九歲的大學生——在你們最成熟的交易平臺上一展身手，為我提供交易任何地球上存在的投資工具。

格里芬居然成功了，他以自己的技術贏得奧康納的首肯。這位可轉換債券專家同意拉格里芬一把，儘管當時美林的機構帳戶平均規模達一億美元。

格里芬開始了交易，給自己知道的所有華爾街人士打電話。他得到的典型回應是：「你在宿舍房間裡操作二十萬美元？別再打來了。」接著便是掛掉電話的咔嚓聲。

但也有人對這位年輕的哈佛新秀十分好奇，向他透露一些當時熱門的交易資訊：什麼是套利交易，為什麼避險基金要做這種交易，以及為什麼銀行自己也要參與其中。格里芬開始往紐約跑，向交易員偷師，充實自己的知識。他對融券交易特別感興趣，這讓他知道了基金和銀行將股票融給誰、為什麼要融。

在格里芬以經濟學學士身份從哈佛大學畢業前夕，他遇到了3I的經理賈斯汀·亞當斯（Justin Adams）。兩人在西棕櫚灘的一間餐廳吃早餐時巧遇，一起探討金融市場。格里芬一邊嚼著熱騰騰的煎蛋餅，一邊大談他是如何與華爾街各位經紀人和交易員攀交情，並從中打聽到許多交易界秘辛。

亞當斯是前陸軍特種部隊成員，上過越戰前線，退役後進入金融界。他饒有興趣地聽著格里芬的講述。格里芬既聰明又專注，問了一連串關於市場的問題，亞當斯不得不經常停下來思考前後一致的答案，因為那些問題太有深度了。

亞當斯將格里芬引見給3I投資人之一的梅耶，安排他們在紐約見面。梅耶也對格里芬十分驚奇——這個小伙子對投資技術有著廣泛了解，而且擅長使用電腦，這在交易日漸機械化和電子化的時代前途無量。但令梅耶印象最深的，還是格里芬對市場的理解力。他回憶說：「如果你只是一個管理著幾十萬美元的小屁孩，你會很難透過融券實現賣空股票。但格里芬拜訪了所有主要的融券商，希望對方接受自己。由於他的不同尋常，讓那些融券商給他很高的信用等級。」

一九八九年，格里芬的事業之舟在芝加哥葛蘭伍德公司的辦公室裡揚帆啟航，初始資金是一百萬美元。很快，格里芬便用自己開發的程式進行可轉換債券交易，收獲大筆利潤，第一年的回報率就高達七〇%。梅耶對此印象深刻，決定幫助格里芬建立自己的基金。他想著還有哪些基金的策略跟格里芬相似，這時他的腦海裡跳出了愛德華．索普的名字。

如今，格里芬有了辦公室，也有了開業資金。他招募了一個交易小組，當手下們得知老闆是個一臉學生樣的小屁孩時都驚愕不已。萬事俱備，只欠大名。格里芬和幾位新員工寫下自己為公司起的名字，然後大家一起投票。當然，最後勝出的是「大本營」。

一九九〇年是避險基金「黃金十年」的元年，格里芬的資金要塞已經做好了戰鬥準備。日後金融界最恐怖的賺錢機器，就這樣邁出了第一步。

彼得．穆勒

還在十歲時，彼得．穆勒和家人一起去歐洲旅遊。遊歷了幾個國家之後，他發現了一件怪事：不同國家的貨幣對美元的匯率各不相同。於是他問當化學工程師的父親，能否在倫敦買入德國馬克，然後拿到德國去把它們換成美元，這樣就有利可圖了。小穆勒本能地把握住套利的概念。

穆勒一九六三年出生於費城，但在紐澤西州的韋恩市（Wayne）長大，那裡距離曼哈頓只有半小時車程。穆勒從小就富於數學天分，對一切遊戲都感興趣，拼字遊戲、象棋、雙陸棋，沒有他不喜歡的。在韋恩谷高中（Wayne Valley High School）讀書時，穆勒開始對電腦程式設計著迷。他將程式設計和對遊戲的熱情結合起來，設計了一個雙陸棋程式，把他的數學老師殺得片甲不留，老師一口咬定電腦作弊了。

在普林斯頓大學，穆勒的主修科目是理論數學。他被神秘的數論深深吸引，著迷於其中的複雜結構和普遍模式所蘊涵的美。除此之外，穆勒對音樂的興趣也與日俱增，他選修了幾門音樂課程，還加入一支爵士樂隊擔任鋼琴師，在各個學生活動和校園俱樂部中演出。

一九八五年，穆勒大學畢業，他駕車橫穿美國來到加州。儘管他在紐約的德國軟體公司德利多富（Nixdorf）找到了一份工作，他總是以各種理由推遲報到日期——他不怎麼想回到東海岸，他太喜歡加州了。

不久，他開始為一家體操館彈電子琴，幾位身著體操服、肌肉發達的女人隨著他的音樂起舞，做著圈操和球操練習。他盡全力追逐著自己的音樂夢，找了一份為藝術體操隊演奏背景音樂的差事。但這個工作顯然沒辦法糊口，光是在朋友的朋友家借宿就要花費他每月兩百美元的房租。室友也令他難以忍受，總是在穆勒靈感乍現時在院子裡試槍。

一天，穆勒看到一則小廣告：柏克萊一家小金融工程工坊BARRA有限公司（BARRA Inc.）招聘一位福傳（Fortran）程式設計師。福傳是編寫統計問題程式的常用語言，穆勒對此一竅不通（雖然他毫不懷疑自己能夠迅速掌握），也從未聽說過ＢＡＲＲＡ公司，但他仍然申請了這個職位，前往柏克萊面試。

穆勒自信滿滿地踏入ＢＡＲＲＡ的辦公室，腦子裡閃現的滿是在普林斯頓學到的理論數學火花。他對自己將要踏入的量化金融界一無所知，也從來沒有上過任何金融課程；他甚至以社會主義者自詡，揶揄自己在《華爾街日報》舊金山分部兼職的女朋友是資本主義走狗。但他對資金如何運轉的理論有著濃厚的興趣，最重要的是，他也希望可以從這份工作中賺點錢。

面試前，穆勒去了一趟洗手間，被裡面的一根煙蒂嚇了一跳。穆勒有點潔癖，對健康極為重視，非常鄙視吸煙行為。那根煙蒂幾乎毀了這次面試，讓穆勒打起了退堂鼓。他怎麼能夠忍受在有人吸煙的辦公室裡工作呢？他勉強接受了面試，才得知ＢＡＲＲＡ禁止在辦公室吸煙；他在洗手間看到的煙蒂是訪客留下的。

經過數輪面試，他拿到了ＢＡＲＲＡ的錄用通知，也接受了這份工作。穆勒當時猶不自知，但他於此刻踏入了寬客的世界。

一九九五年，ＢＡＲＲＡ是西海岸量化金融界的泰山北斗。該公司成立於一九七四年，創始人是離經叛道的柏克萊經濟學教授巴爾．羅森堡（Barr Rosenberg），他是將現代投資組合理論從象牙塔應用到現實世界的先驅之一。羅森堡瘦而高，頂著一頭大波浪，長年信奉佛教。他向來反對古板的分類。二十世紀六〇年代，他研究的課題是：不同樣本的病人對於同一種藥品會呈現出什麼不同反應。與此同時，做為業餘愛好，他已經開始收集股市資料，並很快就對此著了迷。他發現，正如病人對藥物反應各異，股票也經常顯示出奇怪、似乎難以解釋的價格行為。羅森堡認為，肯定有某種邏輯在混亂的表象下起作用。一種理解股票價格運動原理的方法是，將促使其上竄下跳的因素進行分解。通用汽車的股價由經濟和市場中的多重因素共同決定，這些因素包括汽車產業、大市值股票、美國股市、油價、消費者信心、利率……等等。微軟的股價也包含多個因素，比如大市值股票、技術、消費者因素等。

在二十世紀七〇年代早期，羅森堡在他的柏克萊基地夜以繼日地工作，開發了跟蹤數千檔股票各種因素的量化模型，並把它們編成了電腦程式。後來，羅森堡開始將他的模型出售給日益重視量化策略的資金管理公司（儘管很少有買家能夠像紐波特比奇的索普那樣技藝高超），一九七四年，他成立了一家公司，起名為巴爾—羅森堡合夥公司，後來改名為ＢＡＲＲＡ。

不出幾年，ＢＡＲＲＡ就培養出一大群擁護者。令羅森堡大獲成功的是ＢＡＲＲＡ的基本面風險管理服務（Fundamental Risk Management Service），這個電腦程式能夠基於收益、行業狀況、市值大小和交易活動等因素來預測股價行為。

當穆勒進入ＢＡＲＲＡ的時候，數以千計的基金經理正在使用ＢＡＲＲＡ最新的量化策略管理資金。羅森堡本人於一九八五年帶著一小群同事離開ＢＡＲＲＡ，前往奧林達（Orinda）組建了自己的資金管理公司「羅森堡法人股票管理公司」（Rosenberg Institutional Equity Management），這件事就發生在穆勒加盟後不久。不出幾年，新公司的資產管理額便達到了數十億美元，投資遍佈世界各地。最近，羅森堡已不再滿世界追求財富，而是回到柏克萊，在寧瑪佛學院（Nyingma Institute）教授佛學。

穆勒在ＢＡＲＲＡ參與的第一批專案中，有一項是關於ＢＡＲＲＡ的主營業務——分析股票回報的各個組成部分。羅森堡在離開ＢＡＲＲＡ之前看了一眼穆勒的工作，露了一手他在識別市場背後的經濟力量方面的深厚功力。

「這一個的因素肯定是油價，看看這兩次能源危機之間形成的劇烈震盪……至於那一個的因素，肯定和利率有關。」羅森堡說道。

問題是，穆勒在處理資料的時候犯了個數學錯誤，這些資料根本沒有任何意義。他重做了分析工作，羞愧萬分地呈交新結果給羅森堡過目。

「這回看起來合理多了。」羅森堡說。「這個因素一定是石油因素……而那裡是美國聯準會採取了緊縮措施。」

這次事件說明，雖然羅森堡可以迅速將數學和模型轉變為真實世界的事件，但即便是道行最深的老手，也免不了遭到數據的糊弄。即使有著最尖端的數學做為工具，羅森堡和他創造的量化方法仍然有點像是巫醫問卜。對於隱藏因素的不懈追求可能演變為起舞念咒問神通，與占卜算命合為一流。

ＢＡＲＲＡ寬鬆的氛圍令穆勒如沐春風。繼紐澤西的慵懶郊區和普林斯頓的靜謐走廊之後，穆勒又一次找到了世外桃源。在這裡，他得到了升華。現在是二十世紀八〇年代中期，六〇後懷舊風勁吹的時代。沒有比柏克萊更潮的地方了，左手是衝浪勝地半月灣（Half Moon Bay），右手是海特—艾許伯里嬉皮天堂。當然，為金融研究機構賣命並不符合嬉皮的作風，但穆勒並不在意。他受夠了阮囊羞澀、為了幾個小錢彈琴的日子了。他在BARRA的薪水不錯，每年能賺三萬三千美元，而且未來肯定還會步步上升。最重要的是，他下定決心，不管他能賺多少錢，他肯定不當守財奴。羅森堡是他的榜樣：既賺得了大把的金錢，又保持了自己的精神追求。

在BARRA的日子真是舒坦。這裡崇尚隨興，沒有人過問衣著打扮，公司裡唯一西裝革履的傢伙是市場總監。員工們可以吃一頓長長的午餐，彼此暢談學術、政治、全球大事。穆勒交了個女朋友，還在一個爵士樂隊兼職。每到月圓之夜，都有一幫員工發起午夜狂奔活動，完事之後去酒吧喝一杯，不過穆勒更喜歡去冰淇淋店。

穆勒很快便掌握了福傳語言，開始為公司修正程式碼。但他更渴望學點BARRA的實際工作：金融建模。他放棄了自己的音樂愛好，一頭撲進現代投資組合理論的經典，研究尤金·法瑪、費雪·布萊克、羅伯特·默頓等人的思想。

他還發展出一項新的愛好：撲克。他開始頻頻出入距BARRA辦公室二十分鐘車程的愛莫利維爾橡樹撲克俱樂部（Oaks Card Room），並狂熱地研讀大量撲克攻略，很快便在俱樂部的高賭注牌桌上所向披靡。

穆勒很快嗜賭成癮，他每週要在橡樹俱樂部玩上十到十五個小時，有時還會參加馬拉松牌局，不惜考驗自己的耐久力。有一回，他從週五晚上六點一直玩到週日上午十點，結果在駕車回程途中，因過於疲倦而在等紅燈的時候便沈沈睡去。

一九八九年，穆勒被分配去為ＢＡＲＲＡ的一個新客戶做事，這個客戶便是文藝復興科技公司。吉姆・西蒙斯正在尋找行家幫他解決大獎章基金所遇到的一個棘手問題（與如何最有效地利用大獎章的閒置現金有關）。穆勒的解決方案非常巧妙，西蒙斯意欲將他招致麾下。穆勒有些躊躇，最後還是拒絕了西蒙斯的好意。當時他自詡學術界人士，法瑪的有效市場假說和其他汗牛充棟的文獻，都說明了不可能長期擊敗市場，穆勒對此深信不疑。

不過，不久以後他就改變了這個看法。

一九九一年，穆勒的收入已經漲到每年十萬美元。他和女朋友一起住在柏克萊山區的漂亮房子裡，工作既順心，又有閒暇打理自己的爵士樂隊，還能抽空玩玩牌、衝浪。但他想要不僅於此。

這一年，ＢＡＲＲＡ上市了。對穆勒而言，公司在首次公開募股（ＩＰＯ）之後就變了，變得不思進取、缺乏激情，創造力也大不如前；員工中的佼佼者要麼離開公司另謀高就，要麼開始幹私活。穆勒萌生了一個想法，可以為ＢＡＲＲＡ注入新的活力：使用ＢＡＲＲＡ為客戶開發的量化模型管理資金。換句話說，就是設立一個ＢＡＲＲＡ內部的避險基金。運行這個基金的人他也找好了，就是他在橡樹俱樂部的牌友，都是ＢＡＲＲＡ自己人。

公司高層否決了這一提案，聲稱在剛剛完成ＩＰＯ的當下不適合做高風險買賣。ＢＡＲＲＡ的執行長安德魯．拉德（Andrew Rudd）建議穆勒還是專心開發預測股票回報的新模型，然後將它們賣給客戶為佳。這不是穆勒想要的，但他還是同意了。他很快便設計出了ＢＡＲＲＡ最受歡迎的系統「阿爾法製造者」，這是一個基於個人電腦的軟體，可以分析股票投資組合的預期回報。

然後，他辭職了。

——

「你是哪條道上該死的傢伙，為什麼你可以搞到辦公室？」

「我是該死的彼得．穆勒，見到你真高興！」

穆勒瞪著那個像走進自己家一樣闖進他辦公室的傲慢摩根史坦利銷售人員，雙眼快要冒出火來。穆勒剛剛加入摩根史坦利，開始著手組建一支量化投資團隊，而這就是他受到的歡迎儀式？

從他到達摩根史坦利的第一天起，情況就是這樣了。在接受這個職位、收入暴漲之後，穆勒向ＢＡＲＲＡ遞交辭呈，然後休息和放鬆了六個星期，大部分時間都在夏威夷最西端鬱鬱蔥蔥的考艾島（Kauai）度過。從寧靜的綠色家園一下子進入曼哈頓中城摩根史坦利嘈雜混亂的交易室，令穆勒極不適應。摩根史坦利答應穆勒可以擁有自己的辦公室和資料源，而且在他入職之前會準備完畢，但當他第一天到達這裡時，發現什麼都沒有安排好。

在許諾的辦公室到位之前，穆勒只能在摩根史坦利那幾乎足球場大的交易室中央的一張桌子上將就。他給在BARRA的前同事湯姆・庫珀（Tom Cooper）打電話，庫珀在波士頓一家避險基金工作。

「你怎麼有辦法在這種環境下工作？」穆勒向庫珀請教。

突然，鄰座的女人一把將聽筒從穆勒手中搶走。「我需要這部電話！」

穆勒一時錯愕，只見她正拿著電話咆哮出交易指示，內容與芝加哥和東京的市場有關。在需要用電話賺錢時，禮貌無關緊要，穆勒算是學到了這一課。BARRA及其精緻的量化模型，好像突然被拋到了火星。

一位朋友送給穆勒一束花，祝賀他開始新的職業生涯。這束花被送到了他交易室的那張桌子。這下可好，他周圍一臉滄桑的交易員們炸開了鍋，一擁而上圍觀起這位來自加州的寬客小子和他的鮮花。

穆勒暗忖，這是什麼鬼地方？這裡的能量足以把人給逼瘋，所有人都像沙丁魚一樣擠在這裡，汗流浹背地咆哮著，還穿著西裝！

這裡不是加利福尼亞，當然也不是柏克萊。這裡是該死的紐約，這裡是該死的摩根史坦利——世界上最大、最兇狠的投資銀行之一。而穆勒身處的地方，正是邪惡的中心。

克里夫・艾斯尼斯

身體健碩的教授大踏步登上講臺，滿堂學生明亮的眼裡充滿著求知的渴望，急切地想弄明白股市實際上是如何運行。任課教授是尤金・法瑪，他從二十世紀六〇年代起便在芝加哥大學執教。現在是一九八九年九月，他已經成為舉世公認、全世界金融市場和經濟學領域最優秀的思想者之一。法瑪撓了撓自己越來越稀少的頭髮，瞥了一眼面前這群二十出頭的年輕人。

新學生對法瑪的第一印象，往往是他的前額——寬大又飽滿，還有一堆深深的皺紋。每當他操著波士頓口音，將市場智慧娓娓道來的時候，這些皺紋就開始上下起伏，好似他腦袋中的思想按捺不住，迫不及待地想從大腦裡噴發而出。他身穿寬鬆的藍色棉布襯衫和棕褐色休閒褲，看起來好像是哲學系逃出來的難民，而不是才思敏捷的金融界學術大師。

他的開場白就令在座的學生大吃一驚。

「我接下來所說的一切都不是真的。」法瑪板著臉孔說道，口吻帶了點波士頓鄉音。

他踱向黑板，寫下六個字：有效市場假說。

法瑪說：「市場是有效的。我這麼說是什麼意思？我的意思是，在任意給定的時刻，股票價格已經反映了所有關於它們的已知資訊。如果有大量的人正在喝可口可樂，那麼這條資訊一經公佈，可口可樂的股票就會上漲。」

學生們照單全收，草草地把這些話全部記在筆記本上。

有效市場假說，是半個世紀以來最著名、也是生命力最強的關於市場如何運行的理論，也是法瑪一手催生的寶貝。這是一個極具影響力並被廣泛接受的假說——事實上，與其說它是一個假說，倒不如說是上帝指派法瑪做為經濟學先知，下凡到風城所傳達的神諭。

「關於市場有效性有許多重要結論。」法瑪面向聽眾說道。「其中最重要的一點是，從統計上來看，預知市場的下一步走向是不可能的。這其實就是隨機遊走理論所說的東西——市場的未來動向就像是擲硬幣，不是向上走就是向下走，可能性一半一半，誰也不知道會發生什麼。」

一位坐在前排的學生怯生生地舉起了手。「那麼，那些從股市中獲利的傢伙是怎麼回事？他們能獲利總得有理由，不可能純粹是運氣啊。」

「證據顯示，試圖選出上漲的股票是完全徒勞的。」法瑪平靜地回答。「賺錢也一樣。華爾街上的銷售人員總是試圖說服人們可以透過股票賺錢，這樣他們才能拉到業務。但歷史上還沒有哪項研究表明積極的資金管理能夠持續擊敗市場。資料所顯示的事實就是如此。資金管理者有時業績的確出色，但這通常純粹是在走狗屎運。」

「那為什麼人們還給這些資金管理者這麼豐厚的報酬？」

「也許是希望，也許是愚蠢。這很難說。」

「那巴菲特又是怎麼回事？」

法瑪歎了口氣。又是巴菲特。不知從什麼時候起，學生們開始不斷提及這個來自奧馬哈的投資者。他的公司波克夏·海瑟威已經連續二十年擊敗了標準普爾五百指數。

「確實存在某些無法解釋的另類例子。在任何科學中都有看起來可以顛覆所有規則的反常現象。巴菲特，以及彼得・林奇執掌的富達公司麥哲倫基金，連年都能保持穩定的回報。但我不知道還有誰可以達到這樣的成就。這些異類可能確實存在，但我不知道他們是誰。誰知道呢。」法瑪笑著聳聳肩。「說不定明年他們就虧錢了。」

數學早已證明，少數交易者脫穎而出是免不了會出現的事情，但這並不代表他們技藝高超。給一萬人每人一個硬幣，讓他們一起擲，每一輪擲到正面的都被淘汰。十輪之後，大約會一百人能夠留下；二十輪之後，可能還有三、四個人可以繼續留下。如果在華爾街，他們就會被奉為擲硬幣專家，擁有擲幣領域的高阿爾法。但在法瑪看來，巴菲特出現的機率和幸運的擲幣專家沒什麼區別。

又一位學生舉起了手。「但是你說了，你告訴我們的一切都不是真的。這是不是意味著市場其實不是有效的呢？」

法瑪笑了。這孩子挺聰明，得關注一下。「你叫什麼名字？」

「克里夫・艾斯尼斯。」

「克里夫，你說得對。我告訴你們的東西沒有一項是百分百正確的。這些都是數學模型，我們是從統計的角度，根據歷史資料和趨勢來進行推測。這不是物理。在物理學中，你可以造出太空梭並發射升空，然後一星期後在卡納維拉爾角迎接它的著陸。[6]市場要比這些更不穩定、更難以捉摸多了。我們對市場的瞭解只是在模型基礎上對現實的逼近。有效市場假說只是一個基於幾十年研究和大量資料的假說，我們完全可能是錯誤的。」說到這裡，他停了一下。「但是我基本上可以肯定，我們是對的。上帝知道，市場是有效的。」

教室裡發出一陣緊張的笑聲。法瑪有一股不怒自威的氣勢，能使後進的學生感到不寒而慄。

二十三歲的博士生艾斯尼斯點了點頭，在筆記本上記下法瑪的話：反常天才……數學模型……其實這些對他來說都不陌生。他在賓夕法尼亞大學沃頓商學院上過很多金融課程，授課者都是頂尖思想家。但他知道，只有法瑪才是金融學術界的王者。

雖然如此，他還是無法停止懷疑。事實上，法瑪的話其實也是一種挑戰：我可以做到嗎？我可以戰勝市場嗎？

克里夫・艾斯尼斯小時候一點也沒有流露出將來可以在華爾街叱吒風雲的跡象。一九六六年十月，艾斯尼斯出生於紐約皇后區，四歲時隨全家搬往綠樹成蔭的郊區——長島羅斯林高地（Roslyn Heights）。艾斯尼斯求學時成績很好，但華爾街對他的吸引力還不如蝙蝠俠漫畫裡的高譚市黑塔。[7]艾斯尼斯身上一點都看不到年輕人應有的朝氣。他身材偏胖，胸無大志，眼裡除了漫畫就是姑娘。他年少時脾氣暴躁，多年以後執掌避險基金時仍經常發作。有一次在學校停車場裡，一位西洋棋隊的對手嘲笑艾斯尼斯在比賽中的表現；艾斯

尼斯勃然大怒，將對方一把拎起，一次又一次撞向停在那裡的廂型車。

在賓夕法尼亞大學沃頓商學院研讀本科時，艾斯尼斯認為自己會子承父業，成為一位出庭律師。他不知道為什麼他想成為一名律師，只知道這是家族傳統。

不過他父親對兒子這樣做並不理解，回覆道：「你擅長算術，為什麼想當律師？」

父親的話令艾斯尼斯豁然開朗，他開始深入研究投資組合理論的神秘世界。在沃頓商學院，他成為羅聞全（Andrew Lo）教授的助教（羅聞全後來去了麻省理工學院）。艾斯尼斯驚奇地發現，這才是他喜歡的科目。他決心以金融為奮鬥方向，同時還獲得了一個電腦學位。對一個寬客來說，這簡直是最佳組合。

大學畢業時，艾斯尼斯放棄法學院入學考試，而是參加了管理學研究生入學考試（GMAT）並獲得高分。有數家商學院錄取了他，他最中意的是史丹佛大學和芝加哥大學。促使艾斯尼斯做出最後決定的關鍵，是芝加哥大學願意提供路費讓囊中羞澀的艾斯尼斯前去參觀，史丹佛大學則沒有。一個明媚的春日——也許是艾斯尼斯一生中陽光最燦爛的一天——他來到了芝加哥。艾斯尼斯事後自嘲道：這也太唬人了，我大概是這世上唯一因為風和日麗的天氣而選擇風城、放棄史丹佛的傢伙。[8]

艾斯尼斯進入芝加哥大學的時候，尤金．法瑪和肯尼斯．法蘭齊（Kenneth French）正在進行顛覆整個金融學界的里程碑式的研究。他們的研究將產生現代金融學最重要的成果，將兩人帶入一個全新的理論和應用領域。

在這兩個人中，法瑪是主角。法瑪出生於大蕭條末期，在波士頓附近的查理斯頓（Charlestown）長大，鄰里盡是粗獷的船廠。他是經濟學家中第一個大量使用電腦進行研究工作的人。二十世紀六〇年代早期，當他還是芝加哥大學的學生時，便已經開始利用全球最大的股市數據庫：芝加哥大學證券價格研究中心（Chicago's Center for Research in Security Prices; CRSP）。

在決定開哪門課的時候。法瑪發現芝加哥大學還沒有任何講授哈利．馬可維茲（Harry Markowitz）理論的課程。馬可維茲也是芝加哥大學的畢業生，他使用量化方法揭示了投資者應該怎樣透過多元化投資組合使回報達到最大化，同時又減少風險，即「不要把所有的雞蛋放在一個籃子裡」的量化版本。

一九六三年，法瑪開始講授馬可維茲理論，不久又在課程中添加了威廉．夏普（William Sharpe）的研究成果。夏普是馬可維茲的學生，也是貝塔理論的先驅。貝塔的誕生使人們有了衡量個股對整體市場波動敏感性的方法。如果某檔股票相對市場其他股票貝塔值較高，那它就是高風險的，反之亦然。風險越大，潛在收益也就越大——當然潛在損失也越大。貝塔值為一的股票，它的波動性等同於市場其他整體。像AT&T這類死氣沈沈的藍籌股，通常會有較低的貝塔值。貝塔值為二的股票，則代表具有高波動性，通常是蘋果、英特爾這類價格上竄下跳的科技股。如果你知道一檔股票的貝塔值，你就能或多或少明白它的風險程度。

就這樣，芝加哥大學第一門現代金融學課程正式誕生了，名叫「投資組合理論與資本市場」，時至今日仍由法瑪講授。在研究中，法瑪充分利用了芝加哥大學的股市資料庫和電腦設備，一遍又一遍地測試資料，尋找隱藏其中的規律。一九六九年，法瑪從講授這門課程獲得的靈感和多年的資料處理之中，提煉出首個完善的現代投資組合理論基石——有效市場假說。

多年來，眾多學者在市場有效性方面做了大量研究，但在「市場不可戰勝」這一觀點的闡述上，仍數法瑪最為簡潔有力。有效市場假說的基本觀點是，任何與某檔股票有關的新消息都會立即體現在股票價格上，從而使股價「有效」。法瑪構想出一個大規模、高度完善的市場，眾多參與者不懈地尋找著上市公司的最新消息——不管是糟糕的利潤報告、執行長的離職，還是簽到新合約。這些消息就像是投入食人魚缸中的血淋淋鮮肉，還沒等你搞清楚是怎麼回事，肉已經被吞噬一空。

由於任何最新的消息都已體現在股價中，而未來的消息本質上是不可知的，因此預測股價將上漲或下跌，純屬白費力氣。股價的未來走勢是隨機遊走，是布朗運動，是擲硬幣，是醉漢漫步。

馬可維茲和夏普在二十世紀五〇年代的研究成果，奠定了有效市場假說的基礎。他們兩人同默頓・米勒（Merton Miller）一起獲得了一九九〇年的諾貝爾經濟學獎。

有效市場假說的另一位先驅是巴舍利耶，那位堅持債券價格遵從隨機遊走的默默無聞法國數學家。一九五四年，麻省理工學院經濟學家保羅・薩繆爾森（Paul Samuelson，他後來也獲得了諾貝爾獎）收到了一張來自芝加哥大學統計學家倫納德・薩維奇（Leonard Savage）的明信片。薩維奇在圖書館找書時偶然發現了巴舍利耶的著作——它已經在那裡蒙受了半個世紀的灰塵。薩維奇問薩繆爾森是否聽說過這位不知名的法國人，薩繆爾森表示肯定，但從未閱讀過他的論文。薩繆爾森隨即找來這篇論文一讀，馬上被其中的論點吸引住了。

由於市場未來走勢與正反五五開的擲硬幣並無本質區別，因此巴舍利耶寫道：「投機客的數學期望是零。」薩繆爾森剛好在思考金融市場。一九五二年倫敦經濟學院統計學家莫里斯．肯德爾（Maurice Kendall）發表了一篇頗具爭議的演講，引起了薩繆爾森的興趣。肯德爾分析了大量市場資料，包括股市指數、小麥價格和棉花價格，希望找出一些能夠證明市場運動可被預測的模式，但一無所獲。肯德爾因此推論，資料看起來「像是在漫遊，好像機會之神每週都會現身，從對稱的人群中抽取一個隨機數字」。他認為這看起來好像「一種經濟學上的布朗運動」。

薩繆爾森意識到，這一結論必將在學術界引起軒然大波。他從巴舍利耶的原始論文其中涵義更進一步：投資者純粹在浪費時間。從數學上講，戰勝市場的方法是不存在的；索普之流應該放棄他們的電腦和公式，做點有意義的正經事。例如當個牙醫或水管工。薩繆爾森寫道：「想在拉斯維加斯、邱吉爾馬場、[9]美林證券營業部發財，可不是一件容易的事。」

當時，薩繆爾森是經濟學界冉冉升起的超級巨星。他認為市場遵從隨機遊走，自然擁護者甚眾。絕大多數人對此表示贊同，包括薩繆爾森的高材生、布萊克—休斯期權定價公式的創造者之一羅伯特．默頓。另一位忠實的追隨者是伯頓．墨基爾（Burton Malkiel），《漫步華爾街》（A Random Walk Down Wall Street）的作者。但是，直到法瑪的有效市場假說橫空出世，才將這些點全部連接起來，織成一張網，成為現代投資組合理論的核心。

這一觀點——市場是一架對價格進行隨機攪拌的有效機器——存在許多矛盾之處。法瑪假定芸芸眾生在不懈尋找無效性，就好像饑餓的食人魚在尋找鮮肉。沒有這些饑餓的食人魚不懈地尋找鮮血淋淋的無效性，市場就不可能變得有效。如果鮮肉消失了，食人魚還會在嗎？沒有鮮肉，就沒有食人魚；沒有食人魚，就沒有市場有效性。這就是一直困擾著有效市場假說信奉者的悖論。

市場有效性的另一個推論是，如果有效市場假說是正確的，市場上就永遠不可能存在定價失準的情況。二〇〇〇年上半年，納斯達克指數在五千點上方高高飄揚，根據有效市場假說，這絕對不是泡沫。那麼二〇〇五年的美國房市呢？那時的房價可是在幾年之內翻了一倍甚至兩倍，但這當然也不是泡沫。

儘管存在這些致命缺陷，但在法瑪的大力推動下，有效市場假說仍然成為學術界的主導典範。資金管理業首先成為眾矢之的——畢竟這一行建立在某些人物可以透過正確的方法和工具戰勝市場的觀念之上。

有效市場假說是寬客軍火庫中的主要武器。研究布朗運動的數學方法，被直接用於推算有效市場中各種價格走勢出現的機率。鐘形曲線被用來預測市場下一步的可能波動，處於曲線中部的價格走勢發生的可能性較大，所謂的「下一步」，可以是一個月、一年，也可以是十年。財務規劃界通常採用蒙地卡羅模擬（Monte Carlo simulations）來類比預測投資者投資組合的每日增長情況，其基本假設也是市場運動遵從隨機遊走，因此五%的年度收益或損失的可能性比較大，因為這個數位處於鐘形曲線的中間，而一年五〇%的波動（如二〇〇八年的金融危機）或一日之間二三%的漲跌（如黑色星期一）出現的可能性可以忽略不計——至少從模型的結果而言是如此。今天，幾乎所有大型金融服務企業，比如富達基金公司、普信集團（T. Rowe Price）都在資金管理中使用蒙地卡羅模擬。因此，巴舍利耶在一個世紀以前的洞見，加上法瑪的推動，奠定了當代美國人如何為退休做準備的具體細節。但有效市場假說使人們對於可能發生的市場極端走勢視而不見，這種可怕的事情跟寬客所創造的精美模型根本就格格不入。

從很多方面講，有效市場假說都是一把雙刃劍。一方面，它認為市場不可戰勝。但大多數寬客，尤其是從學術界進入華爾街的那批人，都深信市場只是部分有效。金融工程的祖師爺、布萊克—休斯期權定價公式的創造者之一、芝加哥大學和麻省理工學院教授費雪．布萊克有一回說，查爾斯河岸上的集市要比哈德遜河岸的集市來得有效——[10]巧的是，他在投入高盛的懷抱之後才說了那句話。

如此說來，市場就像是一枚有點瑕疵的硬幣，擲出正面的機會比反面稍微大一些（或者正好相反）。擲一百次硬幣，正面會出現五十二次，而不是五十次。成功的關鍵就在於發現隱藏的瑕疵，發現得越多越好。讓索普打敗莊家、在華爾街獲利甚豐的大數定律，意味著只要在千百檔股票之中偵測出這些瑕疵，就能大獲全勝。

有效市場假說還隱含著一條推論，那就是**市場存在著一種使價格趨向有效的機制——法瑪的食人魚**。投資者的目標就是成為食人魚，盡力吞噬市場中的無效性，即尚未被他人發現的價格差異。擁有最佳模型和最快電腦的寬客，才能在這場遊戲中勝出。

有效市場假說最關鍵的好處是，它給了寬客一塊可以用來檢驗市場是否真的有效的試金石。如果市場果真是完全有效的，那麼就應該時刻趨於均衡。換句話說，寬客們可以從有效市場假說找到量化金融的聖杯「真諦」的映射，告訴他們市場如何運行、應該怎樣衡量。

每當市場價格偏離真諦的時候，以電腦做為武裝的寬客食人魚就會向錯誤猛撲過去，風捲殘雲般讓市場重歸秩序，同時也把自己餵得飽飽的。高效能電腦就像真諦雷達一樣掃描著全球市場，尋找賺錢的機會。寬客的模型可以發現價格何時偏離均衡。當然，他們並不總是正確的，但只要正確的頻率足夠高，他們就能坐地分金。

這就是克里夫．艾斯尼斯在法瑪那裡學到的主要本領之一，但還不是全部。

法瑪是個對學問孜孜以求的人，絕不會躺在有效市場假說的功勞簿上睡大覺。他繼續在電腦前工作，並在求知若渴的年輕後輩協助下寫著一篇又一篇論文。一九九二年，艾斯尼斯剛到芝加哥大學不久，法瑪和法蘭齊發表了他們最大的突破。這篇二十年來最重要的金融學論文包含了法瑪的萬丈雄心：顛覆金融學的基本理論「資本資產定價模型」（capital asset pricing model; CAPM）。

在法瑪和法蘭齊之前，資本資產定價模型是量化金融界最接近真諦的東西。在資本資產定價模型的祖師爺威廉．夏普看來，決定股票潛在的未來回報的最重要因素是它的「貝塔」，那是一種衡量股票相對於整體市場波動性的指標。根據資本資產定價模型，股票的風險越大，潛在回報也就越大，因此推論：對高風險股票進行長期投資獲得的回報，要高於投資死氣沈沈的藍籌股。

法瑪和法蘭齊用芝加哥大學的超級電腦對大量的股市回報資料進行了一系列的檢驗，以確定無比重要的貝塔值對股票回報到底有多大的影響。他們的結論是：零，毫無影響。

這一發現不啻於一顆投向現代投資組合理論聖殿的炸彈，幾十年的研究成果一夕之間被兩位教授完全否定。或許更令人驚奇的是，法瑪和法蘭齊所發現、真正的股票回報背後推動力。兩人以一九三六到一九九〇年為樣本期的研究表明，**股票表現由兩大因素決定：價值和規模**。

衡量一家公司規模的方法很多，最常使用的是市值，即公司股票價格與數量的乘積。ＩＢＭ規模很大，市值可達一千五百億美元左右；卡卡圈坊（Krispy Kreme Doughnuts）規模較小，只有大約一億五千萬美元。其他一些因素，比如雇用多少員工、利潤率如何等，也可以用來衡量公司規模。

價值通常透過公司的股價和淨資產（代表企業的淨財富，即樓房、生產機器等資產減去負債得到的淨值）之比來衡量。巴菲特這樣的老派投資者就很喜歡用它來衡量公司的價值。但是，寬客使用市淨率的方法是巴菲特做夢都不曾想到的（也是他永遠也不會使用的），那就是將芝加哥大學證券價格研究中心資料庫中數十年的資料輸入電腦，然後用複雜的演算法進行計算，再梳理得出的結果。這種做法和濾沙淘金差不多。

法瑪和法蘭齊淘到了最大最亮的金塊。「價值」之樹有兩個主要分枝：成長股和價值股。成長股相對來說價格較貴，顯示投資者對這類股票十分偏愛，因而抬高了它們的價格。價值股的市淨率通常較低，顯示它們絕非華爾街的寵兒，價格看起來也比較便宜。法瑪和法蘭齊的主要發現是，**從一九六三年開始，不論採用怎樣的時間跨度，價值股的表現都優於成長股**。換句話說，如果你把錢投在價值股上，就能稍稍比投在成長股上多賺一點。

乍看之下，這種說法不無道理。試想你和鄰居喜歡兩種比薩：義大利香腸口味和蘑菇口味。在某個時刻，這兩種比薩同樣流行，但是有一天，人們突然對蘑菇口味失去了興趣，喜歡義大利香腸口味的人卻越來越多。比薩店主發現了這一現象，就提高了義大利香腸口味比薩的價格；同時，為了使蘑菇口味比薩也賣得出去，便降低了它的價格。兩種比薩之間的價格差異不斷擴大，於是越來越多人又轉向了蘑菇口味比薩，最終使得蘑菇口味比薩的價格開始上升，而義大利香腸口味比薩開始降價——這就是法瑪和法蘭齊的理論。

當然。事情並非總是這麼簡單。例如，蘑菇口味比薩的品質出現下滑，或者義大利香腸口味比薩的味道突然有了改進，於是你的鄰居們紛紛拋棄前者、改吃後者。但是，法瑪和法蘭齊的分析表明，根據大數定律，只要經過足夠長的時間，價值股（不受喜愛的蘑菇口味比薩）的表現，總要優於成長股（價格高昂的義大利香腸口味比薩）。

法瑪和法蘭齊還發現，**小規模股票的表現通常要優於大規模股票**，這一概念和價值股與成長股之間存在價格差異的道理是一樣的——小規模股票想必是不受歡迎的，因此市值才上不去；而大規模股票通常死於捧殺，有如當紅巨星往往有多部電影同時上映，最終難逃過氣的命運。

換句話說，根據法瑪和法蘭齊的理論，**從長期看，推動股價漲跌的因素並不是波動率（即貝塔），而是價值和規模**。在艾斯尼斯等學生眼中，這項結論有一個顯而易見的推論：只要緊緊盯著這兩個因素，就能發財了。買入便宜的蘑菇口味比薩（小規模股票），賣空規模巨大的義大利香腸口味比薩，就這麼簡單。

這一結論之於寧靜的寬客界，就好比是威登堡教堂大門上的九五條論綱之於基督教，[11]徹底顛覆了幾個世紀以來的傳統和信仰。他們所瞭解的真諦——神聖的資本資產定價模型——被扒去了華麗的外衣。如果法瑪和法蘭齊是正確的，那麼價值和規模就是新的真諦，這兩個東西就是一切。

舊真諦的捍衛者展開了反擊。寬客祖師爺費雪・布萊克（當時已是高盛的合夥人）是反擊的總司令，他寫道：「法瑪和法蘭齊錯誤地理解了他們自己的資料。」夏普則指出，法瑪和法蘭齊的觀察期恰好對價值因素有利，因為市場在從二十世紀八〇年代石油危機和滯漲的泥淖中涅槃重生的十年中，價值股表現極為搶眼。

但是，無論如何，法瑪和法蘭齊的新真諦開始佔據主流。

拋開書面上的理論紛爭，金融界還經歷了另一場大衝擊：透過否定資本資產定價模型，法瑪和法蘭齊打開了研究領域的閘門，金融極客蜂擁而入，[12]在新的河灘尋找閃閃發光的金塊。艾斯尼斯就是急先鋒。

最終，法瑪和法蘭齊的新發現所帶來的弊端超過了益處。越來越多寬客沿著法瑪和法蘭齊等人的道路越走越遠，最後的結果遠遠超出兩位教授的想像，造就了史上最快速、最兇猛的大崩盤。

不過，這是多年以後的事情了。

一九九〇年的一天，艾斯尼斯走進法瑪的辦公室，和他商討自己的博士論文選題。艾斯尼斯十分緊張，心裡懷著深深的愧疚感。法瑪給了他芝加哥大學經濟系學生夢寐以求的榮耀：做自己的助教。法瑪的合作者法蘭齊對艾斯尼斯也是讚不絕口。兩人公開宣稱艾斯尼斯是自己在芝加哥帶過最聰明的學生。艾斯尼斯覺得他在欺騙自己心中的英雄。

艾斯尼斯自己選定的博士論文題目，與法瑪的有效市場假說相悖。透過對幾十年數據的挖掘，艾斯尼斯相信自己發現了一種奇特的反常趨勢：**處於跌勢中的股票，總是比理論跌幅（基於利潤等基本面因素計算得出）跌得深；而處於漲勢中的股票，也會比理論上的漲幅漲得多**。以物理學的說法，這種現象叫做「動量」（momentum）。根據有效市場假說，動量是不應該存在的，因為它隱含著識別未來上漲或下跌股票的方法。

艾斯尼斯明白，動量說對法瑪的理論構成了直接挑戰，他躍躍欲試。艾斯尼斯清清嗓子，怯生生地說：「我的論文是贊同動量說的。」

法瑪搓了搓臉頰，點了點頭。過了幾秒鐘，他抬起頭看著阿斯內斯，前額的皺紋因專注而逐漸擠成一塊。「如果資料確實如此，那就寫吧。」

艾斯尼斯興奮得說不出話來。他覺得法瑪對資料結論的開放態度，真是知識份子赤子之心的表率。他開始在芝加哥大學浩瀚的資料海洋中遨遊，發掘出許多長期和短期的股價動量模式。一開始，艾斯尼斯並沒有意識到自己的發現有多麼深遠的意義——這些隱藏的市場模式可以為他帶來無盡的榮華富貴。他只是為了能夠完成論文、獲得學位而歡欣鼓舞。不過，金錢還是很快滾滾而來。

一九九二年，艾斯尼斯開始寫作博士論文。同一時間，他被聲名顯赫的高盛公司固定收益部門錄用。這個部門名為高盛資產管理公司（Goldman Sachs Asset Management），規模尚小但成長迅速，到處招募年輕的學術才俊，不久便成長為華爾街最可怕的精英團隊。

艾斯尼斯在高盛的第一份工作是，搭建固定收益模型並交易抵押貸款支持證券。在晚上和週末，他還要忙著寫論文。他開始認真考慮自己面臨的選擇：要待在學術界，還是去華爾街發財？

他的決定主要還是在為自己著想。一九九二年一月，他接到了太平洋投資管理公司（Pacific Investment Management Co; PIMCO）的電話。太平洋投資管理公司位於西海岸，主要經營債券業務，創辦人億萬富翁比爾·葛洛斯（Bill Gross）以前也是個二十一點算牌高手（在大學時代，他就把《擊敗莊家》和《戰勝市場》讀得滾瓜爛熟）。葛洛斯每天都把將賭博中的敏銳感覺運用到投資決策。太平洋投資管理公司被艾斯尼斯發表的處女成果《OAS模型、期望回報和陡峭收益率曲線》（OAS Models, Expected Returns, and a Steep Yield Curve）所吸引，希望將他招入麾下。整個一九九二年，艾斯尼斯用電話和太平洋投資管理公司談了好幾次。一九九三年，太平洋投資管理公司決定錄用他，負責搭建量化模型和工具。艾斯尼斯覺得這個工作很理想，可以將學術研究和實戰操作緊密結合。

高盛得知太平洋投資管理公司想挖走艾斯尼斯，馬上決定在高盛資產管理公司給他安排相似的職位。於是艾斯尼斯選擇留在高盛，這樣一來就不必遠離羅斯林高地的家了。

「看來你到現在還愛找媽媽，為了離家近些，不惜放棄更好的工作。」太平洋投資管理公司與他接洽的獵頭師出言諷刺。

艾斯尼斯一笑置之，他知道高盛才是他的舞臺。一九九四年，在完成博士論文後不久，克里夫·艾斯尼斯博士創建了高盛量化研究部（Quantitative Research Group）。這一年他二十八歲。

博阿茲・魏因斯坦

二十世紀八〇年代初的一天，博阿茲・魏因斯坦聚精會神地盯著眼前的騎士、士兵、國王和皇后棋子，心底十分緊張。盤面對他十分不利。棋盤的另一端，坐著面無表情的西洋棋神童喬希・維茲勤（Josh Waitzkin），他就是一九九三年上映的電影《天生小棋王》（Searching for Bobby Fischer）的原型。魏因斯坦終究沒能挽回敗局，輸掉這場在知名的曼哈頓西洋棋俱樂部舉辦的比賽，但這並沒有影響到他對西洋棋的熱愛。很快，他便殺得姐姐再也不願意跟他下棋，他纏著父親給自己買了一款西洋棋電腦遊戲，這樣他就可以在家裡下棋了。這一年，魏因斯坦十六歲，已是美國西洋棋「終身大師」，距離成為「特級大師」僅幾步之遙，[13]在美國同年齡群中名列第三。

西洋棋並不是小魏因斯坦生活的全部，瞬息萬變的投資遊戲也是魏因斯坦的最愛。魏因斯坦一家每週五晚上都會準時收看路易斯・魯凱瑟主持的《每週華爾街》（Wall Street Week with Louis Rukeyser）。魏因斯坦用自己的零用錢買股票，頗有斬獲。在史蒂文生高中讀高三的時候，[14]他從五千名參賽者中脫穎而出，拿下《紐約日報》（Newsday）選股大賽的冠軍。魏因斯坦知道，想要戰勝其餘對手，就必須選出具有暴漲潛力的股票。他的獲勝策略頗有套利的雛形：賣空漲幅很高的股票，同時買入自己認為可能猛烈反彈的超跌股票。這一策略表明，魏因斯坦很有戰略眼光，而且能夠慧眼識珠，即使需要豪賭也在所不惜。

事實上，魏因斯坦在曼哈頓上東區的上流社會中長大，從小就在金錢堆裡打滾。格里芬、穆勒和艾斯尼斯小時候對華爾街的刺耳喧囂都沒有什麼概念，魏因斯坦卻可以說是在交易室裡長大的。十五歲時，他在美林公司找了一份兼職。美林是業內巨頭，擁有一支威震江湖的經紀人團隊。在無事可幹的時候，魏因斯坦喜歡瀏覽辦公室裡的研究報告，從中尋找投資線索。

同時，他還有一位姐姐在高盛工作，魏因斯坦常在下班後去姐姐那裡閒逛，在高盛大廳裡走來走去，幻想自己的光榮未來。有一天，在洗手間裡，他巧遇了高盛的垃圾債券交易員大衛．德盧西亞（David DeLucia），他們倆在西洋棋俱樂部裡彼此結識。德盧西亞帶著魏因斯坦參觀了高盛的交易室，結果兩眼放光的魏因斯坦把參觀加碼成了一連串的面試，成功謀到一份高收益債券交易部的兼職。這一年他十九歲。

一九九一年，魏因斯坦進入密西根大學。他選擇了哲學做為主修方向，因為他十分喜歡亞里斯多德的邏輯學和大衛．休謨（David Hume）的懷疑論。他還對二十一點產生了興趣。一九九三年，他讀到了愛德華．索普的《擊敗莊家》，對透過算牌獲得預測未來的統計技巧如癡如醉。這令他想起了馬克．吐溫的小說《康州美國佬大鬧亞瑟王朝》（A Connecticut Yankee in King Arthur's Court）。在小說中，主角漢克．摩根（Hank Morgan）穿越回了古代，由於記得所有日蝕發生的時間，他成功地預測了日蝕的發生，從而救了自己一命。

但魏因斯坦的真正興趣還是做交易。他明白，一旦離開校園，下一站肯定是華爾街。一九九五年，魏因斯坦大學畢業，進入了美林公司全球債券交易部——他第一次認識華爾街的地方。一年後，在德盧西亞（此時他已經離開高盛）的邀請下，魏因斯坦跳槽到規模較小的帝傑公司（Donaldson Lufkin Jenrette）。魏因斯坦覺得為小公司工作比較好，因為這樣更有機會打造自己的交易團隊。在帝傑，魏因斯坦透過買賣浮動利率票據（利率不斷變化的可交易債券），掌握了信用交易的具體細節。

對魏因斯坦這樣富於積極進取精神又具備賭博天賦的交易員來說，當時可謂是在華爾街揚名立萬的黃金時代，奇異式信用衍生性商品即將異軍突起。[15] 股票、利率和實物類的衍生性商品很久以前便已出現，但直到二十世紀九〇年代中期，金融工程師才開發出交易與信用相掛勾的衍生性商品方式。

信用衍生性商品後來成為華爾街最具革命意義的變化。傳統的信用交易方式只需擔心借方能否按時還貸以及利率會怎樣變動，但在新型的信用衍生性商品領域，從未經過傳統方式訓練的後生們把對衍生品一竅不通的昔日巨頭耍得團團轉。與此同時，各大銀行也日漸鼓勵交易員為了攫取豐厚回報而無所不用其極。避險基金的黃金時代就要來臨了，這一領域已不再屬於像索羅斯這樣的奇人和索普這樣的數學極客。銀行將與避險基金展開利潤爭奪戰，最終自己也轉型成了笨重的巨型避險基金。

一九九八年，魏因斯坦得知德意志銀行需要招募一個人。許多以前在美林與魏因斯坦共過事的交易員和研究員，現在都去了德意志銀行，而德意志銀行也正在努力將自己從沈悶的傳統商業銀行轉型為衍生性商品新貴。它正在計畫收購美國信孚銀行（Bankers Trust），那是一家擁有大量擅長設計複雜證券的寬客的紐約投資銀行。魏因斯坦進入德意志銀行不久，收購宣告成功，德意志銀行由此成為世界上最大的銀行，資產規模超過八千億美元。

魏因斯坦對這個職位相當中意：部門小，幾乎沒有內部競爭對手，而且公司正在自己必能大展拳腳的領域突飛猛進。在德意志銀行，魏因斯坦很快開始學習如何交易一種相對較新的衍生性商品：信用連結票券

（Credit-linked note），也就是後來為人所知的信用違約交換（credit default swaps; CDS）。

信用違約交換是一種衍生性商品，因為其價值與基礎證券（一筆貸款）相掛勾。美國信孚銀行在二十世紀九〇年代初發明了這種衍生性商品，但直到經過J．P．摩根內多位數學大師的改造之後，信用衍生性商品才真正流行起來。在魏因斯坦加盟德意志銀行時，這種票券（或稱交換）每天的交易還十分清淡，與十年後動輒幾兆美元的交易量不啻天壤雲泥之別。

魏因斯坦在德意志銀行信用交易全球負責人羅納德．種村（Ronald Tanemura）的指導下，學習信用連結票券是如何運作。種村是信用衍生性商品的開拓先鋒，八〇年代起便在索羅門兄弟公司操盤日本和歐洲的複雜股票。

在德意志銀行總部（就在世貿中心邊上），種村向魏因斯坦解釋道：「你可以把它們想像成債券的保險。你要買這種保險，就必須付保險費。如果債務人違約了，你就可以獲得賠付。保險的買賣雙方在交換彼此對債券違約風險的感知。」

魏因斯坦迅速掌握了整個概念。種村能夠感覺到他學得很快，也很努力。同僚中也有人認為魏因斯坦老是顯得很緊張、有點神經質，很在意別人的看法。

種村解釋說，交易員願意為價值數百萬美元的債券在一段時間（通常是五年）的保險付多少保費，通常就是該信用違約交換的價格。例如，為一千萬美元的通用汽車債券買一份五年期保險，如果需要花費一百萬美元，這表明通用汽車有一〇％的可能性在這段時間內違約。如果通用汽車真的違約了，保險的賣方就要支付一千萬美元或通用汽車破產後殘留價值的一定比例。

信用違約交換的合約通常由交易雙方協商決定，如同在倫敦裁縫店裡量身裁衣。「基本上，信用衍生性商品就是客戶所需要的東西。」一種村補充。「而我們提供給他們。」

魏因斯坦用驚人的記憶力如饑似渴地吸收著這些知識。他很快理解到，信用違約交換並不是買入某種債券然後持有至到期日，而是一場違約風險感知的遊戲。交易雙方並不需要坐等公司破產，只要覺得通用汽車前景不妙，先前花一百萬美元買入信用違約交換的買家，就可以用兩百萬美元的價格將信用違約交換轉手賣掉。

理論上，同一種債券可以創設千百份信用違約交換合約。在現實中，此類合約一般基於成千上萬種債券及其他種類貸款所組成的一籃子債務創設，且可以被無限次地轉手。在魏因斯坦踏入這一領域後的十年內，信用違約交換已經形成了六十兆美元的市場。

此外，信用違約交換的交易通常在所謂「場外市場」中進行，必須由交易雙方逐筆簽訂，沒有中央清算所追蹤每筆交易。結果，信用違約交換交易在華爾街的影子世界中潛滋暗長，不受任何監管，也毫無透明度可言——這正是金融業夢寐以求的效果。

魏因斯坦入職後不久，他的上司便跳槽了。突然間，他成了德意志銀行在紐約市場上唯一的信用違約交換交易員。信用違約交換看起來並不是什麼大買賣，市場死氣沈沈，甚至沒有多少交易員知道這種怪東西究竟是什麼、有什麼用處，更想不到它可以成為寬客賴以征服華爾街的最強大武器。寬客正在茁壯成長，在金融世界的食物鏈中一步一步爬上頂端。

哪裡會有問題？

問題不久就來了，一枚八個字的超級炸彈：長期資本管理公司。

一九九四年，所羅門兄弟公司的前明星債券交易員約翰．梅韋瑟（John Meriwether）創建了一家巨型避險基金——長期資本管理公司。該公司的管理團隊可謂星光燦爛，既有從所羅門兄弟跳槽過來的優秀寬客，也有未來的諾貝爾獎獲得者麥倫．休斯和羅伯特．默頓。二月二十四日，長期資本管理公司正式開張，起始資本達到十億美元。

從根本上來看，長期資本管理公司可謂是一次思想實驗，幾名寬客（數學家和經濟學家）在現實中對自己的思想進行檢驗。基金的結構建立在現代投資組合理論，即哈利．馬可維茲在一九五二年所作出的理論突破的基礎之上，而其源頭則可以追溯到十九世紀的羅伯特．布朗。

長期資本管理公司的專長是相對價值交易，搜尋價格行為反常的證券。它們的盈利模式是對偏離正常關係的「證券對」下注。當這些證券對的關係恢復正常，也就是回歸真諦時，公司就賺錢了。

長期資本管理公司最擅長的買賣之一是，買入老的「非當期」債券，[16]同時賣空新的「當期」債券。這類交易首先由梅韋瑟在所羅門兄弟公司發明。梅韋瑟注意到，對於任何到期日相同的債券，不論是十年、三十年還是五年期債券，新發行債券的價格水準總是比臨近到期的要高。這是毫無道理的，因為它們在本質上是相同的債券。之所以新債券價格更高，是因為某些投資者（不管是避險基金、銀行還是外國政府）認為新債券更容易脫手，因此給以一定的溢價。**新債券的流動性更好，這就是它們比舊債券更貴的原因**。梅韋瑟心想：好吧，就把流動性風險和溢價全都給我，我賭新舊債券價格終會趨於一致。

但這種交易有個問題：沒什麼賺頭。新舊債券之間價差十分微小，有時只有幾個基點（一個基點等於〇．〇一％）。怎麼解決？靠槓桿，把能借到的錢都借來投入交易，然後就可以等著數錢。

梅韋瑟花了兩千萬美元用於購買超級電腦系統和打造夢幻金融工程團隊，這就是長期資本管理公司，公司地址選在康乃狄克州的格林威治。這是在產業層面上進行風險管理。

長期資本管理公司所使用的主要風險管理工具是由J．P．摩根公司的寬客團隊所創造。二十世紀九〇年代早期，華爾街各大銀行都渴望能發明一種方法對自己每日面臨的總體風險進行監測。這是一項非常艱鉅的任務，因為部位的每日變動幅度可能非常大。要在全球市場上監測風險，然後將結果濃縮在一張可以令執行長安然入睡的表格裡，就必須要有一套成熟的雷達系統。

弄清每日部位情況雖然複雜，倒也不是不可能完成的任務。電腦技術已經進步到足以勝任將銀行的持倉資訊迅速加總並算清的重任，困難處在於怎樣確定全球風險。J．P．摩根的團隊在馬科維茨對不同股票之間相關性的分析中得到靈感，他們開發出的模型會測量公司所持部位的每日波動，然後將波動幅度轉化為美元數額，得到一種基於布朗運動的平均波動幅度的統計分佈。將其繪成圖表，看起來就是鐘形曲線。

他們將這一模型稱為風險值（value-at-risk; VAR）。風險值是一個數字，表示某公司在未來二十四時內損失不超過若干美元的機率至少是九五%。[17]

強大的風險值雷達系統有著致命的吸引力。如果風險可以被量化，就必然能透過成熟的持倉策略得到控制。這一信條以白紙黑字出現在長期資本管理公司一九九三年十月的募資說明書中：「避險操作能夠降低本公司投資組合的波動性，從而保證在大規模動運用槓桿的情況下，我們部位的波動性與未避險情形相仿，而預期回報要高得多。」

換句話說，如果你能運用量化手段讓風險「噗」的一聲消失，你就能盲目地大肆使用槓桿，跟魯莽下注的賭徒同樣德性。

其他人則沒有這麼篤定。一九九四年，一家為長期資本管理公司提供諮詢的公司同時也在和愛德華．索普打交道。當時索普已重出江湖，在紐波特比奇新開了一家名叫脊線合夥公司（Ridgeline Partners）的避險基金，主要從事股票的統計套利交易。那家諮詢公司的一位員工向索普透露了長期資本管理公司的情況，說這會是一筆絕佳的投資。

索普對休斯、默頓和梅韋瑟並不陌生，但他還是猶豫不決，他認為學究總是欠缺點實際經驗。索普還聽說，梅韋瑟是個豪賭成性的傢伙。於是，他否決了這項投資。

一開始，索普似乎是大大地失策了。看看長期資本管理公司的回報率：一九九四年，二八%；九五年，四三%；九六年，四一%；九七年，一七%。九七年年底，長期資本管理公司的合夥人自信滿滿地將三十億美元資本金退還給投資人，這意味著該基金交易利潤的大部分將落進合夥人自己的荷包，這些合夥人大多將個人財富的很大一部分投入了長期資本管理公司。這就好比是把所有籌碼一起推入底池，宣佈「全押」。

梅韋瑟和他在所羅門兄弟公司的寬客們大獲成功，華爾街所有的債券交易部門都在竭盡全力模仿他們的策略，不管是高盛、雷曼兄弟或貝爾斯登——這後來成為長期資本管理公司大潰敗的禍根。

第一波衝擊對長期資本管理公司來說，就像是被蚊子叮了一口。所羅門兄弟公司的固定收益套利部門被新東家旅行者集團（Travelers Group）關閉，原因是其承擔了過多的風險。隨著所羅門開始削減部位（通常和長期資本管理公司的部位別無二致），梅韋瑟的套利交易開始失靈。所羅門的減倉行為引起了一系列連鎖反應，持有相似部位的公司的電腦模型紛紛發出警報，大量賣盤洶湧而出。

到了一九九八年八月，華爾街各大公司逃離相對價值交易的行為，已經對長期資本管理公司的部位造成了嚴重損害。但此時長期資本管理公司的合夥人還沒有意識到災難就在眼前——他們對自己的模型深信不疑。事實上，根據模型，他們甚至應該擴大相對價值交易的規模。他們認為市場中的其他套利者（即法瑪的食人魚）會一擁而上，哄搶免費的午餐。但在一九九八年夏末，食人魚早已難覓蹤影。

八月十七日，長期資本管理公司遭遇致命一擊。俄羅斯政府宣佈對其債務違約，對長期資本管理公司來說，這是天大的災難。俄羅斯政府的行為出乎所有人的意料，直接擊中了金融市場的心臟。用華爾街術語來講，就是引發了投資者「逃向流動性」。

投資者唯恐會發生某種形式的金融崩潰，他們對任何自己感到有風險的東西都避而遠之——新興市場股票、貨幣、垃圾債券，只要感覺不對就趕緊賣掉，換成最安全、流動性最強的資產。而世界上最安全、流動性最強的資產，就是最新發行的當期美國國債。

慘的是，長期資本管理公司恰恰持有大量當期國債的空頭部位，原因就是原先一直運轉良好的相對價值交易。

當期／非當期國債交易這下算是完蛋了。投資者不顧一切地買入當期國債（即長期資本管理公司做空的部位），並賣出非當期國債，這和長期資本管理公司的策略正好相反。為了獲得當期國債的上好流動性，他們心甘情願付出高價。在長期資本管理公司的諾貝爾得主所搭建的量化模型中，這種市場根本不應該存在。

羅傑・羅溫斯坦（Roger Lowenstein）在《天才隕落》（When Genius Failed）中這樣描述長期資本管理公司的覆滅：

在衍生性商品一片繁榮的表象下，信用市場並沒有多少流動性。當所有人都在奪命狂奔時，流動性更是消失得無影無蹤。這恰恰是長期資本管理公司的模型不曾預料到的。隨著損失越來越大，長期資本管理公司這樣的槓桿投資者不得已開始賣出部位，以免遭受滅頂之災。如果此時無法在市場上找到買家，價格就會滑向鐘形曲線之外的極端位置。

長期資本管理公司持有的一切部位，不管是股票、貨幣還是債券，都在向違背邏輯的方向運動。長期資本管理公司原本依靠複雜的避險策略、多元化的衍生性商品部位，以及風險值這樣的風險管理工具，來盡可能提高槓桿。透過對部位的精心避險，長期資本管理公司可以將資本（即股東權益）水準壓得很低，讓解放出來的資金可以投資於別處。正如麥倫．休斯在災難襲來之前所說：

我喜歡將股東權益看做萬能的風險緩衝墊。我擁有的股東權益越多，風險就越少，因為我不怕受到傷害。另一方面，如果我能進行系統性避險，這種方法目標更為明確，事情就變得很有趣了。我將因此面臨權衡：避險的代價固然不小，但維持股東權益也差不多。

長期資本管理公司的資本緩衝墊很薄，其資產迅速縮水。八月底，該基金已經損失十九億美元，相當於資本金的四四％。資本金告罄使長期資本管理公司的槓桿率達到了驚人的一百比一以上。無奈之下，長期資本管理公司只能向巴菲特和索羅斯等手握重金的投資者求助。巴菲特願意收購長期資本管理公司的投資組合，但由於技術原因，交易在最後一分鐘告吹。而索羅斯對長期資本管理公司避而遠之，他向來以直覺交易著稱，與長期資本管理公司的量化風格簡直是兩個極端。按照索羅斯的說法：

日益增長的風險測量和風險建模技能，使長期資本管理公司對不確定性視而不見。如果有考慮到不確定性，他們根本不可能動用如此之高的槓桿。長期資本管理公司的槓桿率實在是太高了！他們沒能意識到模型是有缺陷的，忽視了鐘形曲線的肥尾。

長期資本管理公司倒閉的後果十分嚴重。十四家美國和歐洲銀行在美國聯準會的組織下聯合出手，投入重金救助長期資本管理公司。許多合夥人將畢生積蓄都投入了基金，個人財富遭到重創。

對於長期資本管理公司中的那些精明投資者來說，精神上受到的打擊一點也不比財富損失輕。這些年來，他們笑傲金融界，壓得那些資質駑鈍、動作緩慢、量化能力低下的競爭者抬不起頭。此外，由於他們使用槓桿過於魯莽，全球金融體系都險些被拖下水，令那些指望401（k）帳戶過下半輩子的投資者心驚膽顫。

長期資本管理公司的覆滅，不僅令其大名鼎鼎的合夥人顏面掃地，也沈重打擊了寬客這股在華爾街冉冉升起的新勢力。長期資本管理公司的模型無比強大，風險管理系統更是能夠與美國國家航空航天局的地面控制中心相媲美，卻在一日之間土崩瓦解。這令人想起了寬客的另一得意之作：投資組合保險。寬客已經摑了自己兩次耳光。十年後，也就是二〇〇七年，又摑了第三次。

諷刺的是，長期資本管理公司之禍卻成了博阿茲．魏因斯坦之福。隨著全球市場陷入一片混亂，投資者紛紛逃向高流動性資產以尋求安全感，信用衍生性商品業務一下子火熱起來。繼德意志銀行和J．P．摩根之後，其他大銀行也紛紛進入這一領域：先是花旗、貝爾斯登、瑞士信貸、雷曼兄弟、瑞銀以及蘇格蘭皇家銀行，後來還有高盛、美林、摩根史坦利等多家機構。

信用衍生性商品既能給他們帶來豐厚的經紀費和交易費，又能將它們的資產負債表從不必要的風險中解放出來。銀行和避險基金爭相給手中的債券上保險，能上多少上多少，以期能夠在不斷惡化的形勢下安然無恙。而其他機構，如保險巨頭美國國際集團（American International Group; AIG），特別是它擁有大量寬客、專長衍生性商品交易且利潤豐厚的倫敦分公司AIG金融產品公司（AIG Financial Products），則樂於出售這種保險。

新的繁榮又開始了，這回的弄潮兒是大本營投資集團及其仿效者，它們都是擅長可轉換債券套利的避險基金。傳統上，正如愛德華．索普在二十世紀六〇年代所發現的那樣，這一策略包含了使用股票來避險公司債券的手法。現在，有了信用違約交換，避險將變得更加得心應手。

突然間，這些魏因斯坦已經玩得滾瓜爛熟的奇異式衍生性商品，開始像棒球球星卡片一樣流行起來。到二〇〇〇年年末，已有近一兆美元的信用違約交換合約被創造出來，而很少有人比德意志銀行這位擅長算牌的娃娃臉西洋棋大師更瞭解這種衍生性商品是如何運作。

由於俄羅斯政府的違約和長期資本管理公司的倒閉，魏因斯坦一夜之間從默默無聞的小球員，變身為當下風潮的明日之星，並很快成為華爾街名聲最響、身價最高、也最有權勢的信用交易員。

譯注

1 海斯曼獎（Heisman Trophy）是美國大學美式足球聯賽最佳球員獎項的名稱。

2 原文中的法律公司名字叫Cookie & Cutter，兩個姓氏相連恰是餅乾刀（cookiecutter）之意。餅乾刀是一種模具，用來使麵粉定型成各種形狀，這樣就能做出形狀各異的餅乾。這個笑話是在說，格里芬的基金套用了索普的文件，就好比是索普用餅乾刀做出的餅乾。

3 西棕櫚灘位於佛羅里達東南部，是美國著名的度假勝地。

4 該公司的英文名是Diskovery Educational Systems，顯然源自「發現」（Discovery）一詞，並取同音的「電腦磁片」（Disk）做雙關語置換。

5 居家購物網公司（Home Shopping Network）是電視購物的首創者。

6 卡納維拉爾角（Cape Canaveral）位於佛羅里達東南部的海角，甘迺迪航太中心和卡納維拉爾角空軍基地都在此附近。美國太空梭發射基本上都在這裡進行，卡納維拉爾角因此成為美國航太的代名詞。

7 紐約正是蝙蝠俠故事中高譚市（Gotham）的藍本。

8 史丹佛大學位於加州，四季如春、陽光充沛。而芝加哥大學位於五大湖區，冬季嚴寒、夏季酷暑、終年多風。那一日的好天氣使艾斯尼斯產生錯誤認知。

9 邱吉爾馬場（Churchill Downs）位於肯塔基州，是美國著名的賽馬場。

10 英文中，bank同時有「河堤」與「銀行」之意，market同時有「集市」與「金融市場」之意。查爾斯河流經麻省理工學院，哈德遜河流經紐約曼哈頓，亦是高盛總部所在地。布萊克這句話，其實就是說市場在學術界是有效的，但在華爾街就未必了。

11 一五一七年十月三十一日，馬丁・路德在威登堡教堂門前張貼《關於贖罪券效能的辯論》，即《九十五條論綱》，譴責羅馬天主教會兜售贖罪符的卑劣行徑，公開要求辯論贖罪券問題，正式點燃了宗教改革的熊熊烈火。

12 極客（Geek）是指對技術狂熱、性格有點古怪的人。

13 「終身大師」（Life Master）是美國西洋棋協會的頭銜，「特級大師」（Grandmaster）則是世界西洋棋聯合會的頭銜。

14 史蒂文生高中（Stuyvesant High School）是紐約著名的精英高中，美國學制，高中有四年。

15 奇異式衍生性商品（exotic derivatives）即各種參數（如到期日、交割規則）與標準化或普通衍生性商品不一樣的品類。

16 作者注：當期債券（on the run bonds）是指同一期限的國債中最新發行的那一期。而在此之前發行的所有同一期限國債，都是非當期債券（off the run bonds）。新發行的國債自動取代原來的當期債券。

17 風險值其實有三個參數：時間、最大可能損失，以及發生這種損失的機率。但在實際使用時，一般取時間為二十四小時，機率為九五%，就是文中的情況。

6 狼就在門口

一九八五年一個春日下午，年輕的抵押貸款交易員亞倫·布朗（Aaron Brown）自信滿滿地走入位於曼哈頓二〇交易廣場（20 Exchange Place）的吉德—皮博迪公司（Kidder, Peabody &Co.’s）總部。布朗確認了一下時間，現在是兩點整。吉德—皮博迪公司的債券交易員們每天在這個時候開始為「大遊戲」（the Game）做準備。布朗喜歡大遊戲，他現在要去殺他個天翻地覆。

「一定行！」看著逐漸聚攏到一起的交易員，布朗對自己說道。

他策劃了幾個月的時刻就要到了。

和歷史上的所有革命性變化一樣，寬客登上華爾街金字塔塔尖也不是一朝一夕就完成的壯舉。在那一天，布朗和同志們在「說謊者的撲克牌」遊戲（Liar’s Poker）中大獲全勝，打響了寬客奪權的第一槍。

當時，寬客被稱為火箭科學家，因為他們大多來自研究機構，例如發明行動電話的貝爾實驗室、誕生原子彈的洛斯阿拉莫斯國家實驗室等。華爾街的直覺式交易員終將成為明日黃花，被這群智力天才取代。

麥可．路易士在其描寫華爾街的經典書籍《老千騙局》中，詳盡地描述了二十世紀八〇年代的老式「大老二」（Big Swinging Dick）型交易員。當時的信條是電影角色戈登．蓋柯的金句「貪婪是個好東西」。因《老千騙局》出名的抵押貸款債券交易員路易斯．拉涅利（Lewis Ranieri）便是根據自己的靈光一現進行交易的典範。當時華爾街的主宰是德崇證券的麥克．米爾肯，他大膽使用槓桿買賣幾十億美元垃圾債券進行收購。但在寬客電腦化的理智世界中，世界完全變了樣。

當布朗踏入吉德交易室的那一刻，兩個世界撞到了一起。做為吉德在紐約的競爭對手，布朗這個雄心勃勃的抵押貸款交易員，可謂吉德交易室的不速之客。他長得像熊一樣壯實，一臉粗獷的棕色鬍鬚，即便在一群魁梧粗魯的債券交易員中也顯得非常突出。

布朗看見吉德的交易員們圍成一圈，每人手裡都攥著一張嶄新的二十美元鈔票。他們玩的是華爾街版「膽小鬼」遊戲，賭的是鈔票上的序號，透過虛張聲勢使對手就範。遊戲規則很簡單，第一個交易員喊一個較小的數字，比如「四個二」，意思是這一圈人手裡的二十美元鈔票的序號加起來至少含有四個「二」——這基本上機率極高，因為每張鈔票上都有一個八位數字的序號。

然後，他左側的交易員就面臨著選擇：跟牌或者攤牌。如果跟，就喊四個比「二」更大的數字，或者五個以上的任何數字；如果不跟，就攤牌。如果他選擇攤牌，而實際上所有序號加起來確實有四個以上的「二」，他就要付給在場每位元交易員一百美元（或是任何遊戲之前商定的數字）。

遊戲就這樣一個接著一個下去，直到有人攤牌。通常，遊戲會叫到十二個「九」、十三個「五」之類的程度。然後，如果下一個傢伙攤牌，大家就會檢查最後跟牌的人有沒有說對。例如，如果那個人跟了十二個「九」，而序號裡也真是如此，攤牌的傢伙就要付給每個人錢；如果序號裡的「九」少於十二個，那麼由最後跟牌的傢伙付給攤牌者錢。

在路易士的書中，所羅門公司董事長約翰・古弗蘭（John Gutfreund）和明星債券交易員約翰・梅韋瑟（也就是後來長期資本管理公司的創立者）也參與其中。有一次，古弗蘭向梅韋瑟挑戰，玩一百萬美元一手，但梅韋瑟回敬說：「要玩這種大數字，我寧願動真格的。一千萬，不反悔。」

這番虛張聲勢讓古弗蘭乖乖認輸，回道：「你瘋了。」

梅韋瑟這樣的頂級交易員，是這種遊戲的主力軍。玩「說謊者的撲克牌」先叫的人有優勢，畢竟沒人會在「四個二」時要求攤牌，但玩遊戲也要講究位階次序，先叫牌通常是屬於頂級交易員的特權。但對於最後叫牌的那幾個人來說，風險已經大大增加了；這些可憐蟲往往就是寬客，比如亞倫・布朗。

寬客使用量子物理、微積分、高等幾何學這樣高深的理論來馴服市場。但在二十世紀八〇年代，在投資銀行的交易室裡，他們是不折不扣的二等公民。華爾街的國王是梅韋瑟之流、虛張聲勢的直覺式交易員，他們做交易時主要依靠經驗和直覺，而不是資料挖掘。

寬客對這種狀況非常不滿，他們尤其不能忍受在玩說謊者的撲克牌時，天天受到弱智的「大老二」的欺凌。這個遊戲靠的幾乎純粹是機率和統計：寬客的禁臠。

布朗對交易員圈歧視寬客非常憤怒。他對勝算和下注系統十分瞭解。十多歲時他就開始混跡於西雅圖的地下牌室，也上過拉斯維加斯的高賭注牌桌，與美國最強的撲克玩家正面對抗，取得傲人戰績。因此，布朗對說謊者的撲克牌遊戲躍躍欲試。

布朗首先意識到，這個遊戲有一點非常重要：你必須要很有把握才攤牌。在十人遊戲中，如果你攤牌正確，你就能贏得一百美元；但你挑戰失敗的話，就要輸九百美元。換句話說，沒有九〇%的把握就不要攤牌。假使他可以釐清跟牌或攤牌的模式，就會比其他玩家更具優勢——那些交易員純粹跟著感覺走，而寬客知道何時跟牌、何時攤牌。

布朗對數字做了一番分析，找出了其中關鍵點：一局說謊者的撲克牌遊戲只有兩種可能結果。其一，從頭到尾都在叫同一個數字，直到最後攤牌（五個二、七個二、十個二，等等）；其二，有人會叫別的數字。布朗發現，換數字這一情形，通常在第十個人附近發生。以十人、二十美元鈔票遊戲為前提，在第一種情況下，遊戲基本上不會超過十四輪；而在第二種情況下，如果有人換叫數字並報出比較大的數目，就代表他手裡的鈔票中有多個他所報的數字，可能是三、四個，於是玩家手裡鈔票上那個數字的總個數就極有可能超過十四。

知道了兩種情形有何區別，以及每次攤牌所面臨的風險，布朗就破解了這個遊戲。這遠沒有火箭科學複雜，但布朗相信已足以解決問題。

布朗在電子佈告欄上發佈了自己的策略，還寫了一個模擬器供寬客在家中電腦上試玩。他們注重的是速度，快速叫牌能使對手緊張。他們還意識到，如果自己手中鈔票上某個數字不止一個，那麼下重手就是最優選擇，這種策略在以前可不多見。比如，你可以發動突然襲擊，將八個六一下子加碼到十四個七。

測試頗為成功，寬客們決定憑藉這種策略向吉德—皮博迪交易室宣戰。布朗照例處於很後面才能叫牌的位置。起叫人採用常規叫法，布朗一陣暗喜，一切盡在掌握。那些交易員仍在按部就班地進行。「四個二。」輪到寬客們叫牌了，數字馬上開始向上竄。叫牌、叫牌、叫牌，十個七、十二個八、十三個九。他們出手如閃電，很快又輪到起叫的傢伙叫牌——那個頭牌交易員。吉德的交易員被寬客的陣勢嚇得驚詫錯愕，整整一分鐘一言未發。寬客們本來還一本正經，但現在快繃不住了。布朗差點笑出聲來。

起叫的交易員最後決定攤牌：總共有十五個九。他輸了，但拒絕付錢，反而指控寬客們出老千。寬客們大笑不止，擊掌相慶。布朗早就知道會是這樣了：交易員們一輸就要賴。

在寬客們起身反抗之後不久，說謊者的撲克牌便逐漸在吉德—皮博迪公司銷聲匿跡。後來，布朗的策略傳到了其他公司的寬客耳中，結果一年之內，華爾街的交易室裡就沒人再玩這種遊戲了——它命喪寬客之手。

寬客們證明了自己是華爾街一支不可忽視的力量。他們不再是二等公民，不會再對「大老二」們忍氣吞聲。

寬客在二十世紀八〇年代開始大量進入華爾街，領銜者是柏克萊的ＢＡＲＲＡ和芝加哥大學。當時，穆勒正在柏克萊領著寬客薪水開發因素模型，而艾斯尼斯在芝加哥跟著法瑪和法蘭齊勤奮學習。個人電腦的普及、因通貨膨脹和利率水準不穩定造成的股市波動率增加，以及芝加哥和紐約期權、期貨交易所的開張，這一切為天才們走出象牙塔創造了完美的條件。物理學家、電子工程師甚至軍工系統的密碼破解師，發現他們所熱愛的數學居然還能在金融市場上給他們帶來滾滾黃金。美國各大學紛紛推出了金融工程師專案，其中不乏哥倫比亞、普林斯頓、史丹佛和柏克萊這樣的名校。

第一波湧入華爾街的寬客大多去了銀行，比如所羅門兄弟、摩根史坦利和高盛。很少有人想到自己篳路藍縷殺出一條血路，沿著愛德華・索普的足跡建立神秘的避險基金。然而在長島西岸一個狹長孤立的小鎮裡，這樣一個團隊悄然出現，後來成長為史上最成功的投資公司。它就是文藝復興科技公司。

文藝復興科技公司不愧是世界上最神秘的避險基金：創始人曾在美國政府從事密碼破解工作，所在的長島小鎮則曾是美國獨立戰爭時期的諜報中心。

一六五五年，六位移民從印第安塞特爾科特部落（Setalcott）買下這片濱臨長島海峽的三十平方英哩的土地，這就是錫托基特鎮（Setauket）的開端。一個多世紀之後的美國獨立戰爭時期，這裡是長島人口最密集的地區。在喬治・華盛頓於一七七六年被英軍在布魯克林戰役中擊敗之後，長島大致上一直由英國人控制，但港口小鎮錫托基特始終是遊擊隊的活動地帶。英軍不得不對這裡進行掃蕩，在當地建起堡壘並駐軍。

隔年，卡爾弗情報中心（Culver Spy Ring）建立。羅伯特・湯森德（Robert Townsend）偽裝成親英商人，在曼哈頓刺探英軍情報，並將情報傳給一位頻繁往返於紐約和錫托基特的旅館老闆，再傳給一位農民，又轉傳給捕鯨船長凱萊布・布魯斯特（Caleb Brewster）。布魯斯特帶著情報穿過長島海峽，傳給駐紮在康乃狄克的班傑明・塔爾米奇（Benjamin Tallmadge）少校，再傳給華盛頓將軍。情報從湯森德到華盛頓，經手者皆是錫托基特人。

美國獨立戰爭勝利之後，華盛頓視察長島，前往錫托基特拜訪這些情報人員。一七九〇年四月二十二日晚上，華盛頓下榻羅伊旅社（Roe's Tavern），在日記中稱錫托基特鎮「還算體面」。

羅伊旅社位於現代的二十五A路，文藝復興科技公司總部就在這條路上。

二十世紀八〇年代晚期，文藝復興科技公司發佈旗艦基金大獎章基金，很多人認為這是世界上最成功的避險基金。三十年來，其年平均回報率高達四〇%，投資界沒人能望其項背。傳奇的波克夏．海瑟威公司在二〇〇七年金融危機之前的年平均回報率只有二〇%左右。（當然，資產規模在其中起了不小的作用：大獎章基金的資本金為五十億美元，而波克夏．海瑟威有一千五百億美元。）

事實上，看到大獎章基金能夠連續多年斬獲巨額回報，寬客界有很多人認為它已經找到了世間萬物飄忽不定的本質：真諦。

吉姆．哈里斯．西蒙斯（James Harris Simons）出生在波士頓近郊的一個小鎮。在很小的時候，他對汽車會把汽油耗盡百思不得其解。他的理論是，汽油會先用掉一半，然後用掉一半的一半，又一半的一半的一半……總能剩下上一次的一半才對。就這樣，西蒙斯無意中觸及到了所謂的芝諾悖論（Zeno's paradox），這在學齡前兒童中可不常見。

西蒙斯高中時數學成績出眾，一九九五年考入麻省理工學院。在大學時代，他迷上了撲克，經常和朋友們酣戰到深夜，然後大家一起擠入他的福斯金龜車，前往附近布魯克萊恩鎮（Brookline）的傑克和瑪麗恩餐廳（Jack & Marion's）吃早餐。

西蒙斯只花三年便拿到了麻省理工學院數學學士學位，接著又花了一年時間獲得碩士頭銜，然後轉投柏克萊加大攻讀物理學博士。在柏克萊，他開始涉足商品交易，在大豆上略有斬獲。博士畢業後，他先是回到麻省理工學院任教，接著又跳槽到哈佛大學，沒過多久又嫌教授薪水太低而離開，加入了美國防禦分析研究所（Institute for Defense Analysis，美國國防部下屬的一家非營利研究機構）。

美國防禦分析研究所成立於二十世紀五〇年代中期，屬於非軍事編制，職責是協助軍方的武器系統評估小組（Weapons Systems Evaluation Group）對最新式武器做技術分析的機構。西蒙斯入職的時候，防禦分析研究所在普林斯頓建立了一個密碼破譯分部。

當時，越南戰爭正在不斷升溫，令許多在防禦分析研究所等非軍事編制研究實驗室工作的自由派學者心存不滿。一九六七年，參謀長聯席會議前任主席、時任防禦分析研究所主任的麥克斯韋・泰勒（Maxwell Taylor）在《紐約時報雜誌》（New York Times Magazine）上撰文力挺越戰。

西蒙斯對此嗤之以鼻。「我們防禦分析研究所的一些同僚並不同意他的觀點。遵循理性國防政策的唯一方式是盡快撤軍。」二十九歲的西蒙斯寫信給《紐約時報雜誌》的編輯，這封信於一九六七年十月被刊出，似乎也讓他付出了被開除的代價。

但他不久便找到了新工作。一九六八年，他出任石溪大學（亦稱紐約州立大學石溪分校）的數學系主任，校園座落在錫托基特南邊路上。在石溪大學，他廣攬各路才俊，將數學系建設成為全美數學聖地。

一九七六年，西蒙斯獲得奧斯維德・維布倫獎（Oswald Veblen Prize）。這是幾何學界的最高榮譽由美國數學學會每五年評選一次。他與陳省身一同創立了陳—西蒙斯理論（Chern-Simons theory），後來成為弦論的一部分。弦論是一種假說，認為宇宙是由許多細小、在多維空間不斷震盪的能量弦組成的。

一九七七年，西蒙斯離開石溪大學，開始一心賺錢。他在長島東錫托基特火車站附近的商店街成立了一家叫做「金錢計量學」（Monemetrics）的投資公司。他打了個電話給防禦分析研究所的密碼分析員，當時從事自動語音辨識技術工作的倫尼・鮑姆（Lenny Baum）。在西蒙斯眼裡，鮑姆是世界上最好的數學家，他的數學才華可以在市場裡大放異彩。

鮑姆在美國防禦分析研究所的最大成就是，和同事佛洛德・韋爾奇（Lloyd Welch）共同發明的鮑姆—韋爾奇演算法。這種演算法能夠在一種叫做隱性馬可夫過程（hidden Markov process）的晦澀數學現象中，找出可以遵循的模式。它被廣泛用於密碼破譯，在金融市場中也有別出心裁的應用。

馬可夫過程以俄國數學家安德烈・馬可夫（Andrey Markov）的名字命名，是研究相互之間沒有直接關聯的事件序列的數學模型。比如說，在大富翁遊戲中，每次擲骰子獲得的點數是隨機事件，但最終產生的效果（你將擁有哪片土地）仰賴於你處在棋盤的哪個位置。換句話說，這是一種隨機漫步，但每一步的可能結果要受到身在何處的影響。

隱性馬可夫過程模型描述的是含有未知參數的馬可夫過程。換句話說，它可以用來傳遞關於某種基本的事件隨機序列的訊息。想像一下，你正透過電話和一位正在玩大富翁遊戲的朋友交談。每次被拘留時，他都要罵髒話；每次對手走到他的公園廣場時，他都要歡呼。再加上其他發出的聲音，這就構成了一個事件隨機序列。如果有足夠的資料和功能強大的電腦，鮑姆—韋爾奇演算法就能計算這個過程中的機率——有時甚至可以預測下一次會發出怎樣的叫聲。

鮑姆對西蒙斯的提議持保留意見，他對投資一點興趣都沒有，但西蒙斯並未因此放棄遊說。有一次，鮑姆在電話裡問道：「我為什麼要幹這件事？我能因此多活幾年嗎？」

西蒙斯答道：「因為這樣一來，你才不枉活一場。」

鮑姆被說服了，他開始往返於長島和普林斯頓，為西蒙斯工作。在投資領域，西蒙斯和鮑姆都是新手。鮑姆發現自己的數學才能在金融領域並沒有多少用武之地，但他是一位出色的基本面投資者——根據自己對經濟情況和政府政策變動的分析進行貨幣和商品投資。

但西蒙斯鐵了心要透過數學交易模型致富。他找到自己在石溪大學數學系的下屬、出生於布朗克斯（Bronx）的詹姆斯．艾克斯（James Ax）教授。艾克斯研究了鮑姆的演算法，認定自己可以用它們在所有證券上所向披靡。二十世紀八〇年代中期，西蒙斯從金錢計量學公司分出一個基金，與艾克斯一起成立了艾克斯有限公司（Axcom Ltd）。一九八五年，艾克斯將公司遷至加州亨廷頓海灘（Huntington Beach）。艾克斯有限公司扮演的角色是西蒙斯基金的交易顧問，名義上是一家投資公司，屬於西蒙斯於一九八二年創立的文藝復興科技公司所有。

不久，西蒙斯的寬客團隊又迎來一位新成員：柏克萊博弈論專家埃爾溫．伯利坎普（Elwyn Berlekamp）。伯利坎普和愛德華．索普頗有淵源，他也曾在麻省理工學院與克勞德．香農以及約翰．凱利共事。二十世紀六〇年代，他在防禦分析研究所待過一陣子，在那裡認識了西蒙斯。

幾年下來，基金一直保持著出色的回報，即使在「黑色星期一」也沒有受到多少損傷。一九八八年，為了紀念兩人都獲得過的一項數學獎項，西蒙斯和艾克斯將基金更名為大獎章。一更名，事情便起了變化。一九八八年下半年，大獎章開始虧損，而且每個月都在惡化。到一九八九年四月，基金已經縮水了近三〇%。為了阻止財富進一步流失，西蒙斯命令艾克斯停止交易，但艾克斯置之不理，認為自己可以扭轉乾坤，甚至不惜以訴諸公堂相威脅，並聘請了律師。西蒙斯也不甘示弱，聘請了自己的律師。

六月，伯利坎普結束了數月的埃及之行回到大獎章。他看到不斷惡化的情況，大吃一驚，迅速提出了解決方案：買斷艾克斯的股權（占總資產的三分之二）。艾克斯和西蒙斯均表示接受。

隨著艾克斯的離開。西蒙斯和伯利坎普開始著手修正基金的交易系統。伯利坎普將大獎章總部北遷至柏克萊，以便自己專心檢修基金的策略，免於舟車勞頓。他租下了位於柏克萊加大附近沙特克大街（Shattuck Avenue）一棟辦公大樓整個第九層，用來放置基金的電腦設備。幾個月內，伯利坎普和西蒙斯都在這裡夙興夜寐，尋找扭轉大獎章頹勢的方法。

一項關鍵的轉變是高頻交易。一般情況下，基金的持倉時間是幾天甚至幾週。伯利坎普和西蒙斯決定減少至一天甚至一小時以內，依部位走勢幅度而定。從統計的角度講，他們意識到，自己預測明日或者數小時之內走勢的能力，要遠遠強於預測一週或兩週。

對伯利坎普而言，這就好比是二十一點之類的撲克遊戲的下注策略。在二十一點，賭徒的優勢很小，但這並不是問題，因為大數定律站在他這一邊。如果賭徒耗費一個月，玩上一萬副手牌，那他虧損的機率是很低的（前提是他使用正確的玩牌策略）。在任何一手牌上，賭徒都必須確定自己佔盡優勢，這就是為什麼賭徒必須玩很多手牌，越多越好：因為他只是略佔一點統計優勢。

一九八九年十一月，大獎章基金檢修完畢並重新開張，立刻大獲成功。一九九〇年，基金費後回報率高達五五%。大獎章團隊不斷地對模型進行微調，基金的表現也節節攀升。西蒙斯廣攬數學天才，請來了同為石溪大學教授的亨利．勞費爾（Henry Laufer）。勞費爾一九六五年獲得物理學博士學位，一九七一年出版了關於黑洞的專著《正態二維奇點》（Normal Two-Dimensional ingularities）。二十世紀八〇年代，他開始擔任文藝復興科技公司的商品交易顧問，一九九一年後全職加入文藝復興科技公司。

一九九三年，西蒙斯宣佈大獎章基金不再吸納新的投資者。此時，基金的資產管理規模為二．八億美元，他認為自己的模型無法管理更多的資金。一九九四年，基金回報率達到了令人瞠目的七一%。大獎章基金的傳奇之路就此開始。月復一月，季復一季，年復一年，大獎章都在賺錢。這個基金實在是太成功了，以至於其研究員和交易員（個個擁有博士學位）都快忘了虧損的滋味。一九九九年，大獎章基金罕見地出現了〇．五%的季度虧損，至少有一位員工難過地哭了。

同時，西蒙斯收購了開普勒金融管理公司（Kepler Financial Management），這是羅伯特．弗雷在離開農西奧．塔爾塔利亞掌權的摩根士丹利自動化交易團隊之後創建的基金。從此，文藝復興科技公司的軍火庫裡，又加入了摩根史坦利的統計套利機器。開普勒起步相當艱難，但最終走上了正軌。一九九七年，開普勒被整合進大獎章母艦，命名為因素新星基金（Factor Nova Funds）。從此，大獎章開始蛻變為真正的多策略基金。

當時，伯利坎普已經離開了文藝復興科技公司。一九九〇年，他回到柏克萊加大追求自己的學術夢想，繼續破解數學象棋之類的博弈論遊戲。但大獎章的神話還在繼續，華爾街所有交易員聽說該基金的夢幻業績時，都毫不掩飾自己的驚異之情：他們是如何做到這一點的？

多年來，西蒙斯對此一直諱莫如深。他曾經提到大獎章基金透過資料挖掘尋找可識別的價格模式。他說：「價格運動的模式並不是隨機的，但是和隨機遊走差不了多少，因此找到價格運動過度和越界的行為是很困難的，得靠上帝保佑。」這一說法直擊有效市場隨機遊走說。在皮笑肉不笑地說出這番欲言又止的話之後，西蒙斯又加了一句：「也許上帝並不在乎。」

二〇〇三年的一天，保羅．薩繆爾森在文藝復興科技公司位於東錫托基特的總部發表了一番演說。這位麻省理工學院經濟學家兼諾貝爾經濟學獎得主，一直持有市場不可戰勝的觀點。他對西蒙斯的話如此解讀：如果有人可以做到戰勝市場，他完全不會告訴任何人這個秘密。

「現在看起來是我找到了你們。」薩繆爾森朝東錫托基特的那群腰纏萬貫的寬客們說道，引來一陣大笑。

文藝復興科技公司是如何發現價格的非隨機運動？換句話說，文藝復興科技公司已經找到真諦了嗎？事實是，除了文藝復興科技公司的內部人員之外，沒人知道他們是如何找到價格的非隨機運動的。文藝復興科技公司很少有員工跳槽，即使有，也大多對此三緘其口。

但我們還是可以找到一些蛛絲馬跡，首先可以從人員入手。文藝復興科技公司的創始人中不乏密碼破譯人員：艾克斯、伯利坎普，當然西蒙斯自己也是。密碼破譯師的工作就是在看似隨機的代碼串中找出隱藏的訊息。文藝復興科技公司將這種技巧用於市場資料，比如原油價格的逐筆數據，同時也關注它與其他資產資料（比如美元或黃金）之間的關係。

另一條線索是，該公司於二十世紀九〇年代早期雇用了一批專家。他們的研究領域看起來與金融市場毫無關係——語音辨識。

一九九三年十一月，文藝復興科技公司挖來了彼得·布朗（Peter Brown）和羅伯特·默瑟（Robert Mercer）。兩人原先效力於ＩＢＭ公司的湯瑪斯沃森研究中心，是其語音辨識小組的創始人。布朗在文藝復興科技公司以工作拼命而著稱，他在公司的東錫托基特總部有一張墨菲床，[1] 豎起來的時候是塊白板，他就在白板上寫寫畫畫，到了深夜就將它放倒、睡在上面。為了保持健康，布朗玩起了壁球，因為他覺得這是最有效率的運動方式。布朗在辦公室裡經常不修邊幅，穿著皺巴巴的衣服，口袋裡插著很多筆。但他是善於解決數學和電腦難題的一流高手。

默瑟在文藝復興科技公司有「大炮」之稱。用一位前文藝復興科技公司員工的話來說：「每次出現了棘手問題，需要集中精力解決的時候，我們公司就會想到默瑟。他火力最強。」

後來幾年，文藝復興科技公司又從ＩＢＭ語音辨識小組挖了一批人，包括拉理特・巴爾（Lalit Bahl）以及德拉皮耶特拉兄弟，文森特（Vincent Della Pietra）和史蒂芬（Stephen Della Pietra）。在網路搜尋引擎中輸入這些人的名字，你會查到一大堆二十世紀早期和中期的學術論文，除此之外就沒有別的東西了。

乍看之下，語音辨識和投資風馬牛不相及，但實際上兩者有著千絲萬縷的聯繫。用來給人類聲音進行解碼的電腦模型，仰賴類比聲學訊號的歷史資料。為了提高運行效率，語音辨識程式會監測這些訊號，然後根據機率函數猜測接下來應該發出什麼樣的聲音。就這樣，語音辨識程式不斷猜測發話人接下來會說出怎樣的字句。

金融模型也是由資料串組成的。用複雜的語音辨識程式解讀金融資料，例如大豆價格序列，文藝復興科技公司就能從中辨認出未來價格方向的機率分佈：勝算較大的話該如何，勝券在握的話又如何。

當然，事情比這要複雜得多，否則世界上的語音辨識專家都可以去開創避險基金了。你需要考慮一系列複雜的事情，包括資料的品質是否過關、所發現的模式可靠性如何……等等。但可以確認的是，語音辨識與投資確實有著很大的關聯，而且文藝復興科技公司在這方面做了徹底的探索。

在二〇〇九年年尾西蒙斯退休之後，布朗和默瑟被一同選為繼任的聯席執行長，語音辨識在文藝復興科技公司的重要性可見一斑。

文藝復興科技公司前分析師和交易員尼克・派特森（Nick Patterson）在加入公司之前，曾在美國和英國政府從事密碼破譯工作。他說：「這是一個統計遊戲。你識別市場中的現象：它們是真實的嗎？這是關鍵所在。你必須確定這些現象並非模型產生的錯誤或僅僅是雜訊。」

即使現象是真的，要利用它來賺錢也絕非易事。應該使用多大的槓桿？能夠承受多大的虧損？文藝復興科技公司所考慮的問題遠遠不止這些。派特森說：「我們的優勢很小，但我們很像賭場的駐場玩家——每一局都只有一點點優勢，你得知道如何應對。」

貫穿語音辨識和密碼破譯的一條線是資訊理論（information theory）。事實上，資訊理論的興起部分要歸功於第二次世界大戰時政府的密碼破譯工作。密碼專家將資訊理論用於金融市場中，用來發現未來情況的隱藏模式。

外部人也許不知道，但大獎章基金對自己的模型不斷地進行修正。據一位內幕人士透露，該基金對模型進行調整的頻繁程度，遠遠高於一般的量化基金。何時進行調整取決於基金的強力電腦所捕捉到的複雜市場信號。大獎章基金在多個市場進行瞬間交易，因此具有很強的靈活性，可以在不同市場間來回切換，這一點遠勝於專注一種市場的小型量化基金。

或許對大獎章基金二十年如一日的優異表現最吃驚的是西蒙斯本人。整個二十世紀九〇年代，文藝復興科技公司都在等待自己投機神話的覆滅。一九九二年，文藝復興科技公司的高層召開會議討論基金在未來十年的前景，大多數與會者認為十年後會大大不同於今日。西蒙斯本人掛在嘴邊的一句話是：「狼就在門口。」

西蒙斯對離開文藝復興科技公司的員工極其猜忌，唯恐他們洩露公司的秘密，不惜與他們撕破臉。二〇〇三年十二月，文藝復興科技公司對兩名跳槽到紐約避險基金巨頭千禧合夥公司（Millennium Partners）的前員工——亞歷山大・貝洛珀爾斯基（Alexander Belopolsky）和帕維爾・沃爾夫賓（Pavel Volfbeyn）提起訴訟，指控兩位前麻省理工學院物理學家濫用文藝復興科技公司的交易機密。沃爾夫賓毫不示弱，反訴文藝復興科技公司授意自己開發用以「欺詐透過機構交易組合系統（Portfolio System for Institutional Trading; POSIT）進行交易的投資者」的系統。POSIT是一個暗池，[2]即機構交易者匹配股票買賣指令的電子系統。據彭博通訊社的報導，沃爾夫賓聲稱文藝復興科技公司要求他編寫出「揭露POSIT本欲保密的資訊」的程式碼，但他拒絕合作，因為他認為這是非法行為。沃爾夫賓的指控還涉及一些互換交易，他稱之為「大騙局」，但沒有透露具體細節。

西蒙斯和沃爾夫賓之間的相互指控並無論斷，雙方最後達成庭外和解。但文藝復興科技公司透過此案向員工釋放的資訊再清晰不過。

據內部人士透露，文藝復興科技公司的競爭壓力很大。二〇〇六年三月一日，公司的一位員工，三十七歲的麻省理工學院畢業生亞歷山大・阿斯塔科維奇（Alexander Astashkevich），可能是因為不堪工作壓力，在長島傑弗遜港鎮（Port Jefferson）槍殺了與自己感情破裂的妻子後飲彈自盡，留下一個名叫亞瑟的六歲男孩。

巨大的壓力或許可以解釋西蒙斯為什麼每天都要抽三大包香煙。有一次，派特森前往西蒙斯的辦公室和他探討管理事宜。說著說著，他發現西蒙斯並沒有在聽，而是凝視著面前顯示幕上跳動的數字：大獎章基金正在大幅虧損。儘管這種程度的資金回撤對於大獎章基金來說並不罕見，操作一個基金總免不了出現這樣的情形，而大獎章總是能扭轉乾坤重上正軌，但西蒙斯每次看到這種情形都會發生胃痙攣。

羅伯特．弗雷（於二〇〇四年離開文藝復興科技公司）說，他辭職的最大原因是實在受不了日復一日被波動性折磨。大獎章基金耀眼光環的背後是無盡的壓力：每時每刻，神話都有可能突然結束，大獎章的魔法隨時隨地都可能失靈，像瓶子裡的精靈一樣，「嗖」一聲便不見蹤影。每時每刻，真諦都有可能不再是真諦。

在編寫世界上最成功的交易程式之餘，文藝復興科技公司的富豪寬客們可以享受東錫托基特和傑弗遜灣周邊的專屬休閒區。西蒙斯和文藝復興科技公司的「首席科學家」勞費爾買下了長島西岸的多間房產，那裡距公司總部僅僅幾分鐘車程。西蒙斯也喜歡駕駛自己的豪華遊艇，帶員工前往專屬度假區放鬆。

文藝復興科技公司的競爭對手們，比如彼得．穆勒和克里夫．艾斯尼斯，看著大獎章基金年復一年高不可攀的交易佳績，只有嘆為觀止的份。他們怎麼也想不出西蒙斯是如何做到這一點。不管市場怎麼走，大獎章基金總是可以攫取數十億美元的利潤。

百思不得其解者大有人在。難道西蒙斯和他的長島隱士們找到了聖杯——傳說中的金融市場真諦？他們帶著嫉妒的心情，暗忖也許西蒙斯真的破解了真諦密碼。

有一件事是肯定的：西蒙斯從不多說一個字。

譯注

1 墨菲床（Murphy bed）是一種折疊床，透過天花板上的鉸鏈，可以將這種床存放在壁櫥裡。

2 關於暗池的內容，詳見第十四章。

金錢數位化了

二十世紀九〇年代晚期，肯．格里芬在芝加哥的摩天大樓裡交易可轉債，吉姆．西蒙斯在東錫托基特建立自己的寬客帝國，博阿茲．魏因斯坦在德意志銀行的電腦前交易衍生性商品，彼得．穆勒在摩根史坦利買賣股票，克里夫．艾斯尼斯在ＡＱＲ測量價值和動量。他們都賺到了自己想都不曾想過的財富。

他們都在親手打造一個巨型電子網路並成為其中的一部分。在這個數位化、電腦化的資金交易體系中，只要輕點滑鼠，數十億美元就能在一瞬間從地球的一個角落轉移到另一個角落。這個機器還沒有名字，但它是現代最具革命意義的技術進步之一。它看不見、摸不著，卻無比寬廣，伸出無數觸手，觸及人類文明的任何一個角落。我們姑且稱之為「金錢網路」（the Money Grid）。

愛德華．索普、費雪．布萊克、羅伯特．默頓、巴爾．羅森堡等眾多創新者，是金錢網路的早期建設者。他們設計出電腦化交易策略，在全球市場中賺取利潤；巴格達、孟買、上海、新加坡，到處都留有他們的交易紀錄。麥克．彭博（Michael Bloomberg）——前所羅門兄弟公司股票交易員、後來的紐約市市長——設計出了一種為使用者提供全球所有證券實時數據的機器，[1]也使自己成了億萬富翁。納斯達克股票市場實現了完全電子化交易，這與人聲嘈雜的紐約證券交易所形成鮮明對比，也使得全球股票買賣變得更迅捷、成本更低。整個全球金融體系就像被整合成一個由按鈕控制、極其複雜的電子矩陣。金錢數位化了。

在金錢網路中，沒有人能夠比肯．格里芬更加如魚得水。這位雄心勃勃的佛羅里達神童，大學時代就透過在哈佛學生宿舍架設衛星傳輸線路來日夜追蹤自己的投資組合。

肯．格里芬

格里芬的資金堡壘大本營投資集團於一九九〇年十一月一日建成，初始資金是四百六十萬美元。該基金與普林斯頓—紐波特合夥公司一樣，擅長利用數學模型撥開可轉債市場的迷霧，發掘交易機會。第一年，大本營投資集團戰績傲人，收益率達四三％；第二年、第三年分別為四二％和二四％。

在大本營投資集團令華爾街側目的早期交易中，有一樁涉及電子家庭安全服務供應商ＡＤＴ安全服務公司（ADT Security Services）。ＡＤＴ公司發行了一批可轉債，其中有這樣的條款：可轉債轉股的股東不能獲得下一次的股息，這代表該債券的轉換價值要稍稍打個折扣，因為持有人得不到下一次股息。

格里芬和他的研究小組注意到，在英國，股息嚴格說來並不是一種紅利，而是「股票股息」——這意味著在英國購買這種可轉債能夠獲得股息。換句話說，該債券價格被低估了。

格里芬回憶說：「我們傾囊買入這些債券，許多大型交易商都未能發現這個機會。這次交易使我們一躍成為業內佼佼者。」

當時格里芬不過二十多歲，還是個一臉稚氣的藍眼小夥子，但已領導著一個六十人的團隊，在芝加哥市中心三千平方英呎的辦公室中運作近兩億美元的資金。

接著，虧損出現了，而且是巨大的虧損。一九九四年，美國聯準會出人意料的升息極大地打擊了市場，對利率極其敏感的可轉債市場更是遭遇重創。這一年，大本營投資集團虧損四．三%，資產管理額下降到一．二億美元（一部分是因為憂心忡忡的投資者贖回了自己的份額）。到二〇〇八年為止，這是大本營旗艦基金肯辛頓（Kensington fund）唯一虧損的年份。

習慣勝利的格里芬被突如其來的虧損嚇到了，他決心不惜一切代價確保自己的金融堡壘不會再次被攻破。「我們不能讓這種情況再次發生。」他向贊助人弗蘭克．梅耶說道。

從此，大本營投資集團做出了一個改變。正是這一改變，在十四年後或許使其免於滅頂之災。大本營投資集團規定，所有投資者在初始投資後三年內不得撤資。這一協議被稱為「鎖定條款」。大多數避險基金的鎖定期為幾個月到一年。長鎖定期意味著在世道不好時，大本營投資集團能夠保持穩定，而投資者儘管膽顫心驚、幾欲先走，卻被鎖定條款牢牢壓住，一時半刻無法脫身。

一九九八年，也就是長期資本管理公司倒閉的那一年，鎖定條款令大本營投資集團受益匪淺。由於需要大規模去槓桿化，其他避險基金紛紛不惜血本、良莠不分地拋售手中資產，大本營投資集團卻在掃貨，那年肯辛頓基金收益率達到了三一%。當時，大本營投資集團的資產管理額已超過一百億美元，所有的交易策略該基金幾乎均有涉獵。

二十世紀九〇年代早期，大本營投資集團在可轉債和日本權證市場上獲利頗豐。一九九四年，大本營投資集團組建了一個「併購套利」小組，專門對併購交易中公司的股票下注。同一年，受脊線合夥公司（愛德華・索普在普林斯頓—紐波特關閉之後新開的基金）成功的鼓舞，大本營投資集團發佈首個統計套利基金。一九九九年，大本營開始涉足抵押貸款支持證券，幾年後又進入再保險市場。格里芬創造了一種內部做市手法，使得大本營能夠在華爾街的眼皮底下進行股票交易而不被發覺，這對喜歡保持神秘的避險基金來說真是再好不過。

隨著銀行帳戶中的數字越滾越大，格里芬開始享用自己的財富。和許多富豪一樣，格里芬迷上了藝術品收藏。一九九九年，他以六千零五十萬美元拍下塞尚的靜物名畫《窗簾、水瓶和水果盤》。同年晚些時候，他在紐約蘇富比拍賣行對愛德格・德加的雕塑《十四歲的小舞者》一見鍾情，不久便將其連同德加的水彩畫《綠衣舞者》一起收入囊中。二〇〇〇年，在人稱壯麗大道（Magnificent Mile）的芝加哥密西根北大街，格里芬擲下六百九十萬美元，買入一幢以豪華藝術裝飾大樓樓頂的兩層豪宅。

大本營投資集團的回報紀錄令所有避險基金感到嫉妒：一九九八年二五%，一九九九年四〇%，二〇〇〇年四六%。即使是在網路股泡沫破滅的二〇〇一年，回報率仍高達一九%。這表明大本營投資集團不論整體趨勢如何都能盈利。很顯然，肯・格里芬擁有著阿爾法。

那時，格里芬的基金資產已經超過了六十億美元，躋身世界六大避險基金之列。他最得力的助手是併購套利部門主管亞曆克・李托維茨（Alec Litowitz）和全球信用業務負責人大衛・布寧（David Bunning），不過幾年後兩人均離開了大本營投資集團。

二〇〇五年，李托維茨成立了自己的避險基金「磁星資本公司」（Magnetar Capital），初始資本金二十億美元，並在兩年後的全球信貸危機中大放異彩。磁星是具有強磁場的中子星，而李托維茨的避險基金對迅速發展的次級抵押貸款有著強烈的磁性。

與此同時，大本營投資集團迅速崛起為世界上最強勁的賺錢機器。它行動迅速、充滿自信，賺起錢來又準又狠。它是避險基金製造廠，專門生產李托維茨這樣的基金經理，長成後便獨立高飛。愛德華・索普點下的星星之火已經形成燎原之勢，而三十三歲的格里芬一直是其中最耀眼的那團火球。

二〇〇一年，安隆公司倒閉。格里芬聞風而動，十二月，在這家能源交易公司宣佈破產的第二天，格里芬就踏上了全美能源交易員招聘之旅。回到芝加哥時，一個寬客團隊開始搭建令大本營投資集團錦上添花的商品價格模型。大本營投資集團還招募了一批氣象學家來追蹤影響能源價格的供求因素。不久，大本營投資集團便躋身業界最大的能源交易商行列。

隨著基金事業蒸蒸日上，格里芬的個人財富也滾成了天文數字。二〇〇二年，他進入《富比士》四百人富豪榜，是榜單中最年輕的白手起家富豪。二〇〇三年，他在《富比士》美國四十歲以下富豪榜中名列第十，淨財富估值為七・二五億美元，略低於職業美式足球球隊華盛頓紅皮隊（Washington Redskins）的老闆丹・斯奈德（Dan Snyder）。

格里芬站上了許多人想都不敢想的高度。為了慶祝二〇〇三年的成就，他結婚了——婚禮地點選在太陽王路易十四興建的凡爾賽宮。新娘名叫安妮．迪亞斯（Anne Dias），也是一位避險基金經理（只是基金規模遠不如格里芬）。婚禮長達兩天，婚宴在王后別墅（Hameau de la Reine）舉行，這裡曾是瑪麗．安東妮王后根據盧梭自然主義田園詩所建的仿十八世紀風格村莊。[2]

宴會上，加拿大太陽馬戲團（Cirque du Soleil）獻演，迪斯可天后唐娜．桑瑪（Donna Summer）獻唱，賓客乘著氦氣球從天而降。整個派對還包括在盧浮宮舉行的慶祝活動和奧塞博物館的婚前晚宴。

肯．格里芬春風得意馬蹄疾。然而，此疾亦可是彼「疾」。

彼得．穆勒

當格里芬在芝加哥開始創業的時候，彼得．穆勒正在紐約摩根史坦利辛勤工作，試著將自己在ＢＡＲＲＡ開發的模型組裝成量化交易機器。一九九一年，穆勒大功告成，按下了啟動開關，但結果是一場惡夢。

他在ＢＡＲＲＡ所開發的複雜交易模型純屬紙上談兵，在真實市場中漏洞百出，不堪一擊——交易指令執行得不夠迅速，交易成本高得嚇人，程式錯誤不時會使交易指令失效。

穆勒的辦公室位於美洲大道一二五一號埃克森大廈的摩根史坦利總部三十三樓，這棟大廈同時是班伯格、塔爾塔利亞的統計套利實驗所在地。摩根史坦利為穆勒安排了好幾台高檔Unix伺服器來處理技術應用和複雜圖形問題。他手下的第一位員工是麻省理工學院運籌學碩士金．厄瑟爾（Kim Elsesser）。厄瑟爾纖細高䠷，金髮碧眼，還是極具天賦的數學高手和程式設計專家，簡直是雄性激素過剩的摩根士丹利交易員群體中的女神。一九八七年一月，她首度加入摩根史坦利，之後離職前往劍橋市攻讀研究生學位，畢業後於一九九二年再度加盟。幾個月後，她加入穆勒的團隊。

穆勒將自己的新交易系統稱為「過程驅動交易」，簡稱ＰＤＴ。這是一系列複雜數學演算法的簡稱，當時世界上只有區區數千人能夠掌握。穆勒和厄瑟爾將過程驅動交易系統推倒重來，他們將交易模型代碼寫入Unix工作站，然後連上摩根史坦利的主機，再連向世界各主要交易所。穆勒負責設計模型，對摩根史坦利的電腦系統十分熟悉的厄瑟爾則負責程式設計。一開始他們只做美國市場，後來依序加上了日本、倫敦和巴黎。他們根據模型，每天都做一次交易。他們日以繼夜地瘋狂工作，但似乎只是在白費力氣。

為了瞭解相似的基金是如何運作，穆勒前往新墨西哥州聖達菲，拜訪了當時鮮為人知、一家由物理學家和數學家組成的尖端電腦化交易公司。他們稱自己為預測公司（Prediction Company），當時向華爾街各公司廣發信函，希望尋求資金投注。穆勒的任務是來探探虛實。

預測公司的創始人之一名叫多伊思．法默（Doyne Farmer），一位又瘦又高的物理學家，混沌理論的早期開拓者之一。法默穿著花襯衣、腳踩人字拖，這和華爾街西裝革履的標準裝扮大相徑庭。二十世紀八〇年代，法默沿著愛德華．索普的腳步前行，使用可塞入鞋底的尖端電腦來預測輪盤賭結果。與索普一樣，法默後來也將戰場從賭場轉移到了全球金融市場，使用數學和電腦交易賺錢。

穆勒和法默在預測公司位於聖達菲格里芬大街一二三號的辦公室見面，那裡有個別名：科學中心（Science

Hut）。穆勒開門見山，直奔主題，但當法默向穆勒詢問詳細資訊時，穆勒卻像撲克玩家那樣緊緊地將牌扣在胸前，不肯透露半點資訊。最後，法默受夠了。

法默事後回憶說：「我們必須把他趕出去。你告訴別人對他們有用的資訊，當然也會希望對方有所回報，這樣才有道理。但穆勒拒絕給我們任何資訊。」

法默不得而知，穆勒其實沒什麼有用資訊可透露——至少當時還沒有。

一九九三年，摩根史坦利管理層意欲裁員，過程驅動交易小組是目標之一。摩根史坦利在穆勒身上投入了很多錢，卻沒有得到任何回報。剛剛當上總裁的債券交易員麥晉桁（John Mack）召開了一次會議，聽取被裁對象如何為自己辯解。

為了參加這次會議，穆勒穿了一件西裝，頭髮抹油梳亮，和平時一頭糾結亂髮的形象迥然不同。會議室開著暖氣，燈光昏暗，摩根史坦利高層正襟危坐在狹長的會議桌前。上了裁員名單的各個經理，依次做著挽救自己命運的報告，每個人臉上都寫著絕望。

在還沒有輪到自己的時候，穆勒不住地對自己說：冷靜，不要露怯，加油。決定命運的時刻到了，他極不情願地承認過程驅動交易尚未成功，但該專案已經觸及成功的邊緣。電腦化交易勢必是未來的趨勢，他所需要的只是時間。

言畢，穆勒望向麥晉桁。麥晉桁肯定地點了點頭。他決定力挺穆勒。

堅持終有回報，不久，過程驅動交易小組終於看見真諦的曙光——他們開始盈利了。過程驅動交易小組利潤突破第一個一百萬美元的那一天，穆勒和厄瑟爾為自己開了個慶祝派對（其實也就是用塑膠杯乾了幾杯劣質酒）。對於過程驅動交易小組來說，這一百萬美元就好比是沈睡的巨人甦醒時眼睛睜開的第一道縫。

一九九四年上半年，穆勒終於建成了一支由數學和電腦頂尖高手組成的夢幻團隊：邁克・里德（Mike Reed），溫文爾雅的地球物理學家、普林斯頓電子工程博士；肯・尼克森（Ken Nickerson），頂尖計算專家，高大憂鬱的史丹佛大學作業研究學博士；沙基爾・艾哈邁德（Shakil Ahmed），精瘦的普林斯頓程式設計天才；艾咪・黃（Amy Wong），麻省理工學院電子工程碩士。這個小組構成了日後世界上最能賺錢的交易部門的核心。

除了雄厚的財力以外，穆勒為投資銀行巨頭效力還有另一個好處。其他交易機構（比如避險基金）必須透過摩根史坦利這樣的合規經紀交易商向紐約證券交易所等各個交易所下達交易指令。文藝復興科技公司新星基金的股票經紀商就是摩根史坦利。新星基金的經理是數學家羅伯特・弗雷，曾經做為塔爾塔利亞的手下為摩根史坦利效力。

在二十世紀九〇年代中期，新星基金遇到了點麻煩，於是過程驅動交易小組接手了新星的部分部位，納入自家基金。這一招成效甚豐，不但那些部位最後終究獲利，也讓穆勒獲得罕有的機會，得以一窺文藝復興科技公司組建的神秘結構。至於文藝復興科技公司自己，則重新調整了新星基金的策略，讓它躋身賺錢機器之列。

到一九九四年，萬事俱備，資金和人才均已到位，過程驅動交易小組要起航了。他們的時間已經不多，要是再拿不出點業績，麥晉桁會二話不說讓過程驅動交易小組關門大吉了。

經過日以繼夜的工作，過程驅動交易的夢幻團隊通過了考驗。他們搭建了一個自動交易系統，一架強大的賺錢機器，他們把這個系統叫「大富翁」（Midas），聽起來頗有些點石成金（Midas Touch）的魔力。尼克森和艾哈邁德有條不紊地進行著數字密集運算，將大富翁的複雜公式實現在過程驅動交易的超級電腦上。

大富翁採取統計套利策略，也就是班伯格二十世紀八〇年代所開發出的東西。過程驅動交易團隊的寬客並未抄襲班伯格的成果，但不可否認的是，當大富翁開發和運行時，統計套利的思想早已不是什麼新鮮事。多伊思．法默在聖達菲的預測公司就採用統計套利策略，肖氏避險基金、文藝復興科技公司和其他許多基金亦然。然而，多年以來，沒有哪家統計套利基金的業績能與過程驅動交易小組相媲美。

大富翁系統專注於特定的行業：如鑽井業（埃克森、雪佛龍）和航空業（美國航空、聯合航空）。如果有四家航空公司上漲、三家下跌，大富翁就會賣空上漲的，並買入下跌的，然後在幾天甚至幾小時後軋平部位。難點在於把握買入和賣出的時機，大富翁可以全天候連續自動交易，更妙的是，到了年底不必給它派發大筆獎金。

一九九四年第四季度，大富翁開始盈利，只消按下開關，大富翁便嘎吱嘎吱地運行，哐哐噹噹吐出萬兩黃金。數位化的電腦交易如煙花般炫麗綻放，在過程驅動交易的電腦螢幕上，帳戶數字如同被施了魔法一般節節上漲。

這著實令人又驚又喜，但有時也會令人惴惴不安。一天夜裡，結束了一週工作的厄瑟爾帶著滿身疲憊叫車回家。窗外紐約市的光影化為一片藍色朦朧，車內的電台廣播收訊不佳，總帶著嗡嗡的背景雜音。突然，收音機裡傳來一則新聞：非常規交易活動擾亂了東京市場。

厄瑟爾豎起耳朵。這不是在說我們吧？可惡！

她發瘋似地要求計程車司機把她帶回摩根史坦利總部。她無時不刻都在擔心電腦程式錯誤會引發海嘯般的巨量買賣指令，系統隨時都有可能變成電腦版的科學怪人。那天東京市場的混亂狀況，跟過程驅動交易毫無關係，但難保它日後不會引發類似事件。臥榻之側，難容電腦嗡嗡作響。

不過這些擔憂現在還為時過早。過程驅動交易的表現令人難以置信，有時連文藝復興科技公司的大獎章基金都要甘拜下風。但是在一九九七年，大獎章基金的回報率躍上新臺階，達到了令人歎為觀止的高度。西蒙斯一騎絕塵，沒有人知道他是如何做到的。

後來，文藝復興科技公司不再透過摩根史坦利進行交易，因為他們懷疑穆勒的操作有偷窺自己策略的嫌疑。長島上的寬客們都是情報人員出身，向來多疑寡信，總是擔心自己的看家本領會被穆勒之流偷學。而穆勒也變得越來越疑神疑鬼，擔心公司內部有內鬼。他開始抵制風險經理對過程驅動交易部位的檢查，過程驅動交易的交易員也被彼此隔離，各自只知道自己的部位狀況，對過程驅動交易策略的其餘部分則一無所知。

過程驅動交易的成功令穆勒頗為自滿，但他時刻提醒自己莫得意忘形。他不厭其煩地提醒自己的交易員：「時刻檢查你的情緒。」

穆勒有過前車之鑒。二十世紀九〇年代初，他和厄瑟爾剛開始交易的時候，曾經做過幾筆未經電腦模型檢驗的交易。未預期到的經濟報告或美國聯準會出人意料的動作，都會引發市場混亂，他們認為此時最好無視模型結論，或者乾脆暫時不做交易。

但他們很快意識到，電腦比人要可靠多了。每次他們自認為比電腦更精明的時候，就是做出愚蠢交易決策的時候。**相信你的系統，永遠不要懷疑——這就是致富密碼**。

一九九四年的一天，穆勒偶然間發現了二十世紀八〇年代摩根史坦利某量化交易小組留下的紀錄，穆勒對那個小組的事蹟略有耳聞。

塔爾塔利亞，那個天體物理學家、猶太神學院學生、交易界的傳奇人物是該小組的首領。這支義大利寬客團隊幾乎已湮沒於歷史之中。過程驅動交易小組的那些寬客新貴們，絲毫不知塔爾塔利亞的團隊才是統計套利的祖師爺。儘管穆勒的團隊獨立地開發了自己的策略，並且打上了鮮明的個性印記，但塔爾塔利亞才是它的首個發現者。在他的手下誕生了多支避險基金，其中包括寬客界的巨人肖氏避險基金。直到二十世紀九〇年代，統計套利快速流行起來，穆勒和法默等寬客才開始努力破解其中的密碼。

但是，瞭解和使用統計套利是完全不同的兩件事。過程驅動交易使用統計套利大獲成功。

塔爾塔利亞的量化交易小組的紀錄令穆勒受益匪淺。這個小組在早先的幾年裡獲得巨額回報，然後突然間就一蹶不振了。這意味著，你永遠不能放鬆警惕，絕對不能躺在功勞簿上睡大覺。你必須不斷改進和優化你的系統。

一九九五年，一位名叫亞伊帕爾・塔特爾（Jaipal Tuttle）的年輕寬客加入過程驅動交易小組。塔特爾是加州大學聖克魯茲分校的物理學博士，前幾年一直在摩根史坦利倫敦分部交易日本權證，但日本股市和經濟在二十世紀九〇年代早期發生崩盤，日本權證業務也就隨之東流。

塔特爾的物理學背景使他能夠很好地掌握過程驅動交易所執行的複雜交易，但他不懂程式設計，這嚴重限制了他設計和調試模型的能力。於是，他成了過程驅動交易小組的「人工交易員」。當時，有些市場（比如股指期貨）尚未實現完全自動化交易，過程驅動交易模型得出的交易必須透過電話告知摩根史坦利的其他交易部門——這就是塔特爾的工作。

自動交易系統也有失靈的時候。有一次，由於系統出錯，過程驅動交易小組在十五分鐘內賣出了約八千萬美元的股票。又有一次，里德（當時負責日本股票系統）讓另一位交易員來頂替自己一會兒，對他說：「你只要在交易訊號產生時按Y就可以了。」但他忘了補充，按完了Y鍵還需要按輸入鍵以做確定，結果一筆交易也沒有做成。

過程驅動交易團隊經常短期雇用外部顧問，對象通常是意欲在寒暑假賺點外快的學術界人士。有一次，一位名叫馬特的顧問正在測試一種標準普爾五百指數期權的套利策略，該交易包括賣出某個月的標普五百期權（比如五月），同時買入另一個月的期權（比如六月），利用兩種期權價格間的無效性（inefficiency）賺錢。塔特爾必須使用電話完成這類交易。馬特在過程驅動交易小組的另一個辦公室中，慢條斯理地將交易指令讀給塔特爾聽；這是一筆大交易，價值數千萬美元。

突然，塔特爾依稀聽到一聲驚吼。他抬頭一看，只見馬特急匆匆地從樓上跑下來，雙臂胡亂揮舞，嘶聲尖叫道：「停！快住手！不是買，是賣！賣！」

馬特把指令下反了。他電話中說要賣，其實該買；說要買，其實該賣。塔特爾及時取消了交易，但教訓刻骨銘心：人總是會犯錯，所以最好讓電腦來完成交易。

塔特爾到這裡的那一年，過程驅動交易小組搬入了百老匯大街一五八五號的摩根史坦利新總部，距時代廣場僅一步之遙。過程驅動交易小組的交易室位於六樓，就在主交易室樓下，設備也煥然一新。他們的交易紀錄傲人，因此辦公環境大為改善。

過程驅動交易小組開始將量化投資應用於越來越多的市場。維克拉姆．潘偉迪（Vikram Pandit）要求道：「我需要很多系統。」（潘偉迪是這個小組的負責人，二〇〇七年出任花旗集團執行長。）該團隊開始交易歐洲美元期貨，歐洲美元即美國之外的美元，是個較新的交易品項。不久，過程驅動交易小組開始涉足能源期貨、債券、期權——只要能夠建模的東西，他們就交易。

隨著大富翁系統不斷完善，過程驅動交易小組的成員也變得越來越有錢，穆勒更是富得流油。他在康乃狄克州韋斯特波特（Westport）買了一幢海濱別墅，又在曼哈頓上流區翠貝卡（Tribeca）購置了一套豪華公寓，和一幫名流（如勞勃．狄尼洛、葛妮絲．派特洛、梅莉．史翠普）做起了鄰居。他開始享受奢華生活，也養成了許多怪癖。例如，他要求清潔工從烘乾機拿出床單後立刻熨平，因為他討厭褶皺；他還雇了一位專門的助手到曼哈頓購物，然後把東西運回韋斯特波特別墅，而不願在韋斯特波特本地的商店買東西。「對何謂合理來說，他處處與常人不同。」一位熟人這樣說。在穆勒層出不窮的嗜好之中，其中一項是填字遊戲，他出的題目屢次登上《紐約時報》。

過程驅動交易小組的成員開始暢遊世界，牙買加、格林納達、特克斯和凱科斯群島都留下過他們的足跡。他們去佛蒙特州滑雪，去緬因州漂流，待在紐約的時候則經常玩漆彈對戰。平時，他們在辦公室公共區共用午餐，分享當地壽司店的鬆脆鮭魚卷。這和二十世紀八〇代所羅門兄弟公司抵押貸款交易部的洋蔥漢堡狂歡會差不多。

在不瞭解過程驅動交易的摩根史坦利員工看來（即使在摩根史坦利內部，知道這個神秘團隊的人也是鳳毛麟角），這群信仰新時代的小伙子們帶著強烈的舊金山風格，簡直是交易室中的「花童」，[3]太恐怖了！但這些文化成功提升了團隊的凝聚力，多年以來，過程驅動交易小組的原始隊員幾乎無人離開，這在避險基金業是很罕見的——該行業向來以跳槽率高、工作壓力大、工作年限短而著稱。

打破這個紀錄的是厄瑟爾。她決定離開，前往洛杉磯加大研究職場性別問題。她厭倦了摩根史坦利的「大老二」氛圍和陽剛文化。儘管過程驅動交易小組在摩根史坦利已稱得上對女性比較友好的部門，但交易員們仍舊常把她視為穆勒的秘書。

有一次，過程驅動交易小組剛成立不久，厄瑟爾正在進行期貨合約電子交易。一名男子步入過程驅動交易小組的辦公室，看了一眼厄瑟爾，又環顧了一下四周，然後離開。他來了又走，走了又來，當他第三次一臉迷惑地走進過程驅動交易小組的辦公室，一邊東張西望、一邊抓褲襠時，厄瑟爾終於忍不住了。她問道：

「有何貴幹？」

「人們一直說這裡有個寬客交易員在交易期貨，但我總是回說沒這個人。」

厄瑟爾強壓怒火，說道：「就是我。」

來者驚得目瞪口呆，一言不發，扭頭就走。

多年來，過程驅動交易小組奇人軼事層出不窮。有一位交易員實在無法忍受強光直射自己的螢幕，於是在螢幕頂部綁了一把尺，然後黏上一大塊紙板，用來遮擋亮光。路過交易室的訪客望進玻璃，都能看見一位寬客佝僂著身子在紙板下對著螢幕打字。一位在同一層辦公的摩根史坦利主管對此十分不滿，有一天，他衝進過程驅動交易的小組辦公室吼道：「你們怎麼可以這樣亂搞！我正在跟一群執行長開會，這一幕真丟人！」

還有一位寬客喜歡在深更半夜摸黑工作。交易室的照明採感應系統，偵測到一點動作就會點亮燈火，於是他就在感測器上貼上厚厚的紙，這樣就能自在地在黑漆漆的房裡愉快工作。

過程驅動交易小組的面試非常折磨人，經常蹦出稀奇古怪的問題。穆勒喜歡讓求職者以九五%的信賴水準猜測他錢包裡裝著多少現金。

「我不知道。一百美元吧？」

穆勒掏出一張百元大鈔，擺擺手。

「兩百美元。」

穆勒摸出兩百美元現金。

「五百美元。」

穆勒嘻嘻一笑，一邊搖頭，一邊掏出五百美元。

這問題可不好猜，因為穆勒可能隨身攜帶許多現金以應付臨時牌局，也可能一毛都沒帶，求職者根本無從得知。但在極端不確定的條件下，猜個很小的數字總是不合適的。要以九五%的信賴水準做猜測，勢必會落得要猜一個很大的範圍，比如從零到幾千元。這個問題常常只能引起求職者的憤怒——這個怪裡怪氣的傢伙是誰！

穆勒也喜歡面試頂級職業撲克玩家，這令他的同事們十分不滿——是啊，這些傢伙擅長撲克，但他們懂做交易嗎？他們有程式設計能力嗎？他們知道什麼是因素模型嗎？沒有一位撲克玩家曾經通過面試，倒是有一人被查出參與非法運動賭博的前科。

獵頭師就像蒼蠅一樣追逐著穆勒，向他推薦合適的人選。過程驅動交易小組的辦公室秘書經常接到獵頭師十萬火急的電話，急切地想給摩根史坦利的熱門避險基金介紹新人選。「趕快讓穆勒聽電話！」他們吼道。「要不然，我價值百萬美元的生意就要飛了！」

突然間，穆勒成了人人爭相巴結的明星。巨大的成功使過程驅動交易成員愈加放浪形骸。穆勒開始缺席公司的早會，並且在上午十一點左右就翹班——假如他當天有在辦公室出現的話。塔特爾喜歡身穿破爛文化衫、戴耳環上班，這在作風保守的摩根史坦利屬於十足的另類。利潤超過一千萬美元的日子，過程驅動交易小組都會開個紙杯酒會以示慶祝。隨著時間的推移，紙杯酒會舉行得越來越頻繁。

有一回，穆勒覺得辦公室裡應該來點潺潺水聲，便買了一個名為「尼加拉」（Niagara）的巨大石景瀑布，用巨大的木箱運進過程驅動交易小組的辦公室。公司的人事部門大為震怒，因為尼加拉實在太重，有可能壓垮地板，掉進樓下的主交易室，這可不妙。結果，尼加拉的木箱就在過程驅動交易小組辦公室待了好幾個星期。有人將木箱名牌上的N劃去，寫上一個V，暗示穆勒買的是一大箱威而鋼（Viagra）。

還有一次，穆勒想在他和厄瑟爾的辦公室之間裝一個旋轉門，以便相互走動、交換想法。厄瑟爾大驚失色，一口回絕。真要是裝了，穆勒保證成天往自己辦公室跑，厄瑟爾可受不了。

摩根史坦利高層對六樓這群神秘寬客搞出的各種奇怪行徑聽之任之，畢竟從這裡流出的利潤實在太豐厚了。摩根史坦利從未透露精確數字，但據過程驅動交易小組的前員工透露，其利潤無與倫比。一九九六到二〇〇六年，過程驅動交易小組大約獲得了四十億美元利潤，這還不包括歸屬其成員的二〇%的利潤抽成。這意味著這支小小的團隊在了十年之間為自己賺得十億美元收入。有的年份，穆勒、尼克森和艾哈邁德等過程驅動交易小組高層的收入，甚至遠遠高於執行長在內的摩根史坦利高層。不少年份（尤其是世紀之交的那幾年），過程驅動交易小組貢獻了摩根史坦利淨利潤的四分之一以上。

塔特爾說道：「我想這是個超級數字，高得讓人歎為觀止，高得讓人難以置信。我們的系統運行得太完美了。」二〇〇一年，他離開摩根史坦利，去追尋自己的滑浪風帆競技夢。

「過程驅動交易是摩根史坦利永不熄滅的明燈。」維克拉姆．潘偉迪喜歡這樣說。

一九九九年，穆勒送給尼可森一瓶昂貴的純麥芽蘇格蘭威士忌，以表彰他為大富翁系統所做的貢獻。自運行五週年以來，大富翁為摩根史坦利帶來了十億美元的淨收入，同時也為過程驅動交易的所有成員都帶來了想都不敢想的財富。在未來，大富翁一定會變得更強，使每個人更加富有，尤其是彼得．穆勒。

克里夫．艾斯尼斯

一九九四年末，當克里夫．艾斯尼斯成為高盛全職員工的時候，他並不知道等待自己的是怎樣的工作。分配給他的任務是搭建用於預測各種資產回報的量化模型，內容十分龐雜。高盛在這位芝加哥大學畢業的年輕才俊身上下了注，意欲看看象牙塔出來的學究能否在真實世界大展神威。二十世紀八〇年代，高盛曾在費雪．布萊克身上做過相似的實驗。到九〇年代早期，美國數學界掀起了一陣好男兒志在華爾街的風潮。

艾斯尼斯把他的第一份工作稱為量化研究小組（Quantitative Research Group; QRG）。為擴充實力，他招兵買馬，聘請了多位他在芝加哥大學遇到的聰明人，比如羅斯．史蒂文斯（Ross Stevens）、羅伯特．克賴爾（Robert Krail）、布萊恩．赫斯特（Brian Hurst）和約翰．劉（John Liew）。克賴爾和約翰．劉曾在特勞特交易公司（Trout Trading）工作，這是一家由傳奇交易員小門羅．特勞特（Monroe Trout Jr）創辦的資金管理公司。做為奧克拉荷馬大學經濟學教授的兒子，約翰．劉原本計畫沿著父親的腳步在學術圈奮鬥，但在為特勞特公司開發量化交易模型的工作時，他改變了主意。有一天，他和克賴爾談論自己在特勞特的工作。

「這確實不錯，挺有意思的。」約翰．劉說道。他一向認為自己會討厭工作，因此他對自己悠遊其中感到非常驚奇。

「別把它當成一份工作。」克賴爾回應。而且，收入也著實不菲。

一開始，艾斯尼斯的小組並不直接管理資金。高盛的一個基本面選股小組在遴選外國股票時遇到了點麻煩，艾斯尼斯被派去為他們提供量化分析支援，這是小組的第一個任務。量化技術可以在國家層面上指導投資決策嗎？艾斯尼斯和他的團隊成員從來沒有遇到過類似的問題。教科書上找不到類似的案例。學校裡也不曾有過這樣的課程。

不過，艾斯尼斯的回答是：「當然行！」

他們開始群策群力，診斷「一個國家是否健康」這樣泛泛的問題和他們在芝加哥大學學到的策略是否有相通之處。驚奇的是，他們發現答案是肯定的；他們做為學術問題研究的股票價值和動量異常問題，完全可以應用到整個國家。

他們就這樣打通了任督二脈。先測量一國股市的總市值，再除以市場上所有上市公司的淨資產之和，就得到了整個國家的市淨率。如果日本的市淨率是一．〇，而法國是二．〇，那麼日本就比法國便宜。投資決策自然是買入日本、賣空法國。

這一方法可以被無限推廣。在評估一家公司時，你不必考慮產品是小飾品或坦克車，老闆是空想家或小丑。同樣的道理，一國的政策細節、領導人是誰、自然資源豐富或貧乏，這些對寬客來說都無關緊要。量化方法不僅可以用在股票和債券上，也可以用在貨幣、商品、衍生性商品上，什麼東西都成。簡而言之，艾斯尼斯的團隊設計的模型就是在全球範圍內尋找價格相對高與低的機會，然後動量策略迅速跟上。高盛高層對這群優秀的年輕寬客印象深刻。一九九五年，他們決定成立一個內部避險基金，撥款一千萬美元。

這就是全球阿爾法，日後的華爾街精英交易團隊，也是二〇〇七年八月量化災難的主要催化劑。

在高盛的最初幾年，艾斯尼斯需要頻繁地與一個人接觸，他就是金錢網路的主要建設者，特立獨行的寬客天才，二十世紀七〇年代首先與愛德華．索普取得聯繫的布萊克—休斯公式的發明者，費雪．布萊克。

索普與布萊克均是把二戰後學術進步與引發量化革命的華爾街創新聯繫起來的最關鍵人物。兩相比較，索普是個務實派，而布萊克在更大程度上是個理論家，甚至可以說是個哲學家。布萊克有許多怪癖，不過最出名是他會在對話時莫名中斷，經常談著談著就開始一言不發，令對方感到摸不著頭緒。阿斯內斯在高盛時便深刻領教到這一點。他有時需要踏入布萊克位於高盛交易室樓下的辦公室，回答這位偉人關於某些市場現象的問題。通常是艾斯尼斯言簡意賅快速說出自己的想法，而對方目光空洞、一臉茫然。布萊克經常會轉動椅子，盯著閃爍的電腦螢幕思考，一來就是好幾分鐘。然後，經過長時間的沈默，他會轉回來，說些「你也許是對的」之類的話。

艾斯尼斯回憶說：「這情形就像是興登堡號冒出一縷濃煙。」[4]

做為寬客中的精英，布萊克對理性深信不疑，但他本身就是個矛盾體：他是量化金融的中心人物，卻從未上過任何金融或經濟課程；他是訓練有素的數學家和天體物理學家，像美國國家航空航天局發射主管一樣唯恐冒險，對恒星和行星間的內在運行機制懷著純真的好奇。他用柳橙汁而不用牛奶泡麥片，晚年午餐只吃烤魚和沒加奶油的烤馬鈴薯。由於擔心癌症家族史（他最終死於癌症），他用輻射測試儀一遍又一遍掃描自己的辦公室。他的鍵盤線特別長，以便使自己和螢幕保持相當的距離。他還有點叛逆，年輕的時候嗑迷幻劑，翻著黃頁打電話泡妞，還建議關係並不和睦的妻子也這麼做。

二十世紀五〇年代，住在紐約布隆克維（Bronxville）的少年布萊克喜歡扮演魔鬼代言人，對著保守的父親盛讚共產主義，或是對虔誠的母親表達自己對格林威治村那群離經叛道份子的崇拜之情。他在鄰里之間組織了一個小團體，稱為美國造物主、使徒和先知會（American Society of Creators, Apostles, and Prophets），聚在一起探討阿道斯．赫胥黎（Aldous Huxley）神經麻醉劑實驗之類的話題。在哈佛上大學時，他迷上了電腦；後來，在位於波士頓附近的理特諮詢公司（Arthur D. Little）工作時，他對金融產生了興趣。

一九六八年秋，他遇到了麥倫．休斯，來自加拿大的麻省理工學院年輕經濟學家。休斯當時正在思考一個疑難問題：怎樣給股票權證定價。布萊克也在被這個問題困擾著，於是兩人和羅伯特．默頓展開合作，數年後發表了劃時代的研究成果——股票期權定價理論。索普在其中也幫了點小忙。

二十世紀七〇年代初，布萊克在芝加哥大學教授金融學課程。他的辦公室位於羅森沃爾德樓（Rosenwald Hall）三樓，夾在麥倫．休斯和尤金．法瑪中間。後來，他又前往麻省理工學院執教九年，但他逐漸厭倦了學術圈緩慢的節奏。

此時，默頓已經在高盛擔任顧問之職。有一回，他向當時的高盛股票部門主管羅伯特．魯賓（Robert Rubin，他後來在克林頓政府中擔任財政部長）建議，高盛應該留一個高層職位給金融學學界人士。

有一天，默頓問布萊克有沒有合適的人選擔任這個職位。布萊克回應說：「我對這位子有點興趣。」一九八三年十二月，他前往紐約和魯賓面談這份工作；一九八四年初，布萊克被聘為高盛量化策略小組（Quantitative Strategies Group）主管。

坊間流傳，在入職後不久，布萊克前往高盛位於曼哈頓下城的交易室一遊。交易室的雜訊震耳欲聾，交易員無不扯著嗓子厲聲喊著買入和賣出指令，到處都是心煩意亂來回踱步的傢伙。人到中年的布萊克對此大吃一驚——學者生涯已使他習慣了大學校園波瀾不驚的氣氛。

最後，布萊克總算被帶到期權部與主管會面。

「閣下就是費雪．布萊克吧。」主管說著把手伸向這位傳奇人物。「很高興認識你。話說在前頭：其實你對期權一竅不通。」

這就是布萊克來到華爾街的見面禮。

布萊克的辦公室位於距紐約證券交易所幾步之遙、布羅德街八十五號高盛總部的二十九樓，隔壁是高盛交易室。辦公室的牆上掛著一張海報，畫著一個男人在一條髒亂不堪的馬路上慢跑，還有一行字：速度誠可貴，耐力價更高。人們經常可以看見布萊克一邊不停地打字，不斷地向命名為「智囊」的程式輸入指令，一邊一瓶又一瓶地喝著辦公室食品櫃裡的礦泉水。

他的職責很簡單：研究怎樣把他的量化理論轉變為高盛的真金白銀。不過這裡有些問題：布萊克堅定不移地信奉芝加哥學派的觀點，認為市場是有效的、不可戰勝的。剛開始交易的時候，他一揮手便讓高盛虧損五十萬美元。但在親眼目睹了高盛的交易員利用無止境的市場失效週期賺取百萬美元之後，布萊克很快意識到，市場也許不像自己躲在劍橋市和芝加哥象牙塔中空想的那樣，是個完美運行的機器。

漸漸地，布萊克變成了法瑪的食人魚。在電腦的協助下，布萊克成了交易的革新者，把交易推向人機互動。他預見到，高盛的優勢將是金融理論和電腦技術的強力結合。

這只是華爾街華麗轉身的開端。衛星和光纖所組成的金錢網路，將複雜的金融理論和電子流結合了起來。布萊克在高盛的辦公室中穩坐蛛網中心，在自己的電腦上敲敲打打，而克里夫．艾斯尼斯這樣的下屬則戰戰兢兢，忍受著他那振聾發聵的沈默，恭候他關於市場的神諭。

寬客玩的是機率遊戲，靠尋找確定性過活，稍一遲疑，勝算便會滑入隨機世界。但對克里夫．艾斯尼斯來說，他的成功似乎可以歸功於一個令他無法自拔的單一因素：幸運。

艾斯尼斯樂於承認幸運並非一個人成功或失敗的唯一因素。努力工作，時刻做好準備的人才抓得住天賜良機。但不可否認的是，幸運在艾斯尼斯的世界中有著舉足輕重的地位。

一九九五年，全球阿爾法在高盛位於紐約廣場一號的辦公室成立。開張前十天，天天巨虧。接著，時來運轉。在最初的虧損之後，全球阿爾法在很長一段時間內連續盈利。第一年的總戰績為驚人的九五%，第二年為三五%。

為了表彰艾斯尼斯團隊的卓越業績，高盛安排了一次高層見面會，營運長亨利·鮑爾森（Henry Paulson，他後來升任執行長，又在小布希總統的第二任期擔任財政部長）親自接見。艾斯尼斯覺得高盛的高層可以用更好的方式表達對全球阿爾法的讚賞，但他也沒有拒絕，而是準備了一份簡報，打算向鮑爾森演示全球阿爾法是如何運作。

會面的時刻到了。當艾斯尼斯前去面見下巴長長、喜怒無常的高盛營運長時，他想起了自己向法瑪提出研究股價動量的情景。艾斯尼斯對法瑪的景仰之情遠遠高於鮑爾森，高盛營運長又如何，他才懶得搭理呢。可是，為什麼他會感到如此緊張呢？

簡報展示出全球阿爾法涉足的市場。艾斯尼斯快速念出一串區域與國家：北美、南亞、巴西、日本。「我們在ＥＡＦＥ指數納入的國家都有交易。」

「等一下。」鮑爾森起先一直靜靜地在聽，此時突然做聲。艾斯尼斯嚇了一跳，頓時愣住。「那個指數裡面有多少國家？」

「它由歐洲、澳大拉西亞和遠東國家組成——」[5]艾斯尼斯只說到一半。

「我不是問你這個。」鮑爾森粗暴地打斷艾斯尼斯。「總共有幾個國家？」

「我相信有二十一個。」艾斯尼斯回答。

「具體說說。」

艾斯尼斯吃驚地看著鮑爾森。具體說說？這傢伙是存心惡整我吧？

鮑爾森一臉正經，艾斯尼斯只得硬著頭皮扳起手指頭逐一說出各國名稱：法國、德國、丹麥、澳大利亞、日本、新加坡……他把記得起的都說遍了，頭上滿是冷汗。鮑爾森坐在那裡，手撐著寬闊的下巴，冷冷地盯著艾斯尼斯。那是令人尷尬的沈默。

「才十八個。」鮑爾森一直在數國家的數量，而艾斯尼斯沒有達到要求，至少鮑爾森是這樣暗示。艾斯尼斯一時語塞，陣腳大亂，接下來的演示進行得漏洞百出。

退場時，艾斯尼斯滿是困惑，心裡想：用這種方式來表達你感謝我的努力，可真是厲害了。

全球阿爾法源源不絕地產生著令人咋舌的高額回報，高盛也不斷向這個項目追加資金。到一九九七年年末，量化研究小組掌管了一個有五十億美元規模的純多頭組合，以及近十億美元的全球阿爾法基金（可以持有空頭部位）。從成立到現在，全球阿爾法幾乎每個月都能獲得傲人業績。艾斯尼斯不停地招兵買馬，聘來他的校友、芝加哥大學金融學博士雷·伊萬諾夫斯基（Ray Iwanowski）和馬克·卡哈特（Mark Carhart）。

他還開始在紐約大學柯朗研究所（Courant Institute）授課，那裡源源不斷地為華爾街輸送著寬客。美國全國各大學紛紛開設金融工程課程，卡內基梅隆大學、哥倫比亞大學、柏克萊加大、麻省理工學院和芝加哥大學，都在培養著一批又一批寬客。距華爾街不過一步之遙的柯朗研究所（位於格林威治）是金融工程專業的佼佼者，正是在這裡，二十世紀九〇年代末艾斯尼斯遇到了摩根史坦利的年輕寬客彼得·穆勒以及尼爾·克里斯（Neil Chriss）。幾年之後，他成為寬客牌局的常客。

與此同時，全球阿爾法的成功也給艾斯尼斯和他的芝加哥明星團隊帶來了萬貫財富。事後看來，艾斯尼斯和他的寬客團隊實在是非常幸運，趕上了價值和動量策略的黃金時光。不過，就當時的情形而言，全球阿爾法的成功似乎與運氣完全扯不上邊。艾斯尼斯開始妄自尊大，目空一切。一九九四年剛加盟高盛時，他志在將書本知識與華爾街的賺錢實踐相結合，在以新觀點贏得財富的同時獲得知識的昇華。但麻煩在於，他擠不出時間隨心所欲地進行學術研究。高盛總是派他滿世界跑，不是和歐洲或日本的客戶會面，就是要他指導員工。此外，辦公室政治也令艾斯尼斯頭痛不已，尤其是還得應付鮑爾森這類的怪胎。

於是，他開始考慮不同尋常的大動作：單飛。

做出抉擇並不容易。高盛對艾斯尼斯有知遇之恩，信任他、給他充分的自由去實現自己的想法、組建自己的團隊。離開高盛就好像是背叛。艾斯尼斯越想越覺得離開高盛不可取。這時，他遇到了幫助自己創立避險基金的不二之選：大衛·卡比勒（David Kabiller）。

卡比勒於一九八六年透過夏季培訓專案進入高盛，他在公司裡幾經沈浮，輾轉待過固定收益部、股票部

和退休基金服務部。一開始，他做為機構投資者和高盛資產管理公司的聯絡官與艾斯尼斯打交道。高盛資產管理公司既負責管理外部客戶的資金，也負責高盛的自營交易。

卡比勒是華爾街銀行家和汽車銷售員的混合體，他馬上就注意到全球阿爾法賺錢如拾草芥。全球阿爾法有一張逐秒更新的電腦化動態盈虧表。有一天，卡比勒盯著螢幕上不斷跳動的數字，驚詫地看著它節節高升，每秒都會增加幾百萬美元。

他意識到，這些來自芝加哥的寬客怪才天賦異稟，必成大器。他們與高盛的其他人不一樣：他們聰明，具有學術良知；他們一直在探求——對真諦的探求。他並不理解他們的神奇法術，但可以確定的是自己渴望成為他們的一部分。

艾斯尼斯、卡比勒和全球阿爾法的其他一些人，開始在曼哈頓東區的蘭實（Rungsit）泰國餐館碰面。在觥籌交錯之間，他們仔細權衡了單飛的利弊。高盛給的報酬不低，而且提供長期保障，艾斯尼斯最近還被提拔為合夥人。市場傳言高盛準備進行首次公開募股，這意味著又可以從中大撈一筆。但說來說去，高盛並不是他們自己的公司。

餐會結束之時，大局已定。大部分對話是關於要如何給新公司起名：希臘美男？神獸？忠於他們的書獃子起源，大家在一個不怎麼花稍的名字上達成共識：應用量化研究資本管理公司，簡稱AQR。

但艾斯尼斯很快便打起了退堂鼓——高盛盛情挽留艾斯尼斯。畢竟，高盛還是他的家。卡比勒深感遺憾，但他沒什麼籌碼能扭轉艾斯尼斯的決定。

後來，一九九七年年末的一天，卡比勒接到一通電話。

「我是艾斯尼斯。」

卡比勒明白，峰迴路轉了。艾斯尼斯從來沒有私下打過電話給他。

「近來可好？」卡比勒問道，他笑得臉都疼了。接著是長時間的沈默，卡比勒可以聽見另一頭艾斯尼斯的吐息聲。「你終於下定決心了？」

「對。」艾斯尼斯說。

這回是真的。一九九七年十一月，在拿到獎金後不久，克里夫．艾斯尼斯、羅伯特．克賴爾、大衛．卡比勒和約翰．劉向高盛遞交辭呈。艾斯尼斯聽著百老匯劇碼《悲慘世界》的音樂，為自己打氣。他主意已定，不想再猶豫了。

大約在一年以後，一九九八年八月三日，ＡＱＲ資本管理公司成立，初始資本為十億億美元——創造了避險基金的初募紀錄。這比他們自己的預期高兩倍。事實上，艾斯尼斯的公司還謝絕了十億美元資金，因為他們覺得自己的策略不足以操控如此巨大的數字。人們擠破頭想成為ＡＱＲ的投資者，聲名顯赫的法國基金經理阿帕德．比松（**Arpad Busson**，後來與名模艾勒．麥克法森和影星鄔瑪．舒曼交往），願意以自己的瑞士農場換取ＡＱＲ的份額，但ＡＱＲ毫不考慮。

事實上，ＡＱＲ有著避險基金業最優良的血統：一票芝加哥大學寬客天才、卡比勒手中數不勝數的退休基金和捐贈基金客戶、高盛精英的金字招牌、令人高山仰止的歷史業績……

「為AQR工作真是讓人心甘情願。」卡比勒回憶道。「我們清楚自己有哪些本事。我們做好了準備。我們有著恰到好處的技能組合。我們就是為這樁生意而生的。」

第一個月，AQR資本管理公司的夢幻團隊——一度被稱為是長期資本管理公司和朱利安·羅伯遜的老虎資產管理公司的混合體——業績平平，略有盈利。然後，它開始一落千丈，簡直是場災難。從很多角度看，AQR衰落的原因比摧毀長期資本管理公司的一系列事件還要令人難以置信。

看來幸運拋棄了克里夫·艾斯尼斯。

博阿茲·魏因斯坦

一隊豪華轎車駛出拉斯維加斯，開入茫茫沙漠。這是二〇〇三年秋，博阿茲·魏因斯坦的信用交易團隊正在異地交流會做慶祝。這一安排的初衷是讓與會者交換對信貸市場前景的看法，但這裡是賭城，魏因斯坦的交易員們經不住誘惑，要放縱一番了。

一位魏因斯坦的手下回憶說：「到處是賭桌，到處是美酒，到處是二十一點。」

在二十一點牌桌上，魏因斯坦使用《擊敗莊家》上的算牌技巧戰無不勝。接著，他又玩了一會兒高賭注牌局和輪盤賭。然後，他們擠進租來的豪華車隊，打開香檳，催促司機快點發車。他們的下一檔節目是經典的寬客娛樂：漆彈對戰。

在城外的漆彈對戰遊戲場，大家開始劃分幫派。「自營」交易員，即為德意志銀行（以及自己）賺錢的那伙人扮演匪徒。「流量」交易員，即充當德意志銀行客戶的中間人、負責撮合「流經」德意志銀行的賣單和買單的那伙人扮演員警；流量交易員也可以做一些自營交易，他們的存在意義也正在這裡，但那種豪擲數十億美元、不成功便成仁的鉅額買賣，他們是無權做的。

自營交易員一伙，由魏因斯坦率領，其副手奇普．史蒂文斯（Chip Stevens）則指揮流量交易員一伙。雙方身穿寫有「信用衍生性商品部，二〇〇三年拉斯維加斯異地交流會」的T恤，戴著護目鏡，散入漆彈對戰遊戲場。

結果自然是匪徒大獲全勝，但大家都頗為盡興。玩罷，大家回到豪華轎車上，打開更多香檳，回到狂歡開始的地方——魏因斯坦在拉斯維加斯永利酒店（Wynn）的豪華套間。這裡金錢如麻，美女如雲，人人都是天才，個個揣著秘密。如果魏因斯坦的信用交易團隊知道些什麼的話，那就是他們明白應該怎樣玩這個遊戲，而且他們比所有人玩得更好。

二十一點只是消遣，而真正的賭場，全球首屈一指的那一家，乃是日新月異的全球信用衍生性商品市場。在信用市場上，他們長袖善舞。今年德意志銀行被《風險》雜誌（Risk）評為「年度衍生性商品之王」，取代了去年的王者J．P．摩根，該公司已將德意志銀行視為頭號對手。

對魏因斯坦而言，踏上巔峰一點也不令人意外。他們已經開發出一種所向披靡、不受約束的激進系統，華爾街的其他機構只能望塵莫及——有些與會者認為，這項認知正是拉斯維加斯之旅的真正目的。魏因斯坦希望讓他的手下明白，在德意志銀行，風險並不是被「管理」，風險可以被輕而易舉地打倒在地，馴得服服帖帖，要它向東它就不敢往西。

交易員們樂得接受這套理念。

事情就是這樣。魏因斯坦的華爾街精英之夢——源於這位早熟的紐約上東區西洋棋天才收看路易斯．魯凱瑟節目之時——現在正一步步成為現實。

一切都來得太容易了。

一九九八年，在AQR資本管理公司揚帆起航的同時，魏因斯坦也開始了他在德意志銀行的信用衍生性商品交易之路。這一年，魏因斯坦二十四歲，面對交易室亂糟糟的情景還有點緊張不安。但他如饑似渴地學習新知識，加上記憶力驚人，很快便對所有股票和債券的任何資訊瞭如指掌。

魏因斯坦以前的專長是交易浮動利率票據，即利率會不斷變化的債券。浮動利率票據和信用違約交換（CDS）並沒有很大的區別，後者的運行方式和利率上竄下跳的債券十分相似。

交易員可以透過互換合約對一家公司是否會違約下注，因此信用市場的廣闊天地就出現了一種新玩法：賣空一批貸款或一種債券。透過信用違約交換來給債券上保險，本質上和開立空頭部位無異。一夜之間，沈睡的債券市場成了世界上最大的賭場，而魏因斯坦早已對此熟門熟路。

衍生性商品是一種全新的金融工具，德意志銀行以外鮮有大量交易的銀行。為了擴大衍生性商品的交易量，魏因斯坦開始拜訪華爾街各大交易機構，向他們宣傳信用違約交換的非凡特性。

一九九八年，魏因斯坦透過買入信用違約交換給所有的債券都上了保險，這與賣空整個信貸市場無異。由於他是保險的買方，這意味著在投資者開始擔憂債券發行人的信用狀況時，他就能獲得賠付。因此當俄羅斯債務違約導致市場出現動盪、長期資本管理公司倒閉時，魏因斯坦卻在大發橫財，為德意志銀行帶來了豐厚利潤，也讓自己的職業生涯更上一層樓。

一九九九年，魏因斯坦被德意志銀行擢升為副總裁；二〇〇一年，又被任命為董事總經理。這一年他二十七歲，是德意志銀行歷史上爬到這一高位的最年輕的人之一。

當時，快速的去監管化進程令魏因斯坦及其手下獲益良多。一九九九年十一月，格拉斯—斯蒂格爾法案（Glass-Steagall Act of 1933）被取消，投資銀行和商業銀行不再是井水不犯河水的兩個行業，銀行的存款風險和貸款風險也不再隔離。花旗集團這樣的巨擘早就對該法案頗有微詞，認為這使得它在與不受該法案約束的外國銀行的競爭中落了下風。對華爾街規模越來越大的自營交易來說，這意味著資金來源大大拓寬，巨額存款可以用來當做自營交易的彈藥了。接著，二〇〇〇年，美國政府又通過相關立法，使衍生性商品免於遭受嚴格的聯邦審查。這一切，都為二十一世紀初的衍生性商品榮景鋪平了道路。

二〇〇〇年，信用違約交換市場遭受了重大考驗。加州爆發了電力企業危機，突然間，大量電力公司違約風險大增。二〇〇一年，安隆事件爆發，但信用違約交換市場再次經受住考驗，向人們顯示其能夠抵抗得住巨型企業違約的衝擊。不久，網路股泡沫破裂和世通公司（WorldCom）的破產，帶來了第三度考驗。

新興的信用衍生性商品市場顯示出強勁的活力，即便在重壓之下也能遊刃有餘。交易量開始迅速增加，質疑者這回是大錯特錯了。信用違約交換市場很快就成為世界上最熱門、成長最強勁的市場。罕有人比魏因斯坦更瞭解這個市場，此時他已經開始著手組建華爾街最成功、最強大的信用交易部。

到了二〇〇二年，經濟處於低谷，昔日的藍籌股安隆和世通轟然倒塌，人們擔心還有更恐怖的事情跟在後頭。投資者開始對當時最大的傳媒公司「美國線上—時代華納」感到坐立不安，債權人尤其恐慌，此時股價下滑了接近二〇％。

一天，魏因斯坦一邊在洛克菲勒中心附近的美國線上總部閒逛，一邊思考著未來會依次出現什麼情況，就像一名西洋棋手在出手之前思考接下去的好幾步棋。他意識到，儘管美國線上的股價下跌了約二〇％，但相較之下，它的債券跌得遠不只如此，彷彿該公司已瀕臨破產。但美國線上這樣的公司不太可能輕易破產，因為它有著多項盈利能力相對較強的老牌業務，例如NBC電視網。

他認為美國線上重振雄風的機率很大，因此決定向風聲鶴唳的投資者出售該公司的信用違約交換，同時透過賣空該公司的股票來進行避險。這一策略大獲成功，因為債券市場和美國線上（現在只稱時代華納）都復甦了。

對於魏因斯坦的團隊來說，賭博就是日常生活。在他首批招募的員工中有一人叫王兵（Bing Wang，音譯），後來在二〇〇五年世界撲克系列賽中獲得第三十四名。當魏因斯坦得知德意志銀行的交易員中有一些人是麻省理工學院的秘密二十一點小組成員時，他馬上加入其中，每年都和他們去幾回拉斯維加斯玩二十一點，運用他從索普的《擊敗莊家》學來的算牌技巧。據熟悉魏因斯坦的人表示，不止一家拉斯維加斯賭場將他的名字列入黑名單。

在工作之餘，魏因斯坦的團隊無所不賭：一百美元賭擲硬幣的正反面、一小時內會不會下雨、道瓊工業指數收漲還是收跌……等等。每週，德意志銀行的交易室都要舉辦一百美元一注的撲克比賽。每週五，在收盤的鐘聲響起以後，魏因斯坦手下的交易員們——通常也包括魏因斯坦自己——就會聚集在一間會議室裡酣戰數小時。魏因斯坦在這些賭局中獲益良多。

德意志銀行的高層對這些牌局若非一無所知，就是睜隻眼閉隻眼。賭兩把也不是什麼大事，何況，德意志銀行是一家德國公司，多數高層在倫敦或德國的金融中心法蘭克福辦公。魏因斯坦已是德意志銀行紐約固定收益部門的最高階主管，他旗下的交易員主導德意志銀行位於華爾街六十號的總部大樓運作，而且許多人還真的肆無忌憚。有個百無禁忌、酷愛賭博的老闆，手上又握著數十億美元的資金，德意志銀行紐約交易部門成了華爾街最激進的交易者，深得牛仔資本主義的精髓。[6]

魏因斯坦也在苦練牌技。二〇〇四年，他出席了在聖瑞吉斯飯店舉行的第二屆華爾街撲克之夜。他聽說有幾位華爾街頂級量化交易員搞了一個私人牌局，參與者有彼得．穆勒、克里夫．艾斯尼斯，以及一位名叫尼爾．克里斯的明日之星。克里斯是高盛資產管理公司的老員工，當時已跳槽至位於康乃狄克州史丹佛的避險基金巨頭SAC資本顧問公司（SAC Capital Advisors）。

在聖瑞吉斯飯店，魏因斯坦主動和克里斯打招呼。他說自己久聞該牌局的大名，很想坐下來玩幾把。克里斯猶豫不決。寬客牌局雖說沒有正式的成員資格，但毫無疑問，這個牌局帶有高度私密性質。這是一個大賭注牌局，底池可達幾萬美元。要加入這個牌局，最重要的是輸贏不會對你造成財務負擔。自我可以拋棄，自尊可以不要，但荷包受損的打擊你必須擔得起。這意味著你的銀行帳戶裡必須存有萬貫家財，必須有輸掉一、兩萬美元也雲淡風輕的財力。魏因斯坦有那麼多錢嗎？

克里斯決定邀他入局，先探探魏因斯坦的底，很快證明這位娃娃臉的德意志銀行信用違約交換交易天才是絕佳人選。他不僅牌技精妙，更是克里斯、穆勒和艾斯尼斯所遇到的最精明的投資者之一。沒多久，魏因斯坦便成了寬客牌局的常客，躋身內部交際圈的一員。

撲克讓魏因斯坦受益匪淺。二〇〇五年，魏因斯坦的老闆安舒・賈恩（Anshu Jain）飛赴內布拉斯加州奧馬哈市會見華倫・巴菲特，討論德意志銀行幾樁備受矚目的交易，魏因斯坦的交易也在其中。兩位大佬談起了他們最喜歡的消遣方式：橋牌。接著，話題又轉向了撲克。賈恩提到，魏因斯坦是德意志銀行頭號撲克高手。巴菲特對此很感興趣，便邀請魏因斯坦參加了即將由波克夏公司旗下的私人飛機公司奈傑特所舉辦的拉斯維加斯撲克錦標賽。

魏因斯坦沒有辜負老闆的美意，他贏得了錦標賽大獎：一輛嶄新的瑪莎拉蒂跑車。不過，賭博說到底只是消遣，是在真實交易之前的頭腦放鬆和熱身。魏因斯坦的主要關注點仍然是交易——在交易中大獲全勝，輾碎對手、斬獲大筆利潤，這才是最令魏因斯坦著迷的東西。他愛死了交易。

很快，魏因斯坦開始將交易業務拓展到所有市場，股票、貨幣、期貨無所不包——這和肯・格里芬的大本營多元化混合策略基金頗為相似（魏因斯坦似乎是在仿照大本營的模式組建交易團隊）。他的拿手好戲是所謂的「**資本結構套利**」，透過同一公司不同種類證券之間的價差獲利。舉例來說，**如果他認為某公司的債券相對股票來說價值被低估，他就會買入債券，同時賣空股票，預期這種價格差異會縮小或消失。**

如果他的多頭部位價格下跌，那麼他可以透過股價下跌來補償這部分損失。魏因斯坦尋找的是企業資本結構上的無效性，同時關注債券和股票，並創造性地使用信用違約交換來「套住」無效性。這其實就是古老的相對價值套利交易，跟愛德華・索普在二十世紀六〇年代所慣用的那一套十分相近，只不過披上了一件衍生性商品的新衣。但這一策略就像鐘錶那樣精準，魏因斯坦的團隊賺了個盆滿缽盈。

接著，進入二〇〇五年，這一策略幾乎一敗塗地。市場並未按魏因斯坦的模型所預測的那樣運行。

二〇〇五年五月的一天，魏因斯坦坐在三樓辦公室內，盯著眼前的一大排螢幕。他簡直不敢相信自己的眼睛：有一樁交易正在朝他不利的方向運動，形勢危急。

魏因斯坦正在進行自己最拿手的資本結構套利，交易對象是通用汽車。由於投資者擔憂大量現金流失可能導致通用破產，其股價在二〇〇四年年末至二〇〇五年年初大幅下跌，通用的債券也遭受了重創——在魏因斯坦看來有些矯枉過正，搞得像是投資者認為破產無可轉圜。但魏因斯坦明白，就算通用真的宣佈破產，債權人也能至少保住四〇％的資本；不過，股票就真的會變得一文不值了。

因此他決定透過信用違約交換賣出通用汽車的債務保險，將保費納入囊中。如果通用真的宣佈破產，德意志銀行就得賠付，為了對沖這一風險，魏因斯坦賣空了通用的股票，價格在二十五到三十美元之間。

但是，突然之間，這筆交易成了一場災難，理由是一位名叫柯克．科克萊恩（Kirk Kerkorian）的億萬富翁出人意料地透過自己的投資公司特拉辛達（Tracinda Corp）收購兩千八百萬股通用汽車股權，使得通用股價飆升，像魏因斯坦這樣的空頭也遭受重創。事情到這裡還沒完。幾天後，評級機構標準普爾公司和穆迪公司均將通用汽車的債券等級下調至垃圾級，因而掀起一陣債券拋售潮。

這意味著魏因斯坦遭受雙重打擊。債券價格在狂跌，而股票價格在飆升，真是不可思議。照理來說，市場絕無出現如此走勢的可能。魏因斯坦束手無策，只能乾等。他暗忖：*市場失去了理性，加上科克萊恩是個瘋子。但事態終究會恢復正常，真諦會重掌大局。*在此期間，魏因斯坦需要好好思考該如何行動。

魏因斯坦及其交易員聚集在一位得力部下的紐約公寓裡共商大計。眼前的難題是，通用汽車的交易應該怎樣處理？一些人認為風險太大，應該斬倉出場，否則如果部位繼續往不利的方向運動，後果將不堪設想。德意志銀行的風險經理不會容忍事態進一步惡化。

其他人的想法則相反。撲克專家王兵認為，這筆交易現在看起來更有吸引力了。他說：「加碼。」這是交易員之間的暗語，意思是加倍擴大部位。

魏因斯坦一開始決定小心行事，但在接下來的幾個月，他的團隊不斷地擴大著通用汽車交易的規模，期望事態最終能夠回到正常軌道。

現實正是如此。二〇〇五年年末，魏因斯坦在通用汽車的交易上轉虧為盈；二〇〇六年，形勢變得更為有利，通用汽車的股價回歸低點，而債券價格幾乎收復了因評級下降造成的跌幅。

魏因斯坦不會忘記這件事情的教訓。他的套利交易無比靈光，卻可能因外部事件衝擊而血本無歸。但是，只要他能夠堅持住，總有峰迴路轉的一天。交易必須回歸正軌，市場不可能擺脫真諦的支配。

至少他是這樣認為的。

譯注

1 該機器即彭博終端（Bloomberg Terminal）。麥克·彭博以自己的姓氏Bloomberg命名公司和產品：彭博公司、彭博通訊社、彭博終端。

2 瑪麗·安東妮（Marie Antoinette），奧地利公主，路易十六王后，後在法國大革命中被送上了斷頭臺。雖無可靠史據佐證，民間仍常流傳「沒有麵包吃，那就吃蛋糕吧！」此名言為她所說。

3 花童一詞源自流行歌曲〈舊金山〉中的歌詞：如果你前往舊金山，不要忘了在頭上戴花。一九六七年的「愛之夏」活動，舊金山街頭「花童」遍佈。十萬少男少女從世界各地來到舊金山，頭戴野花，進行反傳統、反越戰、宣導和平與平等的遊行。本書一再出現的海特—艾許伯里就是活動的中心地帶。

4 興登堡號是一九三七年德國製造的飛艇，是當時最大的飛行器。一九三七年五月六日在飛越大西洋，到達美國紐澤西準備降落時著火墜毀，是航空史上著名的空難。

5 EAFE即歐洲（Europe）、澳大拉西亞（Australasia）和遠東（FarEast）的英文首字母縮寫。澳大拉西亞包括澳大利亞大陸及其東北部臨近島嶼、塔斯馬尼亞島、紐西蘭、幾內亞島等。

6 牛仔資本主義（cowboy capitalism）意指追求牛仔式的生活方式，用的瀟灑，扔的乾脆，鼓勵大力消費。

8 四個火槍手

二十一世紀初，避險基金業蓬勃發展，大有徹底改變全球投資界風貌之勢。退休基金和捐贈基金紛紛投入避險基金的懷抱；投資銀行則競相模仿高盛的全球阿爾法和摩根史坦利的過程驅動交易，大舉擴張自營交易部門。低廉的資金成本、透過金錢網路相互連接的全球市場、三十年來由愛德華・索普等先行者開發的複雜量化投資策略的大大發展，刺激了數千億美元湧入避險基金。

但是，索普把避險基金的爆發式發展看做不祥之兆。資金氾濫，以至於想要在不承擔過多風險的情況下獲取穩定回報已幾無可能，在他曾經主宰的領域裡充斥著模仿者。二〇〇二年十月，他關閉了自己的統計套利基金脊線合夥公司。

其他交易員就沒有那麼謹慎了，尤其是肯・格里芬。十年前，在愛德華・索普的幫助下，他創建了大本營投資集團。如今，大本營已經蓬勃發展，成為世界上最強大、最可怕的避險基金之一。

肯・格里芬

在肯・格里芬結婚後，大本營投資集團猶如雨後春筍般茁壯成長。這家芝加哥的避險基金已經成為世界上技術最先進的投資機器，在金錢網路中大顯神威，辦事處已擴張到舊金山、紐約、倫敦、東京和香港，員工也增加到一千多人。

大本營投資集團在其總部——芝加哥南迪爾伯恩大街一三一號——的摩天大樓頂層擁有自己的發電機組，確保電腦系統不會受到停電影響；如果發生火災，主機房的空氣過濾系統可以在幾秒內將氧氣排盡。此外，還有一套備用電腦組在距總部三十英哩的某個秘密地點隨時待命。辦公室內的所有個人電腦（每台都是頂級配置）都是半獨立的，必要時可以接入處理基金龐大抵押貸款部位的全域系統程式，成為網路空間中二十四小時不間斷運行的虛擬「雲」電腦。

格里芬悄無聲息地建設著他的高頻交易機器，這台機器最終將成為大本營皇冠上的明珠、過程驅動交易小組和文藝復興科技公司大獎章基金的勁敵。二〇〇三年，格里芬聘請了一位名叫米沙．馬利舍夫（Misha Malyshev）的俄羅斯數學天才來主導大本營秘密的統計套利計畫。一開始，工作並不順利，利潤並沒有如預期那樣滾滾而至。但在二〇〇四年七月二十五日，大本營的高頻交易部門——當時已更名為戰術交易（Tactical Trading）——神功大成，開始源源不斷賺得利潤。從此以後，戰術交易幾乎戰無不勝，穩定地吐出收益，鮮有波動。馬利舍夫的方法是速度為王，利用大本營無與倫比的電腦能力打敗競爭對手，抓取稍縱即逝的股市套利機會。

在戰術交易開始產生利潤的同一年，格里芬還請來了一位叫馬修．安德森（Matthew Andresen）的天才少年。安德森曾開發了電子交易平台「ＥＣＮ島」（Island ECN），他負責大本營的技術和交易系統。在安德森的領導下，大本營的期權做市業務部門大本營衍生性商品集團投資者（Citadel Derivatives Group Investors）很快也變為現金奶牛，成了全世界最大的上市期權交易商。

格里芬正在一步步將大本營從避險基金轉型，逐漸成為染指所有金融業務的巨無霸，控制著數十億美元的證券流。隨著大本營資產規模增加，已達到將近一百五十億美元，格里芬的野心也在膨脹。

格里芬就像善於弄權的政治掮客，不遺餘力地打擊競爭對手。在通向成功的道路上，大本營投資集團不斷地挖著其他避險基金的牆角，招攬天才交易員和研究員。他的作為激怒了以敢怒直言著稱的丹尼爾・勒布（Daniel Loeb），紐約避險基金第三點合夥公司（Third Point Partners）的經理。二〇〇五年，格里芬從華爾街撲克之夜上的對手、綠光資本總裁大衛・艾因霍恩手裡挖走明星研究員安德魯・赫特夏芬（Andrew Rechtschaffen）。勒布與艾因霍恩有私交，為此寫了封郵件大罵格里芬，指責其行徑比挖去一位研究員惡劣得多：

> 你口口聲聲要走吉姆・科林斯（Jim Collins）式的「從A到A＋」路線，但你的所作所為卻是在打造古拉格，[1] 真是可笑至極。你周圍盡是溜鬚拍馬之徒，但這些人其實都對你恨之入骨。我猜你自己對此也一清二楚，因為我看過你讓他們簽的合約。

格里芬對此不屑一顧。偉大的人要成就偉大的事業，必然會樹敵，有什麼好怕的？

但勒布的指責可謂一針見血，大本營投資集團的人員流動率很高。格里芬就像是食人魔王，把人塞進嘴裡，吃乾淨了再把骨頭吐掉。在大本營投資集團工作壓力巨大，失敗的下場非常悲慘，許多人離開的時候都帶著滿腔怨氣，

更糟糕的是，大本營投資集團的回報率出現下滑。二〇〇二年，大本營旗艦基金肯辛頓收益率為一三％，二〇〇三到二〇〇五年更是每年都沒超過一〇％。格里芬懷疑，部分原因出自有太多資金在追逐與大本營相同的策略。事實上，這正是促使愛德華．索普決定金盆洗手的因素。模仿是最好的奉承，但在避險基金業，這樣做會大大影響利潤。

但勒布的話還是有些誇張了，為大本營效力還不至於與終身監禁在古拉格一樣慘（雖然一些前員工可能並不這樣認為）。其實，大本營經常舉辦奢華派對。格里芬是個影迷，經常在芝加哥ＡＭＣ劇院包下大片首映場，如《黑暗騎士》、《星際大戰三部曲：西斯大帝的復仇》等。大本營的薪酬也相當誘人，員工被掃地出門時可能氣憤難平，但絕對是腰纏萬貫。

還有一層陰影籠罩著大本營，而且要比業內的爭議嚴重得多：它是否對整個金融體系構成了威脅？德利佳華公司（Dresdner Kleinwort）的研究員發佈了一份報告，對大本營的爆炸式增長提出質疑，指出其對槓桿肆無忌憚的使用可能動搖整個體系。「從表面上看（因為誰也無法看到黑箱內部的情景），今日的大本營的資產負債表與昔日的長期資本管理公司十分相似。」

不過，大本營的槓桿率，二〇〇六年大約在八倍左右（雖然有的分析師估算可能高達十六倍），其實遠

未達到長期資本管理公司的三十倍（在一九九八年崩潰前夕甚至高達一百倍）。但以資產管理規模衡量，大本營已從一家默默無聞的格林威治避險基金，迅速成長為一隻多頭海怪，而且幾乎不受政府監管。這正是格里芬想要的。

二〇〇六年三月，格里芬出席了華爾街撲克之夜，在彼得．穆勒對陣克里夫．艾斯尼斯時大喊大叫。幾個月後，二〇〇六年九月，他完成一樁漂亮的交易。

不凋花諮詢公司（Amaranth Advisors）是一個規模達一百億美元的避險基金，由於在天然氣價格上賭錯方向而陷入倒閉邊緣。一位叫做布萊恩．亨特（Brian Hunter）、曾在德意志銀行服務的三十二歲加拿大交易員，在一週之內虧掉了五十億美元鉅款，引發了史上最大規模的避險基金倒閉事件，甚至比長期資本管理公司更嚴重。

不凋花原先是一家專做可轉債的避險基金，二〇〇一年安隆公司倒閉之後建立了能源交易部門，並聘請了剛離開德意志銀行的亨特（他與原東家在待遇方面談不攏）。亨特的天然氣交易業績極為出色，因此不凋花將他調至卡爾加里（Calgary），方便他每天開著灰色法拉利上下班。亨特在交易界素有「槍手」之名，喜歡在部位對自己不利時加倍建倉。他對自己部位的長期盈利前景極度自信，有什麼好怕的呢？

然而，二〇〇六年夏末，當天然氣價格因卡崔娜颶風去年侵襲墨西哥灣而變得高度波動時，亨特這種看到機會就開槍的交易習慣，給他造成了巨大的麻煩。

亨特採用的是一種複雜的價差交易，利用期貨不同交割月合約的價差獲利。他還買入了「深度價外」的天然氣期權，這種交易只有在價格大幅上漲時才能獲利。九月上旬，報告顯示天然氣呈現出庫存過剩的局面，亨特的部位因此表現糟糕。亨特堅信價格會反彈，便進行了加倉操作，但價格持續下滑，他的損失越滾越大，很快就達到數十億美元。最終，巨大的損失拖垮了不凋花。

格里芬從中看到了機會。大本營的能源專家（其中一些也來自安隆公司）開始研究不凋花的交易紀錄，他們想弄清楚亨特的交易最終是否有機會起死回生。大本營實力雄厚，足以扛過最初階段的巨虧，撐到柳暗花明的那一刻。格里芬致電不凋花的營運長查理．溫克勒（Charlie Winkler），討論這筆買賣。幾天後，大本營同意接手不凋花能源部位的一半，J．P．摩根則接手另一半。

此舉引起軒然大波，人們紛紛指出大本營做了一樁愚蠢的買賣。但他們都錯了，大本營當年盈利三〇％。這次果斷出手使大本營成為世界上最強大、最激進的避險基金之一。不凋花交易完成之迅速、決策之果斷、結果之成功，足以與「奧馬哈聖人」巴菲特相提並論。巴菲特向來是陷入困境的賣家第一個想到的求助對象，如今又冒出一個娃娃臉的芝加哥避險基金巨人：肯．格里芬。

格里芬繼續一擲萬金購買藝術品。二〇〇六年十月，他從好萊塢大亨大衛．葛芬（David Geffen）手中買下賈斯伯．約翰斯（Jasper Johns）的石版印刷畫《虛偽的起點》（False Start），那是一幅以多彩油墨組合而成、並印上諸多顏色名稱的畫作。成交價格為八千萬美元，創造了在世畫家的作品價格紀錄。藝術品市場之繁榮亦可見一斑，這大部分要歸功於避險基金業的那群億萬富翁。二十年前，出版家塞繆爾．紐豪斯（S. I. Newhouse）只花了一千七百萬美元便購得這幅畫（二十世紀九〇年代，紐豪斯將它賣給葛芬，但價格未曾披露）。在買下《虛偽的起點》前不久，格里芬和他的妻子還向芝加哥藝術博物館捐贈一千九百萬美元，用於新建一座兩萬六千四百平方英呎的現代藝術展廳。

格里芬一家錦衣玉食，經常去座落於芝加哥柏悅酒店的頂級日本餐廳NoMI享用單價五十美元的壽司，他們在那幢大樓頂層有間空中別墅。說來有趣，格里芬也對垃圾食物情有獨鍾，他時常在交易室大啖奶油爆米花，或是在公務旅行時買麥當勞的漢堡。

汽車也是格里芬的鍾愛之物，大本營的車庫裡總是停著格里芬的六輛法拉利，每輛都有辦公室中的監視器時刻緊盯。

格里芬那拿破崙一般的野心，令他周圍的人吃盡了苦頭。他常說，要把大本營打造成下一個高盛，這對於一家避險基金來說簡直是癡人說夢。他有一句名言：大本營將成為「金融界百年老店」，在那些老朽就木之後仍將屹立不倒。有傳聞稱大本營正在謀劃進行首次公開募股，這將使格里芬的個人財富再增值數十億美元。做為該公司夢比天高的標誌，二〇〇六年年末，大本營發行二十億美元高等級債券，成為首家在債券市場上融資的避險基金，此舉普遍被看做是在為首次公開募股造勢。

不過，大本營的首次公開募股被其他幾家避險基金搶了先。首先是資產管理規模達三百億美元的紐約私募股權和避險基金「城堡投資集團」（Fortress Investment Group）。這家和大本營有著相似文意名字的公司，二〇〇七年以一八．五〇美元的價格登陸紐約證券交易所，上市首日即受到熱捧，價格一度達到三五美元，最後收於三一美元。城堡投資五位創始人的財富一夜增值一百億美元。

私募股權公司不受監管，主要為大型機構和富人階層服務，這點與避險基金十分相似。他們從腰纏萬貫的投資人那裡籌集資金，用來收購陷於困境的公司，然後將其整頓一新再包裝上市，賣回給公眾，自己也從中大撈一票。

私募界也喜歡聚會。城堡投資集團首次公開募股成功後的那個星期二，私募巨頭黑石集團（Blackstone Group）的創始人兼執行長史蒂夫．施瓦茨曼（Stephen Schwarzman）在曼哈頓中城大宴四方來客，慶祝六十歲生日。當時，黑石集團剛剛完成對ＥＯＰ公司（Equity Office Properties）的收購，創造了槓桿收購的新紀錄。施瓦茨曼春風得意，盛會極盡奢華，頗有些鍍金年代強盜男爵大聚義的意思，[2]也標誌著華爾街數十年來的造富巔峰——當時罕有人知，最高峰恐怕是到此為止了。

宴會地點設在公園大道的第七軍團軍械庫（Seventh Regiment Armory）。紐約市出動員警，對公園大道實施了部分交通管制。身高不足一七〇的施瓦茨曼不需要走多少路便能抵達宴會地點，他的豪宅（內有三十五個房間）就在公園大道上，據說那裡原先是約翰．洛克菲勒的物業，二〇〇〇年五月被施瓦茨曼花三千七百萬美元買下。施瓦茨曼在長島漢普頓也有一棟房子，原先屬於範德比爾特家族，[3]轉手價格是三千四百萬美元。除此之外，他還擁有由金融顧問愛德華．赫頓（E. F. Hutton）於一九三七年在佛羅里達建造、佔地一萬三千英呎的豪宅「四風堂」（Four Winds），交易價格是兩千一百萬美元，不過買下後不久，施瓦茨曼覺得這棟房子太小，便將其推倒重建。

來賓名單包括科林．鮑威爾、紐約市長麥克彭博、芭芭拉．華特斯、唐納．川普等人。[4]軍械庫被裝扮得花團錦簇，入口處有銅管樂隊奏樂，賓客們被身著軍服、笑容滿面的迎賓童子引入大門。首先映入眼簾的是一幅主人全身像，由英國皇家肖像畫協會（Royal Society of Portrait Painters）主席安德魯・費斯廷（Andrew Festing）執筆。金樽清酒、玉盤珍饈自是不在話下，更有天王巨星表演助興。佩蒂・拉貝爾和阿比西尼亞浸信會教堂唱詩班共同高唱施瓦茨曼讚歌，[5]向他致以生日祝福。《財富》雜誌在封面上寫道，施瓦茨曼「此時此刻成了華爾街的皇帝」。

幾個月後，上流社會仍對這場盛會津津樂道，而施瓦茨曼再一次做出驚人之舉。六月，黑石集團以三十一美元的價格成功首次公開募股，融資總額達四十六億美元，其中十億美元落入施瓦茨曼的荷包。首次公開募股之後，他持有的黑石集團的股份價值達到七十八億美元。施瓦茨曼是個出了名的老饕，週末一頓飯就能花掉三千美元，其中包括四百美元的石蟹（也就是一隻蟹腳四十美元）。

格里芬對這些事情都瞭若指掌。他正在靜候良機，等著成功首次公開募股，實現自己超越高盛的夢想。

進入夏天以後，次貸危機洶湧而至。格里芬對此早已未雨綢繆，大本營的長期鎖定條款能夠保證其在世道艱難時不會遭受贖回潮的衝擊。格里芬手持重金，次貸危機不啻天上掉下的餡餅。蝦兵蟹將早已丟盔棄甲、潰不成軍，留給大本營這樣的強手一地俯首可拾的良機。大本營投資集團在全世界擁有大約一千三百名員工。相比之下，AQR資本管理公司只有兩百人，文藝復興科技公司只有約九十人，不過幾乎人人都有博士頭銜。

二〇〇七年七月，格里芬等到了第一個機會。由前哈佛捐贈基金明星經理傑佛瑞・拉爾森（Jeffrey Larson）執掌，資產管理規模三十億美元的波士頓避險基金「索務資本管理公司」（Sowood Capital Mangement）陷入了困境。當年早些時候，拉爾森已開始擔憂經濟狀況，意識到大量高風險債券存在暴跌的可能。為了從中獲利，他賣空了許多次級債券——當其他投資者開始心存疑慮時，次級債券將成為首當其衝的拋售對象——並同時買入高等級債券做避險。為了攫取更多的利潤，他大量舉債，槓桿非常高。

六月，索務開始出現損失，縮水五%。拉爾森不為所動，反而將自己的七百五十萬美元現金也投進基金。他預期自己持有的部位會反彈，授意交易員進一步擴大槓桿，使索務的債務對資本之比擴大到十二倍之多。

拉爾森沒有意識到自己在最壞的時刻做出了最壞的決定。次貸市場的崩盤引發整個金融體系大地震。六月，評級機構穆迪下調了五十億美元的次級抵押貸款債券評級；七月十日，另一家主要評級機構標準普爾發出警告，將下調一百二十億美元的次級抵押貸款債券評級，這使得次貸債券持有人紛紛奪路而逃。在遭到標準普爾降級的債券中，包括大量南加州次貸巨頭新世紀金融公司（New Century Financial）的債券，這家公司已在同年四月遞交了破產保護申請。次貸市場迅速崩塌。

其他與索務有著相似部位的避險基金也飽受煎熬，它們竭盡全力將手中所有資產兌現，包括被認為是十分安全、索務所持有的高等級債券。但麻煩在於，市場上沒有買家。信貸市場一片混亂，機構風險分析公司（Institutional Risk Analytics）分析師克里斯多夫・惠倫（Christopher Whalen）接受《彭博通訊社》採訪時說：「標普的舉動將許多人逼上了絕路，這正是我們等待已久的訊號。」

這就是在二〇〇八年幾乎毀掉全球整個金融體系的危機的先聲。索務的部位變得一文不值，拉爾森開始賤賣資產、籌集現金，以應付債權人增加抵押品的要求，但這使得市場雪上加霜。拉爾森向哈佛捐贈基金高層求助，希望獲得更多現金以渡過難關，他相信這只是暫時的非理性市場恐慌，但他的要求被明智地拒絕了。

索務以驚人的速度墜落。七月二十七日，週五早上一開盤，該基金就減值一〇%，到收盤時，已經縮水了四〇%。拉爾森拿起電話，撥通肯．格里芬的號碼，指望格里芬拉他一把。

格里芬此時正帶著妻子在法國度假，接到電話後，他馬上召集大本營總部的三十位交易員組成團隊，立刻研究索務的交易紀錄，尋找可乘之機——也確實找到了。週一，大本營以十四億美元收購索務大部分的剩餘部位，只花了這些資產在幾個月前的一半價格不到。在一週前致客戶的電子郵件中，格里芬指出，市場的表現是非理性的，強勁的美國和全球經濟將很快攀上新高。很多愚蠢的投資者對此視而不見，與他們做交易真是再好不過，索務就是其中之一。

大本營接手陷入困境的索務，將其清理一番。隨著部位中的大部分如拉爾森預期般開始反彈，大本營也獲益良多。繼不凋花之後，格里芬又一次讓華爾街見識自己雷厲風行、砸錢不手軟的本事。二〇〇七年八月初，大本營達到了前所未有的盛況，其資產規模高達一百五十八億美元，格里芬一九九〇年事業草創時只有區區四百六十萬！

格里芬怎麼也沒有料到，一年後，大本營也會在懸崖邊上搖搖欲墜。

彼得・穆勒

夏威夷考艾島上，棕櫚樹遮天蔽日，彼得・穆勒汗流浹背地走在西岸長十一英哩、蜿蜒曲折的卡拉勞步道（Kalalau Trail）上，遠眺浩瀚的太平洋。暖風拂過，棕櫚林如同波浪一般掀起陣陣漣漪。此刻，華爾街是那麼遙遠。

二十世紀九〇年代末，穆勒逃離華爾街。卡拉勞步道是他所能到達的最遠的地方，自從進入ＢＡＲＲＡ開始，穆勒已經來過多次。他正在做他最喜歡做的事：遠足，卡拉勞步道是理想之選。這條緊挨納帕利懸崖（Na Pali cliffs）的古老小徑穿越五大峽谷與瀑布，在層層疊疊的芋頭梯田的簇擁下抵達卡拉勞海灘。卡拉勞海灘是嬉皮和漂流客的樂園，很少有腰纏萬貫的華爾街大亨光顧。

整趟遠足通常至少費時兩、三天。有一次，穆勒和朋友在一天之內就穿越了整個步道。穆勒站在海邊，回頭看了看自己已經走過的路，擦了把汗繼續前進。他迅速穿過一座山谷，進入一條乾燥的開放空地。他已經走得精疲力竭，但遠處卡拉勞山谷曲折的懸崖和海岸線全景令人心曠神怡。

穆勒的生活方式是很多人想像不到的。他的寬客團隊在紐約大把大把地賺錢，他自己卻整天無所事事，有的是時間周遊世界。他喜歡「直升機高山滑雪」——由直升機將你帶到人跡罕至的高處，然後踩著雪板呼嘯而下。他最喜歡的一處滑雪勝地是懷俄明州傑克遜鎮（Jackson Hole）附近的洛磯山，那裡的雪道幾乎與地面垂直，光看就令人頭暈目眩。在傑克遜鎮的時候，穆勒通常住在肯・格里芬的老友兼長期投資人札斯廷・

亞當斯（Justin Adams）的大牧場裡。他還經常去喜馬拉雅山和紐西蘭玩漂流，去亞利桑那州和愛達荷州遊河。

當然他還喜歡音樂。二〇〇四年，他自費灌製了一張唱片《不止這些》（More Than This），收錄了一些傷感的靡靡之音，比如〈在這個世界〉（In This World）這曲聽起來像是巴瑞・曼尼洛和布魯斯・霍恩斯比的混搭。[6]每週二晚上，他在自己的翠貝卡公寓舉辦歌曲創作沙龍，還有平臺鋼琴助興。他的個人網站petemuller.com上掛著自己坐在鋼琴邊上的照片，一旁是他的黃金獵犬米爾（Mele）。穆勒專輯的新聞稿寫道：「彼得・穆勒六年前看破紅塵，感覺商海已不能帶給自己任何樂趣。他成績斐然、自信滿滿，卻已找不到新的挑戰。他失去了人生目標，於是只能將精力傾注在音樂上。」

同一時間，過程驅動交易小組仍舊每年帶給摩根史坦利上億美元。二十一世紀初，過程驅動交易小組成功到已成為摩根史坦利龐大的股票部門中規模最大的自營交易部門，組內交易員受到溫室花朵般的呵護，平時不必穿投資銀行的標準裝束——訂製西裝、光可鑒人的義大利皮鞋、價值連城的金錶。在摩根史坦利，傳統銀行家開始和穿著T恤衫、牛仔褲和運動鞋的邋遢怪小子共用電梯。

每當有人問起：「你們是什麼人啊？」

過程驅動交易小組的成員總是答得曖昧不明：「我們走技術派，玩的是電腦，當的是寬客。你們懂的。」

「算了。」銀行家一邊說著一邊調整一下自己的愛馬仕領帶，很少有人想到眼前的邋遢小子去年的獎金是自己的十倍之多。

穆勒的團隊儘管戰績顯赫，但極注重保密，甚至摩根史坦利自己的員工都沒幾個人知道他們的存在。穆勒對此十分滿意，他最害怕的事情莫過於過程驅動交易小組的絕技被外人偷師。

二十世紀九〇年代末，過程驅動交易小組的事業蒸蒸日上，穆勒的私生活卻開始混亂起來。厄瑟爾為穆勒介紹了《城市考古》雜誌（Urban Archaeology）圖片編輯凱蒂，她外型亮麗，有著深色頭髮，兩人一見鐘情。凱蒂擅於迅速融入約會對象的生活中，穆勒則非常享受被關注的感覺。穆勒的翠貝卡公寓和韋斯特波特海濱別墅全靠凱蒂幫助裝修。

但穆勒總是顯得心有旁騖，經常連續幾天下班後就找不到蹤影，對兩人的關係似乎也不怎麼用心。過程驅動交易小組成果越豐沛，期待利潤長長久久的高層壓力便越大，穆勒肩上的擔子很重。出乎意料，凱蒂突然跟著一個剛離婚的人跑了，這個人跟他們倆都是朋友；更糟糕的是，兩人就住在穆勒的韋斯特波特別墅裡。穆勒深感受傷，同事們發現他經常在辦公室落淚。穆勒聲稱是自己主動結束這段關係，但看起來他無法接受被甩的事實。這是一場控制與反控制的遊戲，輸家是穆勒。

穆勒借助音樂來減輕痛苦，在心情的指引下，他寫出了幾支傷心情歌，在以粗魯無禮著稱的摩根史坦利廣為傳播。其他部門的交易員們背著穆勒對這些曲子不留情地大肆嘲笑，令過程驅動交易小組的同事們感到顏面盡失。

二十世紀九〇年代末，穆勒赴巴賽隆納出席一個衍生性商品會議，與會者都是像長期資本管理公司的麥倫・休斯這樣的巨星級人物。發言完畢後，穆勒抓起自己五磅重的電子琴，叫車直奔蘭布拉大街（La Rambla），那裡是地中海邊人聲鼎沸的步行街遊樂園。他在人群中間擺開電子琴，開始自彈自唱，這是他第一次在公眾面前唱歌。

而這只是熱身，他的下一站是：紐約地鐵。

巴賽隆納之旅後不久，穆勒打包他的電子琴，走出了翠貝卡公寓。他很緊張，雖然已有過一次經歷，但在大庭廣眾之下唱歌仍然令他很不自在。他試著克制顫抖。他背著電子琴，來到附近的地鐵站，快步進入地下月臺，投票穿過旋轉閘門。

地鐵乾燥的空氣中帶著一絲異味。月臺上，來往的乘客們有的看書，有的讀報，有的焦急地看著手錶。穆勒深吸一口氣，把琴盒往地上一扔、打開鎖扣，俐落地搭好電子琴。然後他打開開關，一邊試著音，一邊緊張得冒汗，但沒人在意他的一舉一動。地鐵藝人在紐約是稀鬆平常的事，是這個城市快節奏生活的小插曲。這正是穆勒所盤算的。

他閉上眼睛，彈起了他最喜歡的曲子之一，哈利・查平（Harry Chapin）的〈搖籃裡的貓〉（Cat's in the Cradle）。**前幾天，我的孩子來到了世上，他平凡地誕生在這個世上……**

有旁觀者向他身邊的琴盒裡投了幾枚硬幣，絲毫不知這位歌手乃是這個世界上最強大的銀行中最炙手可熱的交易員。

穆勒從來沒有坐過地鐵，不知道他有許多同事每天搭乘地鐵上下班。一天晚上，一位路過的摩根史坦利同事瞥見穆勒在擺弄電子琴，忍不住想探個究竟。

「穆勒，你在這裡做什麼？」他震驚地上下打量著穆勒，略為平靜之後又說道：「我猜你已經夠成功了，你要過得隨心所欲也不打緊。」

但他沒有向穆勒的琴盒裡投錢。

所有人都認為穆勒瘋了。這位透過高深數學控制著市場混亂資料流並從中挖掘億萬財富的男人，徹底失去了對自己生活的控制。不過，雖然讓人驚訝，這沒什麼大不了的。穆勒的團隊仍在日進斗金，這才是關鍵。穆勒要瘋狂，隨他去吧。

似乎越是成功，穆勒的壓力就越大。他寧願做一位無憂無慮的加州陽光男孩，收集水晶、唱喜歡的歌、愛喜歡的人、研究複雜的算法，而不願當冷酷無情、自私自利的銀行家。他開始整週整月地曠工，然後在某一天突然出現，把過程驅動交易小組一段時間以來的操作批得體無完膚，接著又消失得無影無蹤。一位過程驅動交易小組的交易員稱之為海鷗式管理：凌空飛降，屎彈狂襲，又呼嘯而去。

二〇〇〇年前後，沙基爾·艾哈邁德開始接管過程驅動交易小組的管理重任。穆勒成了一位受薪顧問，但仍是摩根史坦利的合夥人。他周遊世界，在各種新奇地方留下足跡：不丹、紐西蘭、夏威夷。他混跡於格林威治亂糟糟的咖啡館裡，還在小酒館演唱。過程驅動交易小組的舊同事們有時也去那裡看他表演，心裡直納悶：他到底是怎麼了？

但穆勒從未與寬客界脫節，經常在業界大會上發言。二〇〇二年五月，他出席了尼爾．克里斯的婚禮。克里斯原先是高盛的寬客，現在經營著一家名叫艾柯（Icor）的網上交易經紀公司，同時在紐約大學教授金融學課程。克里斯是寬客界德高望重的數學大師，擁有芝加哥大學和哈佛大學學位。他的夫人名叫娜塔莎．赫倫（Natasha Herron），是個金髮碧眼、身材高眺的美女，即將獲得康乃爾大學心理學醫學學位。婚禮在波克夏郡（Berkshire）山腳下古老高貴的特勞特貝克山莊（Troutbeck）舉行，作家海明威（Ernest Hemingway）和美國總統泰迪．羅斯福（Teddy Roosevelt）都曾是那裡的座上賓。

在招待晚宴上，克里斯的寬客朋友們濟濟一堂：AQR資本管理公司的約翰．劉，克里斯在芝加哥大學的老相識；穆勒，紐約大學的演講常客；還有納西姆．塔雷伯（Nassim Taleb），紐約大學教授兼避險基金經理。塔雷伯最近出版了一本新書《隨機騙局》，在書中，他聲稱幾乎所有的成功投資都是運氣而已。

塔雷伯身材矮小結實，鬍鬚花白，對寬客及其精美的模型不屑一顧，豐富的生活閱歷告訴他，人類活動沒有什麼一成不變的東西。塔雷伯於一九六〇年出生於黎巴嫩貝魯特北部的東正教聚居區。七〇年代中期，他第一次見識了極端隨機事件——長達十五年的黎巴嫩內戰爆發。為了躲避戰火，他離開黎巴嫩，進入巴黎大學學習數學和經濟學。後來，塔雷伯移居美國，在華頓商學院獲得MBA學位。

二十八歲那年，塔雷伯加入投資銀行第一波士頓（First Boston），開始在紐約公園大道的辦公室上班。

他囤積了巨大的歐洲美元期貨價外合約部位（歐洲美元是指美國之外的美元，是世界上規模最大、流動性最好的金融市場之一）。一九八七年十月十九日，在黑色星期一的襲擊下，股市崩盤了。恐慌的投資者紛紛湧入流動性最好的市場，包括塔雷伯的歐洲美元市場。他的部位爆漲，一日之間就給他帶來大約四千萬美元的利潤，但這筆意外橫財與他投資歐洲美元的原因一點關係都沒有，他只不過是交上了好運氣，對這一點他心知肚明。

在接下來的十年中，塔雷伯早已變得比自己能夠想像的富有得多。他開始走馬燈似地換工作，在巴黎第九大學讀了一個博士，寫了一本期權交易教科書，還在芝加哥商業交易所當過場內交易員。一九九九年，他開始在紐約大學教授研究生課程，同時發佈了致力於經驗知識的避險基金安皮里卡資本公司（Empirica）。

在克里斯結婚時，塔雷伯早已成為寬客眼中的不速之客。他不斷質疑寬客戰勝市場的能力，對真諦不屑一顧，斷然不相信真諦可以被量化。

部分出於黑色星期一的經驗，塔雷伯相信市場傾向於發生比量化模型所能預測到的極端情況更糟糕的運動。身為紐約大學的金融工程教授，塔雷伯很關注研究極端運動模型的進展情況。其中，「跳躍擴散」（jump diffusion）模型允許價格發生突然的跳動，「廣義自回歸條件異方差模型」（generalized autoregressive conditional heteroscedasticity model; GARCH model）認為價格變動不同於拋硬幣，而是會受到最近變動的影響，並允許發生可能導致肥尾突發跳動的回饋過程；當然還有其他各種各樣的模型。塔雷伯指出，**極端事件所造成的市場波動程度之猛、幅度之深，任何量化模型都無法捕獲**——即使是那些嵌入了曼德博的萊維肥尾過程因素的模型也做不到。

在克里斯的婚禮招待晚宴上，寬客們一開始還能保持一團和氣，但說著說著，塔雷伯開始激動起來。他提高嗓門，還拍起桌子。「這絕無可能！」他朝著穆勒吼道。「你會付出代價的，我發誓！」

「我看未必。」一向淡定從容的穆勒開始冒汗，臉漲得通紅。「我們已經證明我們可以連續戰勝市場。」

「天下沒有白吃的午餐。」塔雷伯指著穆勒的臉，帶著濃重的地中海東部口音大聲說道。「一萬人同時擲硬幣，十次以後必然有人次次扔出正面。人們會把這些人稱為天才，認為他們在擲硬幣方面天賦異稟，有些蠢貨還會把真金白銀交給他們打理。這就是發生在長期資本管理公司身上的事情。顯然，長期資本管理公司對風險管理一點兒都不懂，他們純粹是江湖騙子！」

穆勒認為自己被侮辱了。拿他跟長期資本管理公司相比？別開玩笑了，過程驅動交易絕不會倒閉。塔雷伯不知道他自己在說什麼。

從頭到尾，穆勒並沒有把塔雷伯放在心上。他知道自己擁有阿爾法，他知道什麼是真諦，至少能夠掌握很大一部分。但他並不喜歡每日交易。賺錢是沒有止境的，而人生苦短，得及時行樂。何況，他早已證明自己大可以賺錢、享樂兩不誤。現在，他對音樂和撲克越來越認真了。

二〇〇四年，穆勒參加了世界撲克巡迴賽，贏得了九萬八千美元獎金。黃金獵犬是他的幸運符，穆勒上牌桌廝殺時也不忘帶著牠搖尾助威。二〇〇六年，他在決勝局擊敗艾斯尼斯，贏得華爾街撲克之夜的冠軍，雖然沒有獎金，但有了在寬客牌友間炫耀的資本。

穆勒、魏因斯坦、艾斯尼斯以及其他一些頂級寬客和避險基金經理，每個月都要聚幾次，去紐約豪華酒店玩私人牌局。入場額據說是一萬美元，實際上彩金遠不止這個數。錢對他們這些人來說不是重點，重要的是輸贏，誰對加注蓋牌把握得最好、誰最擅長虛張聲勢，才是他們所看重的。

艾斯尼斯喜歡玩牌，但憎恨這個牌局。他遏制不住跟牌的欲望，無法執行玩牌的成功策略：在持續小賠時還能忍耐住。他太好鬥、太激進。他並非不知道獲勝的唯一方法是不怕蓋牌，直到勝算向他傾斜、拿到一手好牌時才出手。但他好像總是拿不到好牌。

穆勒在這方面就能把握得很好，他知道什麼時候該蓋牌，什麼時候該加注，什麼時候該全壓。他從來不會失去冷靜，即使在屢戰屢敗之際也是如此。他十分清楚，重振雄風只是時間問題。這個寬客間的牌局經常持續到深夜，有時甚至激戰到黎明。

二〇〇六年，穆勒帶著過程驅動交易小組的全體同仁乘私人飛機去美國西部的豪華滑雪場滑雪。他全額埋單。不過，這將是後續幾年他們少數能夠成行的活動之一了。在華爾街醞釀的信貸危機，使得這類歡欣鼓舞的小旅行日益罕見，但未來的事未來再擔心吧。

與此期間，穆勒又浮躁起來。沒完沒了地出入撲克場，在夏威夷的秘境步道健行，去秘魯漂流，乘私人飛機前往加勒比海灘，跟名模約會……生活很美好，但也少了點東西：交易、眨眼間攫取百萬美元、目睹盈虧數字如火箭般竄升。他得承認，他開始想念那些事了。

穆勒決定重新收拾舊山河。他又有了固定的女友，開始考慮安定下來。此外，過程驅動交易小組的回報也不像過去那樣強勁。二〇〇六年，由於量化策略領域的模仿者大量湧入，發掘隱藏的賺錢機會越來越困難，過程驅動交易小組的收益率再次降到了一〇%以下。摩根史坦利高層對此很不滿意，穆勒表示他可以改進。

於是，過程驅動交易小組內部出現了權力鬥爭。在過去七年中，執掌過程驅動交易小組的一直是沙基爾．艾哈邁德，如今摩根史坦利要求他把大權還給穆勒。艾哈邁德怒不可遏，一走了之，不久就出任花旗集團電子交易部首席量化策略師。在花旗原執行長查克．普林斯（Chuck Prince）因巨額次貸損失慘澹下臺後，由維克拉姆．潘偉迪接任；潘迪特是艾哈邁德的前上司，很快就把艾哈邁德——傳說中過程驅動交易小組的背後功臣之一——招致麾下。

回到摩根史坦利之後，穆勒再次入主自己的交易團隊。他雄心勃勃，意欲擴張交易規模以刺激利潤增長，計畫之一便是採用更高的槓桿。過程驅動交易小組有一個量化基本面投資組合，它能夠承受較高的風險。這個投資組合由長期部位組成，建倉決策依據的是股票的價值、動量（這是ＡＱＲ的拿手好戲）及其他判斷股票漲跌的衡量標準。持倉時間通常長達幾週到幾個月，與大富翁系統總是在一日之內快進快出的風格大相徑庭。

一位前過程驅動交易小組成員說：「他們越來越倚重量化基本面組合，過程驅動交易小組變得越來越像ＡＱＲ。」據熟悉相關部位的交易員透露，該組合的規模從二十億增長到超過五十億。

聽說穆勒重出江湖，使用相似策略的肯．格里芬不怎麼高興。有人聽到格里芬打電話給穆勒，說了「我對你的歸來非常遺憾」之類的句子，算是典型格里芬會講的毀譽參半譏誚話。穆勒把它當成奉承來聽。他已迫不及待再度大顯身手，準備賺大錢了。

他沒有多少時間自得其樂。在回歸僅幾個月後，他就要面臨職業生涯中最嚴峻的考驗——幾乎摧毀過程驅動交易小組的滅頂之災。

克里夫・艾斯尼斯

一九九八年十一月十三日，一家名叫 Theglobe.com 的名不見經傳公司在納斯達克上市，發行價九美元。這是一家網路社交公司，創始人對上市充滿了期望。

這樁首次公開募股受歡迎的程度，遠遠超出了預期和常識，股價就像瘋了一樣狂奔，上市當天一度漲到九十七美元。在那一刻，這家由康乃爾大學學生史蒂芬・帕特諾（Stephan Paternot）和陶德・克里澤曼（Todd Krizelman）創建的公司，成為史上最成功的首次公開募股（儘管這個榮耀僅維持短暫時間）。

幾天前，地球網路公司（EarthWeb Inc.）大概是受到了萬有引力的影響，上市首日股價「僅」翻了三倍。投資者對該公司的股票趨之若鶩，完全無視招股說明書上的警告：「本公司預計在可預見的未來中都將持續虧損。」

在網路股的首次公開募股盛宴開始幾個月前，長期資本管理公司轟然倒塌，葛林斯潘和美國聯準會果斷出手、組織救援。葛林斯潘還大舉降低利率、注入巨量流動性，以修補長期資本管理公司破產給金融體系造成的傷害。借流動性氾濫的東風，網路產業的星星之火遂成燎原之勢，以科技股為主的納斯達克指數，不久便站上了歷史新高，而且天天上漲。

這一系列不可思議的事件造就了一大批網路新貴富翁，對ＡＱＲ來說卻不啻一場災難。這家位於曼哈頓中城第三大道的避險基金，採取的策略是投資低市淨率的廉價股，同時賣空模型顯示的價格過高的股票。但在一九九九年，沒有比這更悲劇的策略了。高價股是那些只有概念、沒有盈利的新晉網路公司，股價卻在瘋狂上漲；廉價股是乏味的金融公司（如美國銀行）、穩定的汽車公司（如福特和通用），股價卻原地踏步，被押注新經濟的狂熱追尋者拋棄。

ＡＱＲ的前高盛金牌交易員遭受了無情的打擊。成立的前二十個月，虧損高達三五％。一九九九年八月。在內憂外患之間，艾斯尼斯與蘿芮．弗雷澤（Laurel Fraser）成婚，兩人相識於高盛，新娘是債券部門的行政助理。當時ＡＱＲ的資產不斷縮水，艾斯尼斯常常向妻子倒苦水：**這些傢伙到底是怎麼回事？他們蠢到爆，把我害慘了。**

艾斯尼斯對自己的策略堅信不疑，因為人們總是在價值和動量上犯錯。他們終究會有所覺悟，市場終究會恢復均衡，真諦終究會撥亂反正。而大眾犯錯和醒悟之間存在時間差，他的利潤就來自那裡。

可是，眼下大眾之愚蠢、之頑固，遠遠超出他的想像。

「我想你能賺錢是因為人們犯了錯誤。」妻子替他尋找原因。「但如果他們錯得太離譜，你的策略就不靈了。只有金髮女孩故事（Goldilocks）裡那種恰恰好的非理性才最合你意。」

艾斯尼斯意識到，妻子是對的。他被在芝加哥大學所受的有效市場教育蒙蔽了雙眼，對人性狂野的一面視而不見。這是一個他在將來會牢記的教訓：**人們的非理性程度可能遠遠超過他的想像**，而他應該對此有所準備。當然，你不可能對一切非理性行為都有所準備，最後擊倒你的必定是你沒有發現的。

二〇〇〇年上半年，AQR風雨飄搖，要是無法幾個月之內扭轉乾坤，AQR就得關門大吉。公司已經損失了十億美元起始資本中的六億，只有少數忠心耿耿的投資者還在堅持。對於高盛的寬客精英來說，這真是令人難堪的一幕。

令艾斯尼斯備感痛苦的是高盛的首次公開募股大獲成功，他輕易算出自己虧大了，從高盛跳槽使他失去了一次暴富的機會。他的避險基金搖搖欲墜，而毫無價值的網路股正在雞犬升天。這個世界太瘋狂！

他對此有何反應？像所有出色的學者一樣，他搖起筆桿當武器、寫文章。

艾斯尼斯旗幟鮮明地反對Theglobe.com之流所受到的瘋狂追捧。《泡沫邏輯，或如何停止憂慮並熱愛牛市》（Bubble Logic: Or, How to Learn to Stop Worrying and Love the Bull）就是這位寬客發出的吶喊。

二〇〇〇年六月，股市市盈率突破了四十四倍——五年之內翻了一番，達到長期平均水準的三倍。文章的標題借用了史丹利．庫柏力克（Stanley Kubrick）諷刺冷戰的黑色幽默影片《奇愛博士：我如何停止憂慮並熱愛炸彈》（Dr. Strangelove or: How I Learned to Stop Worrying and Love the Bomb），從中可看出艾斯尼斯對「泡沫邏輯」是多麼痛恨。夜深人靜的時候，他在洛克菲勒中心附近的AQR辦公室裡（不久以後，AQR搬到了格林威治）振筆疾書，痛斥這一可惡的邏輯。網路泡沫之於艾斯尼斯，正如核彈之於庫柏力克。在引論中，艾斯尼斯寫道：AQR「跌了一個大跤……文中若有出言不遜，還請見諒，同情一下這隻遍體鱗傷的大熊」。

《泡沫邏輯》以驚人的觀點開頭：當今的市場（二〇〇〇年）早已不同以往。當然，這正是網路股擁躉的觀點。經濟基礎發生變化，通脹維持在低水準，生產力在技術進步（筆電、手機和網際網路等）的帶動下突飛猛進。在這樣的環境下，股價較高理所當然，因為公司的利潤終將大漲。

接著，艾斯尼斯話鋒一轉。是的，這回的確有所不同，只不過是變得更壞。歷史表明，股票永遠是最佳的長期投資工具。艾斯尼斯引用了一系列資料，證明自一九二六年以來的任何一個二十年期限中，股票都戰勝了通貨膨脹。股票戰勝了債券、戰勝了現金，因此投資者應該永遠投資股票，不是嗎？

錯！股票之所以總是要比其他投資方式表現更好，「不是因為股票擁有某種魔法，而是因為假以時日，我們總能發現股價相當合理，甚至從收益和分紅的角度看，股價顯得相對較低」。艾斯尼斯寫道：「但是，這一情形已不再成立。」

做為樣本，艾斯尼斯考察了新經濟的寵兒、以製造網路路由器為主業的路思科系統公司（Cisco Systems）。他系統地證明，該公司的盈利前景無論如何都不能達到與其價值相匹配的程度，因此投資思科是不明智。然而，儘管這一點顯而易見，艾斯尼斯寫道：「思科在所有我見到的『必須擁有』的股票選購推薦名單上都赫然在列。多奇怪啊！」

在文章的結論中，這位情緒激動的避險基金經理提出了違背法瑪有效市場假說的觀點。根據有效市場假說，何時存在泡沫是不可知的，因為當前價格反映了所有公共資訊。只有在事後，當泡沫已經破滅以後（人們獲得新的資訊，認識到這些公司其實如此不堪，或者這些屋主的償付能力其實如此之低），才能認清價格過高的真相。不過，艾斯尼斯寫道，目前事實已經很清楚了，市場正處於泡沫之中。「除非標準普爾在未來二十年以遠高於過去一百二十五年中最佳年份的速度上漲，否則其回報前景將十分黯淡」。

在一九九九年年末至二〇〇〇年年初這樣的市場狂熱中，沒有人會相信艾斯尼斯筆下的慘澹結局。當然，艾斯尼斯始終是正確的。

《泡沫邏輯》從未公開發表，艾斯尼斯完成這篇文章的時間是二〇〇〇年年中，正是網路網泡沫慘烈爆炸之時。納斯達克綜合指數在二〇〇〇年三月突破了五千點，到了二〇〇二年十月，爆跌至一一一四點。

時間和現實將愚蠢擊得粉碎，ＡＱＲ也華麗復甦。隨著價值股重現生機，扛過風暴的投資者終於迎來收穫的季節。ＡＱＲ的旗艦基金「絕對回報基金」（Absolute Return Fund）在接下去的三年中，從低點反彈了一八〇%。

艾斯尼斯帶領ＡＱＲ咬牙堅持，挺過了網路泡沫最艱難的時期，儘管受盡折磨，卻打響了他們完全「市場中性」的招牌。當市場崩塌時，ＡＱＲ屹然挺立，而加碼網路股的避險基金紛紛折戟沈沙。

不過，其他量化基金，比如文藝復興科技公司、肖氏避險基金、過程驅動交易小組，都在網路泡沫中賺了得飽飽之後全身而退。他們的模型並沒有像ＡＱＲ那樣，在價值股受挫時遭遇重創。不僅如此，他們的交易策略均基於捕捉市場價格的極端短期變動，並在泡沫發展然後破滅的巨大波動中獲利。對這些所謂的「高頻基金」來說，損失也是可控的，因為它們可以通過閃電指令迅速斬倉。AQR的策略所關注的是數週甚至數月的價格變動，而不是一個下午，這意味著當AQR的模型出錯時，遭受的損失就會比較大。當然，只要不出錯，利潤也是極為豐厚的。

網路泡沫破裂是避險基金業的分水嶺。成熟的投資者開始轉向艾斯尼斯在《泡沫邏輯》中所寫的觀點——股價並非只有上漲一種走勢。極低的利率迫使養老基金和捐贈基金尋找新的投資工具，避險基金的資產管理額開始暴漲，從一九九七年的一千億美元一路上升到二〇〇七年年初的兩兆美元。

寬客在其中起到了關鍵作用。一切看起來都是那麼完美，量化模型運轉良好，描述市場行為的理論經受住考驗，看起來無比正確。他們掌握了真諦！電腦的速度和性能發展日新月異，金錢不斷湧入，從涓涓細流演變成滔天洪水，給寬客們帶來了無法想像的榮華富貴。二〇〇二年艾斯尼斯的個人財富為三千七百萬美元，隔年一下子提高到了五千萬美元。

有一種叫做利差交易的策略極大地刺激了AQR等量化基金的回報率。利差交易的根源是日本，為了擺脫令經濟一蹶不振的通縮迴圈，日本的利率很低，連一%都不到。日本的銀行帳戶每年的收益率通常只有〇．五%，而美國有五%，一些國家甚至超過一〇%。

這種機制意味著明智又具有靈敏金融嗅覺的公司，可以從日本借入日元，然後投資於利率較高的資產，比如債券、商品或其他貨幣。因為幾乎沒有成本，由此產生的額外現金可以用於進一步投資，比如商品和次級抵押貸款；如果加以適當的槓桿，你就可以在全球投機潮中盡情衝浪。

事實上，根據《經濟學人》的說法，在二〇〇七年年初，進入利差交易的資金已經達到一兆美元。艾斯尼斯的老東家高盛全球阿爾法基金對這一策略最為在行。

問題在於，所有進行利差交易的投資者（主要是避險基金，也包括一些銀行和共同基金），他們的交易方向都是相同的：他們借入日元，然後投資於澳元和紐西蘭元等高收益貨幣。交易員們認為「流動性漣漪」永遠不會消失，利差交易使股票、黃金、房地產以及原油價格不斷攀升。但是誰會在乎呢？交易是如此完美，利潤是如此令人難以置信。這已經近乎是市場的免費午餐了，沒有人會住手的。

隨著ＡＱＲ的發展，曼哈頓的辦公室不夠用了，裝滿文件的箱子和電腦設備到處都是，已經堆到了走道。合夥人也紛紛結婚成家，於是艾斯尼斯決定做出一些改變。他在格林威治看了幾處地方，最後決定搬往格林威治的雙子廣場（Two Greenwich Plaza），一座毗鄰火車站的低層辦公樓，讓公司裡那群二十來歲的寬客去紐約也不太麻煩。

二〇〇四年的一天，他在大都會北方鐵路上包下一個車廂，帶著ＡＱＲ全體成員考察新辦公地點。當年晚些時候，搬遷全部完成。艾斯尼斯出手非常闊綽，他花九百六十萬美元買下格林威治北街一棟一萬兩千五百平方英尺的豪宅。二〇〇五年，《紐約時報雜誌》將他的故事寫成了長篇報導，文章作者問艾斯尼斯，成為巨富感覺如何？艾斯尼斯引用了達德利．摩爾（Dudley Moore）在電影《二八佳人花公子》（Arthur）中的臺詞：「還不壞。」

艾斯尼斯的生活也隨著野心的膨脹而奢侈起來。ＡＱＲ買了不少奈傑特公司的股份，成為股東之一，這樣一來合夥人就能隨時享用私人飛機。艾斯尼斯覺得格林威治北街的家太小了，於是在格林威治上流社區科尼爾斯山莊（Conyers Farm）買下一片二十二英畝的物業，還雇了一隊建築師來AQR總部討論新公館的裝修計畫，據估計總花費達三千萬美元之多。

艾斯尼斯開始思考AQR的下一步大動作。城堡和黑石的首次公開募股當然沒有逃過艾斯尼斯的法眼，他的朋友肯．格里芬據說也在謀劃大本營的首次公開募股計畫。

AQR也不例外。二〇〇七年七月下旬，文件準備就緒，首次公開募股已箭在弦上。AQR所要做的，不過是把文件發給美國證券交易委員會，然後就可以坐等天降橫財——幾十億美元鉅款。

博阿茲．魏因斯坦

二〇〇五年的一天，博阿茲．魏因斯坦正在德意志銀行永不關機的固定收益交易部門閒晃。一位俄羅斯交易員聽說魏因斯坦擅長下西洋棋著稱，便趁著魏因斯坦走到他的終端機面前時說道：「我聽說你西洋棋下得不錯。」

「我也這麼認為。」魏因斯坦說。

「我也下西洋棋。」俄羅斯人笑道。「不如我們倆來下一盤。」

「好啊。」魏因斯坦不假思索地答應了。

也許是被魏因斯坦冷靜的態度嚇到了，俄羅斯交易員提出一項奇怪的要求：魏因斯坦必須下「盲棋」。

魏因斯坦當然知道盲棋是什麼意思——倒不是真的要蒙上眼睛，背對著棋盤就行了。魏因斯坦答應了這一要求。

股市收盤後，魏因斯坦和那位俄羅斯人（似乎沒有人記得起他的名字）在會議室碰頭。下棋的消息不脛而走，馬上開始有人圍觀。激戰漸酣，觀眾越聚越多，不久便圍滿了幾百人，魏因斯坦和俄羅斯人每走一步都會引起一陣歡呼。觀眾開始下注，賭誰最後能贏。棋局進行了兩小時，最後以魏因斯坦的勝利告終。

這是魏因斯坦春風得意的日子。職場上，利潤滾滾；情場上，美人在懷。成功？他才剛開始呢！在德意志銀行，魏因斯坦已經混出了名堂，他開始考慮效仿克里夫．艾斯尼斯：脫離母艦，自力更生。

他在德意志銀行所創建的信用交易部已經成為華爾街的精英機構，頂級投資者都會打電話給魏因斯坦，想從他嘴裡套點信用違約交換、債券、股票和其他東西的交易動向。他的團隊已經成為名副其實的德意志銀行內部的多策略避險基金，想像得到的證券他們全都交易，部位總規模已經超過兩百億美元。

魏因斯坦贏得了多才多藝的名聲，簡直就是華爾街的文藝復興時代全才。他的自營交易團隊已成為華爾街一支不可忽視的力量，與過程驅動交易小組一樣，他們也玩起了智力測試，彼此出題取樂，只有最頂尖的寬客才想得出解法。

比如，有一項遊戲叫做「地圖測試」：網頁上顯示著美國的五十個州，這些州都沒有標上名稱，州名被排成一列一列，顯示在地圖下方。這個遊戲的任務是在規定時間內把州名拖放到相應的州上，依玩家完成時間的長短計分。為了搞點刺激，魏因斯坦等老手時常對菜鳥能得多少分打賭。

「瞧他的小腦袋。」每次新人激動地拖動州名時，準有老交易員在一旁起鬨。「我賭一百美元，他不知道懷俄明州在哪裡。」

「我跟注！」

魏因斯坦屢次考慮整頓團隊，壓一壓內部的書獃子宅氣。他經常聲稱自己並非真正的寬客，傾向於淡化交易手法的複雜程度。他在電子郵件中經常譏諷地寫「這可不是尖端手術」，故意誇大坊間的認知，將寬客比喻成使用複雜的衍生性商品來進行精密手術的尖端學者。

寬客太小心翼翼、太關注風險，忽略了對市場的感覺。沒有風險就沒有收益，但積極的作為能夠把持住風險。布萊恩．亨特就是魏因斯坦口中常提到的榜樣。他當時在德意志銀行能源交易部門工作，後來跳槽到不凋花。二十一世紀初，亨特的天然氣交易一度為德意志銀行帶來數百萬美元的回報，但在二〇〇三年，他一週就虧掉了五千一百萬美元。亨特把這歸咎於德意志銀行的軟體，而德意志銀行認定責任在亨特，雙方不歡而散。

有人擔憂魏因斯坦管得太寬了，因為他還協助管理著德意志銀行的美國「流量」交易部。這個部門的主要職責是為客戶（多數是避險基金和太平洋投資管理公司這樣的債券巨頭）撮合交易。這一職位實際上使魏因斯坦超越了所謂的「中國牆」界限——[7]他既是德意志銀行交易部門的負責人，同時也在從事直接的客戶服務工作，不過魏因斯坦從未受到過濫用職權的指控。德意志銀行如此放縱他顯示出他們正使出渾身解數留住魏因斯坦，以便繼續從他身上攫取數十億美元利潤。白熱化的利潤爭奪戰已使這家曾經淡定從容的銀行轉型為避險基金巨艦，而槓桿、衍生品以及敢於險中求富貴的年輕交易員就是巨艦的燃料。魏因斯坦是轉型的關鍵人物。

他沒有讓德意志銀行失望。魏因斯坦和他的自營交易部如同一部開足馬力的印鈔機，二〇〇六年實現盈利九億美元，魏因斯坦自己也獲得了三千萬美元獎金。

魏因斯坦的主要精力集中在自營交易部門，這使他的流量交易部下屬頗為不滿，覺得自己被忽視。二〇〇五年，他招來高盛明星交易員德瑞克．史密斯（Derek Smith）擔任流量交易部主管，此舉引起極大不滿，不少人都覺得自己應該獲得這個位子。魏因斯坦開始在德意志銀行內部樹敵了。

「為什麼要搞空降？」他們抱怨道。

魏因斯坦的經濟動力主要來自自營交易部。他在流量交易部的職位獎金要看高層心情而定，但自營交易部的獎金是從利潤抽成。他如此目光短淺自有其原因：他的如意算盤是五年內建立自己的避險基金。

二〇〇七年年初，他將自營交易團隊命名為「薩巴」，希伯來語中「聰明的祖父」之意。薩巴有大約六十名員工，分別在紐約、倫敦和香港工作。薩巴使魏因斯坦的團隊在華爾街上大名永垂，一脫離德意志銀行就能為人所熟知。薩巴的名氣越來越大，操持豐沛資金，很快就成為一支令人畏懼的力量，與大本營、高盛等債券交易巨頭幾乎能夠平起平坐。

成功令魏因斯坦陶醉不已。他一擲萬金，每年夏天都在漢普頓（Hamptons）租用不同棟海濱別墅。他也沒有荒廢自己的賭技，經常出入名人高賭注牌局，影星麥特．戴蒙（Matt Damon）是他的牌友之一。

他也繼續和紐約的寬客同行對賭。賭什麼？自然是撲克！

在牌局上，魏因斯坦出手乾脆，嘴裡總是喋喋不休。牌房裡絕對禁煙，因為彼得．穆勒有點健康強迫症，當年差點為了廁所裡有煙頭而拒絕ＢＡＲＲＡ的工作，他自然無法容忍玩牌時有人吸煙。

穆勒的規矩對寬客來說不是問題，克里夫．艾斯尼斯和魏因斯坦都不抽煙。但是，有時也會有老煙槍職業玩家與他們同場競技，這時只能委屈對方在禁煙的牌房裡忍受一夜煎熬。

在二〇〇六年年末的那個夜晚，寬客之間進行了直接對話。魏因斯坦在牌桌上大講「相關性」（correlation），向牌友們解釋這個信用交易的常用術語。

「其中的假設相當離譜。」他一邊說，一邊把牌放在桌上。「相關性太荒唐了。」

這個話題全是因為房價暴漲而起。房地產市場已經繁榮了好幾年了，南加州和佛羅里達等明顯過熱的地方已經露出疲態。從美國全國來說，房價已經比五年前翻了一倍，極大地帶動了整個經濟，但也吹大了不可持續的泡沫。越來越多投資者，包括魏因斯坦在內，認為距離泡沫破裂的日子已經不遠了。

魏因斯坦對華爾街泡沫的終結有著獨特的看法。德意志銀行的抵押貸款業務規模巨大，其中不少是次級貸款。二〇〇六年，德意志銀行收購了抵押貸款商查普爾金融公司（Chapel Funding），並與西班牙裔抵押貸款協會（Hispanic National Mortgage Association）合作，為西裔民眾提供抵押貸款服務。

德意志銀行還是「證券化」市場的主要參與者之一，從貸款商處買入抵押貸款，然後打包成證券並分割成不同的級別，賣給全世界的投資者。各大銀行紛紛開展證券化業務是為了分散風險，這就好比是吐司上的果醬，將所有的果醬塗在吐司的一小部分上只能享受一口，而各大銀行將果醬（即風險）均勻地攤滿整片吐司，使得整片吐司都變得十分可口，而且透過寬客的多元化魔法（將果醬塗上多片吐司），每處的風險都降低了。

如果投資者買入了一份價值二十五萬美元的次級抵押貸款，他就必須承擔該貸款違約的所有風險。發生這種情況的可能性相當高，因為次級抵押貸款人通常是信用最差的群體。但是，如果把一千份、每份價值二十五萬美元的次貸集中起來，包裝成一份總價值二．五億美元的證券，再將其分割為數百份，那麼其中任何一份貸款違約所帶來的損失就變得微不足道，因為其數額只佔整個證券總量的九牛之一毛。

這些證券中的一部分，通常位於食物鏈的底端，被打包成一種更為神秘、叫做擔保債權憑證（Collateralized Debt Obligation; CDO）的東西。這樣做是因為其中某些抵押貸款的違約可能性比其他的要大。顯然，違約可能性更大的部分，風險自然更大，不過潛在收益也更高。二〇〇四到二〇〇七年，數十億美元的次級房貸被包裝成擔保債權憑證，該類憑證又被分割成不同的「份額」（tranches），當中既有高品質、能夠獲得評級機構AAA級評價的份額，也有低品質的份額，甚至有品質低到無法給予評級的份額。

奇怪的是，信用級別的高低並不由基礎貸款的品質決定。AAA級的份額與最低等的份額所包含的貸款，可能品質與價值完全相同。信用級別的評定依據的是貸款的償付順序，AAA級持有人最先得到償付，若借款人違約，那麼最先遭受損失的就是最低級份額持有者。只有當大量借款人同時違約，高級別份額的持有者才有可能遭受損失。

神秘的擔保債權憑證分割術的難點，在於如何給份額定價。在二〇〇〇年左右，寬客們找到了答案：相關性。只要能知道同一證券中某些份額的價格，寬客就能推算出所有其他份額的「正確」價格，只需要計算一下它們之間的相關性就行了。舉例來說，假設品質最低的份額的違約率是五％，寬客就能據此在電腦上推算出其上一個級別的份額會受到多大衝擊，並依此類推，最終就能算出AAA級會受多大影響。

當然，這其中的假設是，劣等份額與AAA級份額的原始借款人的違約率是完全不同的。換句話說，它們之間的相關性非常低，幾乎為零。

魏因斯坦和德意志銀行的其他一些交易員（以及許多明智的避險基金）指出，不同模型中的相關性往往相差很大。當他們檢查擔保債權憑證的基礎貸款時，發現許多貸款很不牢靠，且彼此之間性質非常相近，只要其中之一變成壞賬，整個擔保債權憑證都會受到牽連。大量的低品質貸款被包裝成擔保債權憑證，導致即使持有的是最高評級的份額，也照樣逃不過損失。換句話說，相關性其實相當高，但大多數買賣擔保債權憑證份額的人認為相關性非常低。

對魏因斯坦而言，這也可以成為獲利機會。具體的操作手法十分複雜，但可以概括為以魏因斯坦最慣用的手法：以信用違約交換來「賣空」擔保債權憑證。透過買入一份交換合約或一組交換合約包，魏因斯坦可以有效地為基礎抵押貸款上保險。如果這些貸款變成壞賬（魏因斯坦就是這麼認為的），保險就能獲得賠付。

簡言之，魏因斯坦下注市場低估了次貸市場的毒性。

令魏因斯坦尤為高興的是，大多數交易員對房地產市場趨之若鶩。市場源源不斷地生產大量擔保債權憑證，使賣空成本非常低廉。魏因斯坦認為這是不可能輸的買賣：一旦賭贏，收益巨大；即使賭錯，損失也不過是付出一小筆保險費。

「我們在德意志銀行就做這樣的買賣。」魏因斯坦雙眼緊緊地盯著手裡的牌說道。

艾斯尼斯和穆勒點了點頭，這是典型的寬客暗語。一位交易員向同行描述自己英明神武的新發現，而聽者對此了無興趣。此刻，玩牌才是正事，他們眼裡只有賭桌中央堆積如山的籌碼。

魏因斯坦看著自己的牌，做了個鬼臉。一手爛牌，蓋牌了事。

「加碼一千。」艾斯尼斯邊說邊扔出一堆籌碼。

穆勒看了艾斯尼斯一眼，只見對方坐回椅子裡，不自然地笑著，臉開始變紅。**可憐的克里夫，虛張聲勢的功夫太小兒科了，玩撲克這樣可不行。**

「跟。」穆勒又贏了一把，艾斯尼斯一臉無奈。穆勒的手氣太旺了，只見他哈哈一笑，把籌碼攬到自己面前，那裡已經堆得像小山一樣高了。

譯注

1 古拉格（gulag）是前蘇聯內務部懲戒營的縮寫。勒布在這裡把大本營比做集中營。

2 鍍金年代（Glide Age）一詞源於馬克・吐溫的同名小說，指美國十九世紀六〇年代至九〇年代工業、交通、通訊飛速發展的時代。經過鍍金年代的大發展，美國取代英國，成為世界第一經濟大國。在這個時代，法律和政府結構跟不上經濟、生活和社會的發展，一大批白手起家的投機客如洛克菲勒、卡內基、摩根之流大鑽漏洞，積累億萬家產，成為工業和金融巨頭。這些人被稱為「強盜男爵」（robber-baron）。

3 範德比爾特（Vanderbilt）是十九世紀的美國鐵路大亨，其積累的財富達當時美國GDP的一%以上。

4 科林・鮑威爾（Colin Powell）是小布希總統第一任期的國務卿。芭芭拉・華特斯（Barbara Walters）是美國極受歡迎的電視主播。

5 佩蒂・拉貝爾（Patti LaBelle）是美國著名靈魂歌手。阿比西尼亞浸信會教堂（Abyssinian Baptist Church）是紐約市最老牌、最著名的教堂之一，也是旅遊景點。

6 巴瑞・曼尼洛（Barry Manilow）和布魯斯・霍恩斯比（Bruce Hornsby）都是活躍於二十世紀七〇年代的著名歌手。

7 中國牆是指投資銀行部與銷售部或交易人員之間的隔離，以防敏感資訊外洩，從而構成內線交易。

9 「上帝保佑，未來會更好」

博阿茲・魏因斯坦並不是唯一在二〇〇七年就擔憂擔保債權憑證市場健康度的人。亞倫・布朗，二十世紀八〇年代在「說謊者的撲克牌」遊戲中大獲全勝的寬客，幾乎自擔保債權憑證誕生的那一天起就開始涉足這種金融工具。由於職位之便，他始終站在擔保債權憑證演化和病態增長的前沿。多年來，他目睹了該產業日新月異的變化，對擔保債權憑證如何日漸脫離實際感同身受。二〇〇七年，布朗在摩根史坦利擔任風險經理，對摩根史坦利在次貸市場泥足深陷感到十分擔憂，決心準備溜之大吉。

他已經和一家正為首次公開募股招兵買馬的避險基金有了初步接觸，這家避險基金就是ＡＱＲ，克里夫・艾斯尼斯正在尋找經驗豐富的風險經理來處理應對國際風險監管規則等棘手問題。布朗喜歡這個想法，他從未在避險基金工作過，因而頗為嚮往。二〇〇七年六月，他成了ＡＱＲ的風險長。

布朗發現，聲名顯赫的ＡＱＲ與自己所見略同。但他沒有發現，ＡＱＲ像摩根史坦利一樣，正坐在巨大的次貸火山口上，而這座火山將在未來數月內華麗爆發。

布朗來自西雅圖，從小就對數字著迷，棒球記分表、氣候變化圖表、股市資料頁都是他的最愛。這些數字背後的意義：再見全壘打、颶風襲擊後的一片狼藉、吞併競爭對手，布朗毫不關心。吸引布朗注意力的是一行行的數字，他覺得這些數字背後一定包含著神秘的知識。對數學的熱愛把他引向一本書，一本對他一生影響最大的書——《擊敗莊家》，愛德華．索普的著作。

布朗對這本書如癡如醉，著迷於居然可以運用數學在二十一點那樣的賭局中賺錢。一掌握索普的算牌術，布朗馬上直奔賭桌。十四歲的時候，他已經成了西雅圖地下賭場的常客。西雅圖是個港口城市，來自世界各地的水手在此落腳，稍做休整後繼續航程，其中不乏見多識廣的賭場老手。論豪氣，布朗比不上他們，但他們的數學或賭博直覺也比不上布朗。他很快意識到自己長於此道：不僅擅長計算每手牌的勝算，而且能從對手的表情中讀出破綻，只要一瞥，他就能發現誰在虛張聲勢。

一九七四年，布朗以優等生身份從高中畢業，在大學入學考試中獲得高分，進入哈佛大學，投在哈里森．懷特（Harrison White）門下。懷特是位使用量化模型研究社會網路的社會學家，也是哈佛大學活躍的撲克圈成員（喬治．布希也是撲克圈的一員，是哈佛商學院撲克社團成員）。哈佛有的是紈綺子弟，這些人在牌桌上簡直是拼命送錢給布朗。布朗一一笑納，不亦樂乎，但他覺得哈佛大學撲克圈賭注太小，水準也欠佳，便想方設法參加了比爾．蓋茲在哈佛大學卡瑞爾樓（Currier House）舉辦的撲克大賽，卻發現那場比賽既古板又局促，一群緊張得要死的宅男偏要試著裝酷。

一九七八年，布朗大學畢業，在北維吉尼亞的美國管理系統諮詢公司（American Management Systems）謀到一份工作。然而比職位更吸引他的是華盛頓特區的撲克圈，和脾氣古怪的美國國會議員一起玩牌對布朗來說根本不是問題。有一次，他聽說有個派對要進行熱鬧的密室牌局，他便潛入會場，看到幾個秘書模樣的漂亮女人圍著一位穿合身T恤的敦實男人。這個人是德州眾議員查理．威爾遜（Charlie Wilson），即日後暢銷書和同名電影《蓋世奇才》（Charlie Wilson's War）的男主角原型。布朗喜歡威爾遜，覺得這傢伙挺有趣，更重要的是威爾遜喜歡玩牌，而且牌技不賴。

布朗對自己的工作不是很滿意，於是便想回到學術圈去。一九八〇年，他進入芝加哥大學攻讀經濟學研究生。在那裡，他迷上了神秘的股票期權世界。研讀過索普的《戰勝市場》，他很快就掌握了書中股票權證和可轉換債券的定價方法，開始做期權交易並大獲成功，甚至有了退學專職交易的打算。不過，他最後還是決定完成學業，在讀書的同時做點交易玩玩。

布朗並沒有成為學者的打算，交易期權的經歷給了他接觸真實世界的感覺。多年來，他在美國各地的私人牌局中所向披靡，現在他又聽到了華爾街這個世界上最大賭場的召喚。一九八二年，他從芝加哥大學畢業並前往紐約，第一份工作是幫助美國保德信保險公司（Prudential Insurance Company of America）管理大型公司養老金計畫。幾年後，他跳槽到紐約精品投行 Lepercq, de Neuflize & Co.，[1] 出任抵押貸款研究部主管。

布朗每轉一次型，對寬客界的認識就深一層。當時，寬客還是交易場上的二等公民，被認為只會在電腦上紙上談兵，而不懂得怎樣在真實世界中承擔風險、斬獲真金白銀。布朗對「大老二」交易員忍無可忍——在哈佛大學的時候，他就已經對紈綺子弟拍夠了馬屁，現在他們又要在說謊者的撲克牌遊戲中威壓寬客。正因如此，他決意使用寬客的魔法在說謊者的撲克牌遊戲大贏四方。

在Lepercq，他學會了一項新的寬客技能：尚不為人知的證券化。在二十世紀八〇年代中期，證券化在華爾街仍是新興業務。像布朗這樣的銀行家從商業銀行手中買入貸款（比如抵押貸款），將它們打包成證券（這就是「證券化」的來歷），然後再分割成不同的份額，賣給養老基金和保險公司等投資者。布朗很快便學會了如何像職業廚師切肉片一樣，熟練巧妙地分割抵押貸款。

在證券化繁榮之前，住房貸款無非是古老的低借高貸遊戲，從事這項業務的大多是基於社區的貸款人——銀行貸出一筆錢，然後坐等還本付息。吉米·史都華（Jimmy Stewart）主演的經典電影《莫負少年頭》（It's a Wonderful Life）中的貝利建設與貸款公司（Bailey Building & Loan Association），就是該行業的寫照。業務是如此古板，以至於地方銀行家的生活方式被稱為「三三三」：三%利率借入，加三%貸出，然後下午三點準時去高爾夫球場打球。

但是，隨著嬰兒潮一代在二十世紀七〇年代開始湧入住房市場，華爾街從中發現了商機。很多儲貸銀行沒有足夠的資本滿足貸款需求，地處陽光地帶（sun belt）的加州和佛羅里達這一問題尤為突出，而鏽跡地帶（rust belt）的問題是資本過剩、需求不足。[2]所羅門兄弟公司一位名叫鮑勃·多爾（Bob Dall）的債券交易員想出了一個絕妙主意：用證券化的金融煉金術把兩大地區連起來。由所羅門充當中間人，將鏽跡地帶的閒置資產轉移到陽光地帶，自己則從中抽取一部分費用。為了交易這種新創債券，他找到了三十歲的布魯克林人路易斯．拉涅利（Lewis Ranieri），所羅門電力債券交易部門的交易員。

在接下來的幾年中，拉涅利裡的團隊遊走全國拜訪銀行家和議員，鼓吹他們的龐大計畫。地方銀行貸出的抵押貸款將由所羅門收購，打包成可交易的債券，再賣給全球投資者，每個人都很愉快：買房者貸到了款，通常還能獲得較低的利率，因為華爾街對這些貸款有著大量的需求；儲貸銀行再也不用擔心借款人違約，因為違約風險已經轉移到了投資者頭上；銀行賺取仲介費並聚沙成塔；投資者得到了量身定做、風險相對較低的資產。這是寬客創造的天堂。

所羅門的創新並未到此而止。正如汽車銷售商總想不斷吸引更多的買家、推廣靚麗的新車型，所羅門推出了一種叫做「抵押擔保債券」（collateralized mortgage obligations; CMO）的新工具。這是一種類似債券的票據，由同一抵押貸款支援證券池中不同層次的份額組成（抵押擔保支持證券本身就是由被分割成不同份額的貸款組成的貸款包，將其再一次分割為更多的層次並進行打包，就成了抵押擔保債券）。第一份抵押擔保債券總價值兩千萬美元，包含四級份額，各級份額都由許多品質和期限各異（從而產生不同支付現金流）的貸款組成。和往常一樣，更高的風險代表更高的收益。對銀行來說，還有一個額外的好處——基礎貸款的借款人可能違約，或者在利率下降時對其貸款進行再融資，而這一風險現在由抵押擔保債券投資者替他們承擔了。

布朗這樣的寬客就在這一步起作用。正如拉涅利所言：「抵押貸款就是數學。」隨著份額越割越複雜（市場很快就出現了一百級份額的抵押擔保債券，其中每一級份額都包含了不同的風險—收益水準），如何對這些資產定價變得越來越棘手，必須靠寬客啟動計算器、翻開微積分課本，才能算出結果。

有寬客的數學天才做後盾，這項業務看起來安全了許多，雖然每隔幾年就出現破產，不過這些都是可預料的。布朗小心翼翼地執掌著Lepercq的證券化業務。Lepercq與美國各家地方銀行有著良好關係，每當布朗對某筆待包裝的貸款心存疑慮，就會直接打電話給貸款銀行問個清楚。對方可能會這樣回答：「沒問題，我前幾天剛看過那棟房子，屋主他又加蓋了一間車庫。」

但到了二十世紀八〇年代末，隨著所羅門大舉進入抵押貸款證券化業務，Lepercq逐漸落後了。所羅門在該業務上投入了數十億美元資金，不放過任何一筆可能的貸款，有時候所羅門的一筆買賣就能超出Lepercq一年的總量，像Lepercq這樣的小銀行根本無法跟所羅門這樣的巨無霸競爭。所羅門不僅對貸款銀行提出比布朗更優惠的交易，有時更是乾脆將銀行買下來。所羅門還將業務拓展到住房貸款之外。**證券化代表著金融業的前進方向，誰能控制基礎貸款的供給。誰就掌握了未來。**

所羅門的證券化業務很快覆蓋了所有貸款種類：信用卡、汽車貸款、助學貸款、垃圾債券。隨著利潤的持續增長，其對風險的胃口和控制力也越來越大。二十世紀九〇年代，所羅門開始對風險較大的貸款進行證券化，這些貸款的借款人處於信用邊緣地帶，被稱為次級貸款。

華爾街的證券化業務人員還發明了一種叫做「表外帳目」（off- balance- sheet accounting）的會計新花招。各大銀行在離岸避稅天堂——如開曼群島或都柏林——成立信託或空殼公司，透過它們購買貸款，「囤積」起來再進行打包，如此一來，這些貸款就像被施了魔法一樣煥然一新。銀行不必為此在資產負債表上預留大筆資本，因為名義上它們並未擁有這些貸款，它們只不過在行使仲介之職，舉著證券化的大旗在買家和賣家之間倒賣資產。

這一體系產生了極其巨大的利潤，因為銀行可以收取大筆費用。布朗之流紛紛進入董事會或轉行。

布朗轉行了。多家頂級公司都想將他招致麾下，但被他一一拒絕，他急切地想對華爾街避而遠之。他前往福特漢姆大學（Fordham University）和葉史瓦大學（Yeshiva University）教授金融和會計課程，但他並未遠離金融界，時不時地做點諮詢工作。他做為顧問協助J・P・摩根設計了一套革命性的風險管理系統，後來發展為風險矩陣公司（RiskMetrics），成為風險管理界翹楚。

與此同時，二十世紀九〇年代早期爆發了儲貸危機，美國重組信託公司（Resolution Trust Corporation）接管了各家破產的儲貸銀行大約四千億美元的資產，幾年之內便將這些高收益、高風險資產打包並出售，刺激了貪婪的投資者承擔更大的風險。

一九九八年，布朗出任荷蘭合作銀行（Rabobank）顧問，指導其開展信用衍生性商品業務。他走入了信用違約交換的神奇世界，並為這一新的衍生性金融商品創建了許多交易系統。當時，信用違約交換市場仍是待開發的處女地，只要有創造性的交易方法，獲取利潤易如反掌。

信用違約交換聽起來極度複雜，其實是一種相對較簡單的金融工具。試想有一個家庭——不妨稱為邦德家——[3]最近搬到你家旁邊，成了新鄰居。他們的新家價值一百萬美元，地區銀行為這棟房子提供了貸款。麻煩在於，該銀行帳目上的貸款太多了，想去掉一些，於是他們敲了你和其他鄰居的房門，問你們是否有興趣為邦德家的貸款提供保險，以應對他家違約的情況。

當然，銀行會支付你一筆費用，但數量並不大。邦德夫婦工作賣力，加上整體經濟情況相當強勁，你覺得這筆買賣合算。銀行每年付給你一萬美元，如果邦德家真的違約，你就得背上一百萬美元債務，但只要邦德夫婦按時繳款，就不會有任何問題。這看起來像是天上掉下的餡餅。從本質上講，你已經買入了一份布朗家房子的信用違約交換。

一天早晨，你注意到邦德先生沒有駕車前去工作，不久你發現原來他失業了。突然間，你開始憂心忡忡——你也許得背上一百萬美元負擔了。不過，且慢，你的一位鄰居自恃比你更了解邦德家，他自信滿滿地認為邦德先生很快就會找到新工作。他願意承擔這筆債務，當然你得付他一筆錢，他願意以每年兩萬美元的價格為邦德家的抵押貸款提供保險。這對你來說可不是好消息，如此一來你每年就要損失一萬美元，不過你覺得這還是值得的，因為你實在不願意償還那一百萬美元的抵押貸款。

歡迎來到信用違約交換交易的世界。

很多信用違約交換交易員，包括魏因斯坦在內，都不是為了保護自己不致受到債券或抵押貸款違約的損失而去進行這類交易。這些人通常從頭到尾都沒有實際持有債務，他們是在賭博人們對某公司是否會違約的感覺。

如果這還不夠神奇的話，那麼還有更加超現實的東西：信用違約交換與證券化的碰撞和結合。布朗目睹各大銀行開始將證券化的貸款打包成所謂的擔保債權憑證，並對此感到不寒而慄。擔保債權憑證與布朗在二十世紀八〇年代所接觸的抵押擔保債券差不多，但更加多元化——抵押貸款、助學貸款、信用卡，幾乎沒有不能打包的債務。甚至擔保債權憑證本身也可以打包成新的擔保債權憑證，被稱為擔保債權憑證的平方，到最後連這種怪獸憑證也可以再打包成新的擔保債權憑證。

別以為擔保債權憑證就是證券化的盡頭，在它身上還大有文章可做。J．P．摩根的寬客團隊發明了史上最怪異、最具破壞力的金融產品——「合成型」擔保債權憑證。

在二十世紀九〇年代中期，J．P．摩根的紐約金融工程團隊開始研究怎樣解決困擾該銀行多年的問題：銀行的資產負債表上囤積了大量無利可圖的貸款。由於存在資本準備金的要求，該銀行的放貸能力受到限制。貸款存貨的堆積嚴重影響了新貸款的發行，要是能把這些貸款的風險消除就好了。

J．P．摩根想到了信用違約交換，他們獨闢蹊徑，創造出基於交換合約的合成擔保債權憑證。其中的交換與J．P．摩根資產負債表上已有的債券相掛勾，並被再包裝成擔保債權憑證。投資者並不是在購買真實的債券包（獲得債券收益，同時承擔違約風險），而是在為債券包提供保險，所獲得的利息就相當於保費。換句話說，你可以想像一下與成千上萬份邦德家性質的抵押貸款（或者其他貸款，比如公司債或者信用卡債）組成的債務包掛勾的互換。

透過向投資者出售合成型擔保債權憑證的份額，J．P．摩根把這些債務的風險從資產負債表中抹去了。

由於J．P．摩根本質上只是在為債券保險，它根本不需要擔心任何債券違約的風險。經過這樣一番偷天換日，J．P．摩根就能騰出資本來發行更多的貸款，從而攫取更多的費用。

從紙面上看，這招無比精明。一九九七年十二月，J．P．摩根紐約衍生性商品部門揭開了這一神奇金融工程的面紗，該擔保債權憑證被命名為「小酒館」（Bistro，即 Broad Index Secured Trust Offering 的簡稱），是一個能夠抹去銀行信用曝險的超強力風險管理工具。第一批小酒館抹掉了J．P．摩根資產負債表上十億美元的信用風險（來自一百億美元的貸款組合）。該銀行自己保留了一部分「小酒館」的最高級別份額——這些份額被認為無比安全，絕無可能遭受損失。這個神奇的合成品，後來成為二〇〇七到二〇〇八年市場崩潰的元兇。

隨著時間的推移，越來越多的信用違約交換，或其中的某些份額，開始在金融體系內蔓延。像博阿茲．魏因斯坦這樣悠遊其中的交易員，將其視為賽馬場上賭哪匹馬是最後一名。從某種角度講，這一越變越複雜的金融工具的源頭可以追溯到格理．班伯格於二十世紀八〇年代早期在摩根史坦利大宗交易部獲得的統計套利靈感，而統計套利又源於賭場中的風險控制技術。但班伯格的系統相較於J．P．摩根寬客實驗室中誕生、影響整個金融業的數學惡魔，只能算是小巫見大巫。複雜性衍生出更大的複雜性，最終一發不可收拾。

一九九八年，俄羅斯政府對其債券違約，長期資本管理公司因此倒閉，由此導致的市場混亂進一步推進了信用衍生性商品產業的發展壯大（也給魏因斯坦造就了表演舞臺）。所有人都想擁有一份神秘的交換合約，因為它可以為債券違約提供某種形式的保護。J．P．摩根向市場中注入新的小酒館，以進一步改善資產負債表，其他銀行也一窩蜂般地亦步亦趨。信用違約交換的二級市場立刻出現並迅速壯大，魏因斯坦這樣的交易員就在其中尋覓被錯誤定價者。

與此同時，布朗重出江湖。二〇〇〇年，他接受了花旗集團的全職職位，負責為全球最大的銀行搭建覆蓋全公司的風險管理系統。他發現花旗大致上有管控好風險，但有個角落令他煩擾，那就是證券化。該銀行的證券化業務是以「表外」的形式進行，記錄在離岸帳戶裡，因此極不透明，很難確切瞭解情況到底怎樣、風險究竟多大。他對此幾乎束手無策，只能不斷向管理層發牢騷，但有誰會聽進去呢？做生意，利潤才是王道，其他一切都得靠邊站。

布朗發現，金融體系早已不再是自己二十世紀八〇年代身處其中時的那個恬靜世界，而是一個充斥著衍生性商品和債務粉碎機的怪胎。各大銀行在最奇異的衍生性商品中深陷泥沼，破產越來越頻繁，但與蜂擁而入的資金比起來根本不值一提。賭場大門常打開，開放懷抱等生意。事實上，下注的範圍在不斷擴大，想盡辦法吸引著更多手持重金的交易員前來豪賭。次級抵押貸款就是其中之一。

就像所有的華爾街人士一樣，亞倫・布朗終究也被漂亮的數字蒙住雙眼，只想著用精巧的交易策略「套住市場無效性，從中獲取無盡的利潤。事實上，除了少少幾個討厭鬼，整個寬客界都在為衍生性商品市場的爆發式增長而歡呼雀躍。他們心安理得地將複雜性切成一片又一片，他們喜歡這個遊戲。

像「小酒館」這樣的合成型擔保債權憑證，也許是最險惡的量化創新。由於其中的交換和債券相互糾纏、層層疊疊，要逐一定價變得十分困難。最大的問題正是魏因斯坦在多年前便已發現的那一個：相關性。如果擔保債權憑證中某一份額所包含的貸款出了問題，其他部分內的貸款可能會怎麼樣？換句話說，如果一籃蘋果中的一個開始腐爛，其他蘋果變質的可能性有多大？

寬客本能地試圖找出一個「精準」的答案——多年後，正是這個答案給全球信用市場造成了一場災難。這個答案來自李祥林（David X. Li），加拿大帝國商業銀行（Canadian Imperial Bank of Commerce; CIBC）紐約總部的華裔金融工程師。給所有相互關聯的擔保債權憑證份額一一定價之所以很難，是因為其中包含了太多複雜巧妙的因素。李祥林的模型並沒有試圖將所有因素包括進去，而是偶然發現了一種快速方法，能夠立刻得到為一大批擔保債權憑證份額混合體定價所需的數據。

李祥林經常與生存分析（survival analysis）專家朋友探討問題。他們研究的問題之一是：人在喪偶之後會傾向於比平均壽命活得短。換句話說，他們在測量配偶壽命之間的相關性。將喪偶和擔保債權憑證聯繫起來，充分顯示了寬客的天才，然而最終的漏洞也正是出在此處。李祥林揭示出，該模型能夠透過測量與基礎債務掛勾的信用違約交換的價格，來確定債權擔保憑證份額之間的相關性。信用違約交換提供了體現市場對貸款表現評估的單一變數，說到底，信用違約交換的價格無非是投資者對借款人是否會違約的感覺的反映。

李祥林的模型提供了一種方法，只要輸入某一擔保債權憑證中各種不同信用違約交換的價格，就能得到代表份額之間相關性的數字。二〇〇〇年四月（其時他已跳槽至J．P．摩根信用部），李祥林在《固定收益期刊》（Journal of Fixed Income）發表了題為〈論違約相關性：聯結函數方法〉（On Default Correlation: A Copula Function Approach）的文章，該模型的名稱部分來自李祥林用於測量相關性的統計方法：高斯聯結（Gaussian copula）。

聯結是一種數學函數，用於計算兩個變數之間的關係，即兩者的「聯結度」如何。當X事件發生時（比如某屋主違約了），那麼Z事件（某鄰居屋主違約）發生的機率就是Y。李祥林所用的聯結函數被稱為高斯聯結。高斯（Carl Friedrich Gauss）是十九世紀德國數學巨擘，使用鐘形曲線研究行星運動便是他的成就之一。

如此一來，債權擔保憑證份額之間違約風險的聯繫就被定義在鐘形曲線上了（聯結本質上是多維鐘形曲線）。人們預期數以千計的債券（或與之關聯的互換）不會發生突發劇烈跳動，只會以相對可預測的模式上下波動，而大量基礎債券出現極端運動不在該模型的考慮範圍之內。說到底，又是大數定律在起作用（二十世紀六〇年代愛德華・索普在二十一點上用過，布萊克和休斯在期權定價公式上也用過），但都不像如今那樣被用於規模如此之大、內容如此複雜的領域。但寬客無所畏懼，勇往直前。

隨著合成型債權擔保憑證市場的繁榮，華爾街和信用評級機構開始運用李祥林的模型。「高斯聯結是信用衍生性商品的布萊克—休斯公式。」李祥林在加拿大帝國商業銀行時的老闆米歇爾・克魯伊（Michel Crouhy）如是說。所謂的相關性交易員開始佔據歷史舞臺，在高盛、摩根史坦利和德意志銀行崛起，他們使用李祥林的模型交易債權擔保憑證份額及其背後的相關性，就像交易棒球卡片一樣。李祥林的模型運行的十分不錯，用起來也很容易。

李祥林模型的關鍵之處（也是最大的缺陷）是它的立論基礎：其他投資者怎樣從信用違約交換中判斷市場情況。如果信用違約交換交易員認為房屋所有者不會對其貸款違約，李祥林的高斯聯結便以此為基礎對份額進行定價。債權擔保憑證的繁榮期，正好是房價泡沫愈演愈烈的時期（事實上，債權擔保憑證也是泡沫的助長因素之一），因此絕大多數投資者都相信大量貸款違約的可能性低之又低。於是產生了一條邪惡的迴路（有些人可能認為是繁榮迴圈）：狂熱的投資者橫掃一切債權擔保憑證份額，債權擔保憑證需求量猛增，因此又造成了大量抵押貸款的新需求。根據李祥林的模型，債權擔保憑證的風險看起來十分低，而出於不明原因，人們在狂熱之中不會理會任何懷疑的聲音，儘管歷史紀錄顯示抵押貸款會在整體經濟衰退時大幅蕭條。

到了二〇〇四年，債權擔保憑證的市場需求實在太大，於是各銀行盯上了李祥林在其二十世紀末的模型中未曾考慮的貸款：次級抵押貸款。債權擔保憑證市場進入了光速發展階段。

在寬客的妙手之下，某些次級債權擔保憑證的份額照樣能獲得標準普爾等機構的AAA評級，獲得了受監管機構如養老基金持有的許可證。其運作模式如下：金融工程師對某些評級較低的抵押貸款支持證券份額或其他證券化貸款包（如信用卡債務）進行加工，將它們打包成債權擔保憑證，然後以優先順序別（即償付先後順序）將債權擔保憑證分割成若干份。接著，評級機構中的寬客會給最先償付的份額貼上AAA級標籤，如此一來，高風險的次級抵押貸款就搖身一變成為信譽卓著的AAA級債券了。

大量這種貸給風險最高的借款人的住房貸款被送進寬客加工廠，製成金邊證券，受最嚴格監管的投資者們對它們趨之若鶩。事實上，它們只是相對來說比那些波動更為劇烈的份額風險略微低一些而已，但投資者早已被繁榮期的花團錦簇蒙蔽了雙眼。

二〇〇四年，共有一千五百七十億美元的債權擔保憑證被投向市場，大部分包含著次級抵押貸款。二〇〇五年，新發行的債權擔保憑證規模達到兩千七百三十億美元。二〇〇六年是債權擔保憑證發行規模最大的一年，為五千五百億美元。

事後看來，高斯聯結是一場災難。李祥林的模型如此簡潔，以至於交易員自欺欺人，認為它反映了真實世界。事實上，該模型只是一個建立在非理性繁榮上、看起來很美的公式，它有自我強化的功能，體現了群體智慧的反動：大量的人們對極其複雜的金融產品的明晰定價深信不疑。有一段時間，它起到了作用，於是所有人都在用它。但到了二〇〇七年，微乎其微的波動便震塌了整幢大廈。由於幾乎所有債權擔保憑證經理和交易員都用同一個公式來確定價格，於是他們也一起灰飛煙滅——這是濫用寬客模型的又一例證。

究竟哪裡出了問題？複雜性變得害處多多。寬客和相關性交易者的現金流模型，是基於信用違約交換份額與債權擔保憑證相掛勾；債權擔保憑證是打了包的抵押貸款支持證券，抵押貸款支持證券又由美國全國範圍內不透明的住房貸款打包分層而成（天知道當中還有什麼）。這樣的模型無異於在混沌的沙漠中建造有序的海市蜃樓。

債權擔保憑證繁榮的關鍵推手之一，便是大本營旗下的磁星基金，經理是肯．格里芬手下的明星交易員亞曆克．李托維茨。二〇〇七年三月，行業刊物《證券化總動員》（Total Securitization）將磁星基金評為年度最佳投資者：「磁星基金在二〇〇六年買入大量訂製型產品，對一系列債權擔保憑證進行投資，每筆交易都超過十億美元。」

磁星基金在債權擔保憑證市場上出盡風頭，也許與李托維茨對天文學的熱愛有關。在次貸瘋狂達到頂峰時，大量有毒債權擔保憑證以天文名詞命名，比如獵戶座、寶瓶座、天蠍座、船底座、人馬座……等等。《華爾街日報》的調查稱，磁星基金是這些債權擔保憑證的關鍵投資者。但磁星基金兩面下注，同時持有能在頂級份額轉壞時獲利的部位，因此二〇〇七年它獲得了二五％的回報。

磁星基金的交易相當巧妙，也毫不留情。它持有風險最高的債權擔保憑證份額（即所謂的「股份」），在發生違約時將首當其衝遭受損失。但它同時也買入低風險債權擔保憑證份額的保險。磁星基金在股份份額上獲得了約二〇％的收益，並用這筆錢購買低風險的高等級份額的保險；即使股份份額崩潰，只要高等級份額也跟著崩潰，磁星基金就不會受什麼損失。而事實正是如此，股份份額和高等級份額一起崩潰了。

事後看來，磁星基金在推動債權擔保憑證繁榮上居功至偉，因為它大量買入無人問津的股份份額。要是這些垃圾份額賣不出去，銀行在二〇〇六到二〇〇七年就會很難創造更多高風險的債權擔保憑證，當然後來的市場衝擊也會因此有所減弱。總而言之，磁星基金是二〇〇六年年中至二〇〇七年年中發行的「星座」債權擔保憑證（約三百億美元）的主要買家。

有明確的證據表明，華爾街對貸款永不滿足的需求和這些貸款所帶來的豐厚費用，是經紀人大力開展高風險抵押貸款業務的原因和動力。抵押貸款的花樣越來越多，風險也越來越大。比如，有一種可變利率貸款——在貸款放出幾年（也可以是幾個月）後提高利率。據公共誠信中心（Center for Public Integrity）調查，在二十五家名列前茅的次級抵押貸款商中，有二十一家是華爾街及歐洲大銀行所有，或為它們提供融資支援。要不是投資銀行需求巨大，根本不會產生如此之多的壞賬。

隨著債權擔保憑證市場越來越繁榮，美國住房價格也跟著水漲船高。美國標普—凱斯席勒全美住房價格指數（S&P/Case- Shiller National Home Price Index）顯示，二〇〇〇年一月至二〇〇六年七月（房地產泡沫頂峰），美國住房平均價格上漲一〇六%。在高斯聯結等模型看來，這傳遞了一個清晰的信號——房地產市場正變得越來越安全。但事實上，是變得越來越危險才對。二〇〇六年年末，住房價格指數開始下跌，到二〇〇九年上半年為止共跌去三〇%，而且看不到止跌回升的跡象。

包括布朗本人在內的一些寬客，將責任推給銀行和評級機構用於對債權擔保憑證定價的模型。布朗知道，高斯聯結所推出的相關性純屬幻覺，但在日進斗金的關頭，誰會理會這一點呢？數錢數到手抽筋的相關性交易員不會，獎金更為豐厚的華爾街執行長們就更不可能會了。

債權擔保憑證就像古柯鹼，使人上癮、毀人不倦。不斷繁榮的證券化業務使華爾街成為美國經濟的最大力量：二〇〇七年，金融部門利潤占美國企業利潤總量的三五%；在二十世紀八〇年代布朗剛進入華爾街的時候，這一數字才剛剛超過一〇%。金融股在標準普爾五百指數總市值中超過一五%，遠遠高於其他行業。

深受ＡＱＲ、全球阿爾法、大本營、薩巴等基金青睞的聰明策略，在金融業的利潤暴漲潮中居功至偉。二〇〇六年年末，湧入交易的資金超過了以往任何時候。投資者（通常是銀行和避險基金）借入日元等低收益貨幣，買入紐西蘭元和英鎊等高收益貨幣。這種交易簡直就是輕敲數位鍵盤就能潤滑運行的印鈔機，其基礎是數學和電腦：名副其實的量化富豪生產機。

在利差交易的推動下，全世界出現了流動性氾濫。從商品到房地產，當然也包括次級抵押貸款，無不一片繁榮。英國《電訊報》（Telegraph）感歎道：「他們可以用幾乎為零的利率從日本借入資金，然後再把它們借給任何願意提供更高收益率的人，不管那是阿根廷票據還是美國抵押貸款證券。在很長一段時間裡，資產泡沫在全世界滋長。」

「利差交易已經滲透到了所有你能想像得到的單一工具中去了。從信貸利差到債券利差，沒有一個地方能夠倖免。」滙豐銀行貨幣分析師大衛．布魯姆（David Bloom）對《電訊報》如是說。

似乎沒人擔心萬一利差交易突然消失會發生什麼後果。經驗表明，管湧之後往往會出現潰壩。二〇〇七年二月，交易員們開始擔心中國和其他新興市場的股市漲得太高太快。隨著中國股市開始下跌，透過利差交易進入中國市場呼風喚雨的交易員們開始恐慌，紛紛買回他們所借入的日元，導致日元開始升值。

大致相同的時候，日本銀行決定提高基準利率，使得日元升值勢頭更猛。危險的自我強化回饋循環由此展開：只要日元持續升值，利差交易者就會被迫買回日元止損，因為時間拖得越久，他們的損失就越大，而這又造成日元進一步升值。中國市場開始崩盤，一度出現單日暴跌一〇%的情況，引發了全球股市大崩盤，道瓊工業平均指數下跌超過五百點。不過這只是一個小顛簸，全球股市貨車在春季重新啟動。

很少有人意識到這是一個警示信號。只要利差交易能夠持續產生貌似無風險的利潤，狂歡的音樂就不會停下。但樂曲在二〇〇七年戛然而止，利差交易就此行不通了。隨著房屋所有者貸款違約率頻創新高，證券化大廈轟然倒塌。

二〇〇四年，布朗從花旗集團跳槽至摩根史坦利；二〇〇七年，他做為擔保債券憑證大賭場最大玩家之一的風險經理，目睹了這一切。

布朗加入的是裴熙亮（Phil Purcell）治下的「摩根媽媽」（Mother Morgan）。數年前。裴熙亮在與另一位摩根史坦利大老麥晉桁的慘烈鬥爭中勝出，成為摩根史坦利的新掌門。裴熙亮原先在以中等收入群體為主要客戶的添惠公司（Dean Witter Discover & Co.）效力，一九九七年，摩根史坦利以一百億美元併購添惠，裴熙亮也隨之進入摩根史坦利，被任命為執行長。裴熙亮的到來令摩根史坦利的「白鞋」銀行家大為緊張，但他很快就證明自己完全可以和一九七二年就進入摩根史坦利、從債券交易員一步步爬上頂層的麥晉桁相媲美。二〇〇一年，麥晉桁意識到自己無法扳倒裴熙亮，只能無奈離開，先在瑞士信貸第一波士頓任職，後來加入避險基金公司。

然而，在麥晉桁離開之後，摩根史坦利的利潤被競爭對手遠遠甩開，尤其輸給高盛。二〇〇五年年初，摩根史坦利市值較麥晉桁離開前下跌了四〇%，只有五百七十億美元；競爭對手的股價也遭遇了下跌，但不比摩根史坦利糟糕。下屬對裴熙亮十分不滿，認為他行事太過保守，不敢承擔真正的風險，賺錢能力遠不如麥晉桁。

但布朗在摩根史坦利春風得意。他的職責是幫助摩根史坦利的信貸體系儘快跟上巴塞爾協議的進度。把他召入摩根史坦利的是對裴熙亮忠心耿耿的財務長史蒂文·克勞福德（Steve Crawford），他希望布朗能在十八個月以內完成這項當初花旗等商業銀行花了數年時間才完成的任務。4

「如果你能按時完成任務，你就可以在摩根史坦利任選你想要的職位。」克勞福德承諾。

布朗對摩根史坦利高層印象深刻。他們不像其他銀行那樣忽視寬客的作用，而且實施了一系列加速公司風險管理建設的措施。但在二〇〇五年，裴熙亮及其最忠實的盟友、布朗的伯樂克勞福德在一次謀劃中失勢，在股東壓力下他們被迫離開摩根史坦利。接替裴熙亮的正是麥晉桁。

麥晉桁是來自北卡羅萊納州的黎巴嫩移民之子，發誓要使摩根史坦利重現昔日霸氣。他無法忍受自己所熱愛的摩根史坦利在裴熙亮手下表現得如此低劣。在他的摩根史坦利生涯中，先是在二十世紀八〇代擔任農西奧·塔爾塔利亞的首個統計套利部的上司，後來又幫助管理彼得·穆勒的團隊。他認為風險是個好東西，正是摩根史坦利所缺之物。回到這裡之後，麥晉桁做的第一件事就是對交易部進行勝利大閱兵，知名財經媒體CNBC對此進行了現場直播。在「刀客」（麥晉桁以敢於裁員和削減成本而得到這個綽號）進入交易室的那一刻，摩根史坦利的交易員們無不從彭博終端機前起立歡呼。

麥晉桁說，摩根史坦利已經被動作迅速的高盛和雷曼兄弟甩在了身後，且利潤還在下滑。華爾街投行的新典範就是要承擔風險。亨利·鮑爾森的高盛就是最佳榜樣，其全球阿爾法基金大獲成功，在私募股權領域獲取了極高利潤。

鮑爾森在二〇〇五年的高盛年報中闡述了這一新典範：「另一個關鍵趨勢是越來越多客戶要求投資銀行將資本和諮詢業務結合起來。換句話說，人們要求投資銀行在執行交易時投入更多的自有資本……投資銀行正在逐漸使用自己的資本給客戶提供信貸服務，以使他們相信市場風險對他們有利，有時甚至與他們共同投資。」

高盛的策略反映了十餘年來投資銀行的變化趨勢。各大銀行正在使出渾身解數，防止天才交易員像一九九八年的克里夫．艾斯尼斯那樣辭職開辦自己的避險基金。這是生死攸關的大事，但銀行正在節節敗退。在這一點上，沒有哪家銀行比高盛更為清醒。緊隨高盛之後的是博阿茲．魏因斯坦所在的德意志銀行，和彼得．穆勒所在的摩根史坦利。銀行唯一的殺手鐧就是向最優秀、最天才的員工開出巨額薪酬支票，同時放寬限制、提高槓桿，承擔更大的風險。簡言之，華爾街的銀行正在轉型為巨型避險基金，高盛則是帶頭大哥。

監管者助了各大銀行一臂之力。二〇〇四年四月下旬的一天下午，美國證券交易委員會的五位成員在一間地下聆訊室裡聽取了華爾街大投行代表關於風險的證詞，銀行要求將自己的經紀部門從債務額度限制名單中剔除。監管規則要求各大銀行持有巨量現金儲備做為部位損失緩衝，現在透過放鬆這一所謂的資本儲備金要求，銀行的動作可以更為大膽，將額外的現金投向其他更具吸引力的地方——比如抵押貸款支持證券和衍生性金融商品。

美國證券交易委員會答應了投行的要求，他們還同意銀行按照自己的量化模型來判定其所做投資的風險大小。就這樣，美國證券交易委員會做出了一個令自己蒙羞、使整個經濟蒙難的愚蠢舉措：把監督美國大型金融公司的責任，外包給了銀行豢養的寬客。

「我樂於支持這項決議。」美國證券交易委員會官員羅埃爾・坎波斯（Roel Campos）說。「上帝保佑，明天會更好。」

摩根史坦利起先無意參與此事。據一位摩根史坦利員工透露，在麥晉桁回歸之前，摩根史坦利的信條是「不做另一個高盛」。它一貫在繁榮期小心翼翼，為泡沫盛宴的必然破裂未雨綢繆。

麥晉桁的回歸改變了一切。他的信念是摩根史坦利需要更激進、更大手筆；更重要的是，要向高盛看齊。

這一切布朗都看在眼裡，他對摩根史坦利風險偏好的陡然劇增深感憂慮。麥晉桁的新機制將風險管理當成填表格，認為只要一絲不苟，就能萬事大吉，卻不曾想過這是摩根史坦利最核心的功課，直接關係到盈利能力。

布朗對麥晉桁的口號也不敢苟同。麥晉桁在銀行行政辦公室旁邊的會議室裡沒完沒了地開會，研究如何在五年內使摩根史坦利收入翻倍而支出不變。布朗暗忖：想法很美好，但要怎麼實現？布朗擔心麥晉桁的方法，無非就是承擔更多風險。

麥晉桁實現目標的方法包括：加大衍生性金融商品投資業務、大力拓展不斷繁榮的個人抵押貸款業務，以及向自營交易部門（比如穆勒的過程驅動交易小組）注入更多自由資本、承擔更多風險。摩根史坦利很快找到一條將這三大目標合而為一的道路：次級抵押貸款。二〇〇六年八月，摩根史坦利以七．四八億美元收購次級抵押貸款商薩克森資本公司（Saxon Capital），從此有了自己的常設次貸部門。

這些事就發生在布朗眼皮底下。身為摩根史坦利信用部門的風險經理，布朗對公司的固定收益業務資產負債表一清二楚。絕大部分都沒問題，只有一處令他坐立不安：證券化以及次貸業務。次貸已成為華爾街新寵，被誘使借入高利率抵押貸款的高風險借款人越多，就能創造出越多的高風險、高收益擔保債權憑證（當然還有合成型擔保債權憑證）賣給華爾街的投資者。只要鼓聲未停，花就能一直傳下去。

但是，布朗對摩根史坦利的這一證券化擊鼓傳花遊戲感到憂心忡忡。他最大的憂慮之一是摩根史坦利用來存放次貸的「貨棧」。大多數銀行並沒有把這些貸款記在資產負債表上，而是使用表外工具來對這些貸款進行堆積、包裝、切片，然後向全球投資者兜售。這些表外工具透過商業票據市場——需要不斷展期的短期貸款——來給自己融資。布朗意識到，只要整個鏈條中有一環出現問題，就會導致一敗塗地，但是他沒有想到問題可以嚴重到摧毀整個摩根史坦利的程度。此外，當時摩根史坦利營收亮眼，股價高升，令他不至於一籌莫展；就算公司遭受重創，只要透過公開市場發股籌資就是了。他沒有料到，摩根史坦利的股價會隨著整個行業的低迷而一落千丈。

二〇〇七年年初，摩根史坦利迎來了公司史上最美好的日子。這家老牌銀行公佈了有史以來最亮眼的季報和年報，盈利能力達到了歷史巔峰。在摩根史坦利二〇〇七年四月的電話會議上，麥晉桁表示，功勞一大半歸於由摩根史坦利極其成功的聯席總裁柔伊．克魯茲（Zoe Cruz）執掌的機構證券部，該部門「既講原則，又懂變通，成功地管理了巨大的風險」。

但是，該公司的槓桿率——即其每日借來用於交易的資金——已達三十二倍之高。換句話說，摩根史坦利用於投資的每三十三美元中，有三十二美元是借來的，只有一美元為自己所有。其他投行的槓桿率，比如貝爾斯登、雷曼兄弟和高盛，全都高得離譜。一些銀行的內部資料顯示，它們的真實槓桿率甚至比報給美國證券交易委員會的正式數字還要高。

克魯茲手下有一個成立於二〇〇六年四月的信用交易團隊，負責人是董事總經理豪伊・休伯勒（Howard Hubler），他已在摩根史坦利效力多年，有著豐富的複雜證券交易經驗。該團隊相當於一個內部避險基金，使用摩根史坦利自己的資金在信用市場上做交易，是過程驅動交易在債券市場上的鏡像。

休伯勒旗開得勝，到二〇〇七年年初已斬獲十億美元淨利潤。與華爾街新崛起的相關性交易員一樣，休伯勒也使用李祥林的高斯聯結衡量擔保債權憑證不同份額之間的違約風險。他的策略是賣空次級擔保債權憑證的低級份額（或與之關聯的衍生性商品），而持有評級較高的擔保債權憑證份額。根據寬客的計算，這些優質擔保債權憑證份額幾乎沒有損失的風險。

接下來發生的一連串事件證明，正是相關性交易捅了風險的馬蜂窩。休伯勒以為自己在賣空次級擔保債權憑證，然而令人痛苦的事實是，他最後成了次級擔保債權憑證的多頭——他算錯了相關性。

與此同時，布朗對摩根史坦利在次貸市場上涉足的風險感到越來越焦慮。源源不斷的貸款被次級抵押貸款商（比如全美金融服務公司和新世紀金融公司）送入摩根史坦利的證券化生產機，然後在另一頭吐出向全世界投資者兜售的金融產品。事實上，儘管當時鮮有人知，但在次貸繁榮頂峰的二〇〇五到二〇〇六年，摩根史坦利一直是市場上最大的玩家之一。據《抵押貸款內幕》（Inside Mortgage Finance）的數據，摩根史坦利承銷的次貸總額高達七百四十三億美元，僅次於排名第一、承銷了一千零六十億美元的雷曼兄弟。

摩根史坦利在其他領域也在到處充當貸款人，支持了大量信用卡債務和公司貸款。布朗意識到，這一情況絕對不可能持續下去，註定要崩盤收場。布朗回憶說：「只有當我們的債務人全額償付才不會出問題，但很明顯，他們能夠全額償付的唯一辦法是變本加厲地借錢。我們要想毫髮無傷，唯一的機會就是信貸機制運行良好。我們知道，鼓聲總有停下的一刻，我們必須吞下自己醞釀的苦果，而我們沒有這麼多資本可以沖銷損失。」

布朗認為處理擔保債權憑證模型的寬客目光太短淺，他們只知道關注細枝末節，而對大勢一無所知——完全沒有發現房地產市場正在吹起一個巨大的氣泡。「在他們眼裡，這些產品的風險是零」。所有人都犯了同一個錯誤，評級機構、銀行、建築商、妄圖待房價上漲後對物業進行再融資以償還舊債的購房者，統統都看走了眼。乍一看，沒有任何理由悲觀。自大蕭條以來，美國從未發生過全國房價普遍下跌的情形，更何況大家都處在興高采烈中。瞧瞧紙面上的數字，很多人已經大富大貴了。

擔憂歸擔憂，布朗並未強烈提醒摩根史坦利注意風險。他知道一旦信貸週期由盛轉衰，摩根史坦利難逃巨大的損失，但他認為損失不至於危及根基，而且摩根史坦利的股價非常亮眼，籌資不難。

事實上，華爾街幾乎沒人料到事情會落得如此下場。金融業在越來越精緻的金融工程的推動下蒸蒸日上，看起來運轉良好。巨額利潤源源不斷地滾入摩根史坦利，二〇〇七年第一財季，摩根史坦利利潤大漲七〇%，達到二十七億美元；其中，休伯勒自二〇〇六年十二月開始的次貸交易貢獻了很大一部分。

但是在二〇〇七年春季，在房價漲勢最迅猛的加州、內華達州和佛羅里達，房屋持有人開始大量違約。隱藏在休伯勒複雜交易中的問題開始浮出水面，高等級次貸擔保債權憑證份額也開始搖搖欲墜。

崩潰的跡象首見於二〇〇七年二月，當時世界第三大銀行滙豐控股將其在次級抵押貸款上的預期損失提高至二〇%，達到一百零六億美元。四年前，滙豐收購家庭國際銀行（Household International Inc），將其整合為滙豐融資公司（HSBC Finance Corp），宣告進軍美國次貸市場。時任家庭國際銀行執行長的威廉·艾丁傑（William Aldinger）在收購案完成後不無得意地說，該公司擁有五十名寬客開發信貸風險模型。其他公司，從西雅圖銀行巨頭華盛頓互助銀行（Washington Mutual）到抵押貸款商新世紀金融公司和印地麥克銀行（IndyMac Bancorp），也紛紛開始警告次級抵押貸款部位可能造成巨額損失。

布朗開始考慮跳槽，和ＡＱＲ進行接洽。

這似乎是再好不過的時機。麥晉桁領導下的新摩根史坦利，已經成為槓桿搭台、次貸唱戲的避險基金，布朗再也不想待下去了。二〇〇六年年末，他接到了ＡＱＲ研究部主管邁克爾·孟德爾頌（Michael Mendelson）的電話。當時布朗出版了半自傳性質的新書《華爾街的撲克牌》（The Poker Face of Wall Street），

書中他對賭博和金融做了哲學性反思。此書在AQR的寬客間廣為流傳，他們一致認為布朗很適合這家公司。

更重要的是，AQR正在考慮首次公開募股，需要熟悉國際風險管理流程和上市基本事務的人才。而布朗對摩根史坦利已經失望透頂，對自己獲得的獎金也十分不滿，覺得東家埋沒了自己的才華，於是決定跳槽。他和AQR接觸了好幾次，在與艾斯尼斯的面談中，他感到艾斯尼斯不僅與自己有相當多的共同語言，對量化風險管理也有著清晰的認識（儘管在他們的首次碰面中，老電影這項他們的共同愛好，才是談話的主題）。二〇〇七年六月，布朗開始每天早晨乘坐大都會北方鐵路去格林威治的AQR總部上班。

此時，次貸市場開始乍現噩耗。就在布朗跳槽到AQR的那個月，貝爾斯登爆出旗下兩家名字十分拗口的避險基金（貝爾斯登高等級結構化信貸策略大師，以及貝爾斯登高等級結構化信貸策略宗師）遭遇出其不意的巨額損失的消息。[5]兩家避險基金的經理是拉爾夫．喬菲（Ralph Cioffi），它們在次貸擔保債權憑證上都有著巨額部位。

面對這一情況，貝爾斯登抱著樂觀的態度，認為儘管房地產市場形勢不佳，但還不至於產生非常嚴重的後果。二〇〇七年二月十二日，貝爾斯登研究員吉安．辛哈（Gyan Sinha）發佈了一份報告，稱某些與次貸掛勾的衍生性商品的疲弱表現，意味著現在正是買入良機：「雖然次貸部門將經歷一些痛苦，擠掉一些過剩導致的泡沫，但對於精明的投資者來說，矯枉過正恰好為他們提供了機會。」

那種思維無異於飲鴆止渴。就在辛哈發佈報告當月，喬菲的宗師基金在連續三年多實現正回報之後首次出現虧損，三月份下滑四%。四月，一份貝爾斯登內部擔保債權憑證市場報告指出，損失可能進一步加大，連那些堅挺無比的AAA級債券也可能出現麻煩。貝爾斯登一位基金經理馬修・坦寧（Matthew Tannin）在電子郵件中寫道，如果這份報告是正確的，那麼「整個次貸市場將面臨一場地震……如果AAA級證券遭遇系統性評級下調，我們的下場只有一個——賠個精光」。

驚恐不已的投資者紛紛贖回他們的資金。高盛——貝爾斯登基金的交易夥伴——聲稱自己對這兩家基金所持有的證券的評價要遠低於喬菲本人的評價。從那一刻開始，崩盤已成為時間問題。六月十五日，美林——貝爾斯登旗下基金的債權人——凍結了八億美元資產，一週後美林舉行一系列拍賣來處理這些資產，引發擔保債權憑證市場衝擊波。美林的大拍賣迫使相似擔保債權憑證的持有者紛紛將手中的證券標價調低。

對於博阿茲・魏因斯坦來說，這一切都是好消息。隨著整個體系出現裂痕，魏因斯坦的空頭部位開始盈利。很顯然，房地產市場正在滑向比人們預料的要嚴重得多的熊市，這使得魏因斯坦持有的信用違約交換價值猛增。

再看看摩根史坦利。休伯勒開始焦頭爛額，他確實下注了低等級擔保債權憑證份額的崩盤，但他沒有料到，高等級、甚至AAA級份額也如此疲軟。休伯勒賣空了大約二十億美元的劣質擔保債權憑證，但悲劇的是，他同時持有一百四十億美元的高等級擔保債權憑證，那些在理論上「超級優秀」、永遠不會遭受損失的份額。

七月，恐慌已成不可收拾之勢，次貸擔保債權憑證投資者爭先恐後奪路而逃，使整個信貸市場陷入癱瘓。商業票據市場凍結了，這是華爾街為表外工具融資以支援證券化業務的主要方式。到處都在賤價出售，買家卻寥寥無幾。損失之大遠遠超出了任何人的想像。

壞消息接踵而至，一波未平，一波又起。貝爾斯登拉爾夫．喬菲的基金崩盤是第一波，七月三十日，這兩家基金被迫遞交破產申請。不久，喬菲和坦寧被炒了魷魚。二〇〇八年六月，兩人被起訴相互勾結誤導投資者相信基金的健康狀況。

全球金融危機開始顯現出猙獰的面目。隨著一家叫做基準資本基金管理公司（Basis Capital Fund Management）的澳大利亞避險基金倒閉（它持有巨額次貸證券部位），破產的骨牌被推倒了。索務（被肯．格里芬收購的避險基金）在幾週之內縮水五〇％；美國住房抵押貸款投資公司（American Home Mortgage Investment）這家美國最大的抵押貸款商之一，在發出資本市場融資困難、可能被迫倒閉的警告後，股價一下子跌去九〇％，一週後申請破產保護。

八月上旬，美國國家金融服務公司（Countrywide Financial）這家美國最大的抵押貸款商提出警告，說信貸市場出現「前所未有的混亂局面」，聲稱儘管該公司「流動性充裕……但形勢變化太快，對公司會造成何種影響尚不清楚」。

所有這些消息都表明，許多擔保債權憑證要比人們所認為的要糟糕得多，損失之鉅令人嗔目結舌。二〇〇七年晚些時候，摩根史坦利爆出七十八億美元的損失，大部分來自休伯勒的部門。

高等級、甚至超優級擔保債權憑證份額的崩潰，重創了美國和海外各大銀行的資產負債表，這也是當年夏季開始席捲整個金融體系導致信貸崩潰的罪魁禍首。擔保債權憑證大軍以及在此基礎上建立的高槓桿海市蜃樓紛紛灰飛煙滅。交易額極度萎縮，由於高斯聯結之類的複雜模型的濫用，誰都不知道擔保債權憑證的正確價格是多少。

儘管抵押貸款市場遭遇了滅頂之災，但像AQR、文藝復興科技公司、過程驅動交易、薩巴和大本營這樣的量化基金，還是堅信自己能夠毫髮無傷。比如，文藝復興科技公司和過程驅動交易小組就沒有涉足次貸或信用違約交換，他們的主要交易對象是股票、期權和期貨合約，和次貸扯不上什麼關係。大本營、AQR和薩巴則頗有些眾人皆醉我獨醒的氣概，他們若非未雨綢繆地對損失進行了避險，就是站到了正確的一方，收穫頗豐。

德意志銀行就從魏因斯坦的空頭交易中嘗到了甜頭。魏因斯坦手下一位名叫葛列格．李普曼（Greg Lippmann）的三十六歲流量部交易員，下了重注賭次貸崩盤，為德意志銀行帶來了近十億美元利潤。李普曼的同事們在交易室紛紛穿上了印著加粗黑體字的灰色T恤衫，[6]上面寫著：「我賣空了你的房子。」

七月二十八日，一個陽光燦爛的週末夜晚，魏因斯坦在漢普頓豪宅舉辦慶功派對。一列火炬將魏因斯坦低調的雙層海濱別墅照得透亮，賓客們聚集在後院的白色帳篷周圍，在潮聲中舉起夜光杯，痛飲葡萄美酒。魏因斯坦身穿一襲黑色排扣襯衫，棕色的頭髮整齊地梳向後面，露出蒼白的寬闊前額。這一刻，他躊躇滿志，與來賓盡情狂歡。

兩天後，信貸危機全面爆發。穆勒剛從自我放逐中歸來，艾斯尼斯憧憬著首次公開募股給自己帶來的巨額財富，魏因斯坦計畫離開德意志銀行、創辦自己的避險基金，而格里芬正雄心勃勃地要在投資界星光大道上刻下自己的名字。對這幾位寬客來說，接下來的賭注之高，此生未曾得見。

譯注

1 精品投行是以專注、細分為特色的投資銀行，多以上市前業務為主，與摩根史坦利、高盛等「大而全」的風格有所不同。

2 鏽跡地帶指美國東北部五大湖周圍的傳統工業重鎮，現陷入衰退，因此而得名。

3 邦德即債券（Bond）的音譯。

4 作者注：巴塞爾協議（Basel Accord）是一項國際標準，規定銀行應該準備多少資金以防壞賬損失。

5 兩家基金的名稱，前者為 Bear Stearns High Grade Structured Credit Strategies Master Fund，後者為 Bear Stearns High Grade Structured Credit Strategies Enhanced Leverage Master Fund。

6 灰色（grey）與該交易員的名字葛列格（Greg）發音相近。

10 引爆超新星

二〇〇七年八月初，和往常的仲夏時節一樣，美國一片平靜，沒有什麼大事發生。伊利諾州參議員巴拉克・歐巴馬在華盛頓做了一次演講，宣稱美國應當將軍事注意力從伊拉克轉向伊斯蘭極端分子；密西西比河洪水造成明尼亞波里斯市超過十二人溺水身亡；星巴克稱季度盈利上升九%，計劃在二〇〇八財年再開兩千六百家新店；芭比娃娃製造商美泰兒公司宣佈召回中國境內一百萬件玩具，因為這些玩具所用的塗料鉛含量超標。

但在平靜的表面下，岩漿即將從火山口噴薄而出。在槓桿作用下，投資於衍生性商品、避險基金和其他量化手段中的數兆美元，馬上就要爆炸了。只要你距離金融業足夠近，就能真切地感到金融體系的每一塊磚都在顫動。

八月三日，週五下午，傾盆大雨在紐約市瓢潑而下。CNBC脫口秀主持人、前避險基金經理吉姆・克雷默（Jim Cramer）歇斯底里地指責聯準會的不作為。

「這些公司馬上就要倒閉了！聯準會瘋了，瘋了！他們什麼都不知道！」

克雷默的同事愛琳・伯內特（Erin Burnett）驚得目瞪口呆。克雷默對著熱線電話上恐慌不已的執行長的電話大放厥詞，預測大量企業難逃破產命運：「我們面臨一場固定收益市場的生死戰！」

觀眾們驚詫無語，個個嚇壞了，儘管他們大多數人都不知道克雷默在說些什麼。在與克雷默對話的執行長中，有一位叫做安吉羅・莫茲羅（Angelo Mozilo），他來自抵押貸款巨頭美國國家金融服務公司。道瓊工業指數下跌了兩百八十一點，其中大部分跌幅發生在克雷默的爆發之後。在這個悶熱煩躁的八月週五，華爾街為數眾多的交易員、銀行家和避險基金巨頭們都想著放鬆一下，開著豪車去東漢普頓柔軟的沙灘上度個週末，遠離紐約市和格林威治的喧囂。他們知道，麻煩越來越近了。高高舉起的大錘將在週一轟然落下。

———

克里夫・艾斯尼斯站在自己的辦公室裡，他眉頭緊鎖，透過玻璃凝視著ＡＱＲ全球資產配置團隊（Global Asset Allocation group; GAA）一排排的小隔間。這個團隊擁有一群最優秀的交易員和研究員，他們時刻緊盯全球市場，尋找任何量化交易的機會，從商品期貨到貨幣衍生品無所不包。在公司的另一端、被辦公室中間一堵牆隔開的人員，則是ＡＱＲ全球股票篩選團隊（Global Stock Selection）。這個團隊的工作相當繁瑣，他們需要做大量枯燥的股票回報資料搜尋工作，從中找出法瑪的追隨者尚未發現的模式。

二〇〇七年八月六日週一的下午，全球股票篩選團隊出了一些狀況。根據他們的模型所買入和賣出的股票，出現了非常怪異的運動——對ＡＱＲ非常不利的走勢。艾斯尼斯趕快拉上百葉窗，坐到自己的辦公桌前打開電腦。螢幕上耀眼的紅字不斷閃動，[1] AQR的絕對回報基金正在急速虧損。

AQR的眾多寬客也對不斷下跌的數字目瞪口呆，彷彿看到的是火車事故的慢鏡頭。那天上午，所有人都放下了手頭的工作，尋找眼前狀況發生的原因。許多員工都被搞懵了，見人就逮住詢問：「你知道到底發生了什麼事嗎？」

但得到的回答千篇一律：「我不知道。你呢？」

公司倒閉潮謠言四起，銀行和避險基金紛紛對自己在有毒次貸資產上的風險暴露驚慌失措。有人說美國國家金融服務公司已經完了，它正在指望巴菲特或美國銀行這樣的白衣騎士從天而降，[2] 但沒人願意和這家身陷危機的抵押貸款商扯上關係。

在辦公室裡，艾斯尼斯冷冷地盯著自己的螢幕。螢幕上一片通紅，但他束手無策。他最大的擔憂就是：他什麼都做不了。

在辦公室外，AQR的員工們都注意到百葉窗緊閉。這太反常了，絕對是不祥之兆。艾斯尼斯的辦公室向來是開放的，儘管沒有多少人會走進去。但事態轉變得太快太猛，艾斯尼斯無法想像讓員工透過窗戶看到自己的老闆一副茫然的樣子。

AQR的首次公開募股註冊文件早已準備就緒，只等送往美國證券交易委員會。事實上，艾斯尼斯原本計畫在本週公佈自己的大計畫，讓AQR的名字登上所有重要報紙的頭版頭條。但現在，首次公開募股和隨之而來的大把金錢突然飛走了。絕對回報基金和其他AQR旗下的基金在這場神秘的崩盤中每下跌一點，首次公開募股就遠離一分。

在距離ＡＱＲ辦公室不遠的地方，全球交易研究主管邁克爾·孟德爾頌正在當地的格林威治薩柏味速食店（Subway）排隊。他瞄了一眼自己的黑莓手機，上面有ＡＱＲ所有基金的即時業績數字——這一瞥讓他大驚失色。事情不妙，大大的不妙。

身為久經沙場的前高盛員工、高盛精英高頻交易部門的創始人，孟德爾頌是ＡＱＲ最有頭腦的思想者，也是艾斯尼斯在需要弄清一筆交易為何出問題時首先會想到的人。他馬上意識到，必須盡快止血。他奔回ＡＱＲ辦公室，叫來傑克斯·傅利曼（Jacques Friedman）、羅南·伊斯雷爾（Ronen Israel）和拉爾斯·尼爾森（Lars Neilson）在內的ＡＱＲ頂尖交易員和研究員。他們認定市場上有人正在進行巨大規模的去槓桿操作，使ＡＱＲ旗下的基金受到直接衝擊，並將這一結論上報給艾斯尼斯。

「情況很糟啊，克里夫。」孟德爾頌說著走進辦公室，傅利曼、伊斯雷爾和尼爾森也跟著進來。「我感覺有人在清盤。」

「是誰？」

「還不清楚。也許是全球阿爾法。」

「混蛋。」

一九九八年艾斯尼斯離開高盛以後，接手全球阿爾法的是馬克·卡哈特和雷·伊萬諾夫斯基。他們是艾斯尼斯的師弟，芝加哥大學金融學項目的畢業生，法瑪的弟子。在他們的帶領下，全球阿爾法繼續突飛猛進，成為華爾街最精明的交易機構之一。到二〇〇五年（當年獲利高達四〇％）為止，他們還從未嘗到過虧損的滋味。

但從二〇〇六年開始，全球阿爾法出現了持續虧損，二〇〇七年上半年也未見好轉跡象。更糟糕的是，為了扭轉頹勢，他們加大了槓桿。槓桿越大，風險也越大，許多人擔心全球阿爾法和其姊妹基金「全球權益機會基金」（Global Equity Opportunity; GEO，專注於股票投資）正在使用借來的資金，對獲益不佳的交易做向下攤平操作。

「很少有基金能像全球阿爾法那樣造成如此影響。」孟德爾頌沮喪地聳聳肩。

「你跟那邊的人聯絡過了嗎？」

「還沒。我正要問你呢。」

「我來試試看。」

艾斯尼斯與這兩位高盛的舊同事交惡已久，因為艾斯尼斯帶了一票人離開，卻把他們留下。艾斯尼斯對此也不痛快，但他不想因為自己帶走更多成員而得罪高盛高層。他留下卡哈特和伊萬諾夫斯基執掌全球阿爾法，希望這樣就能平穩交接，以報答高盛對自己的知遇之恩。但卡哈特和伊萬諾夫斯基並不領情，認為自己成了艾斯尼斯和高盛之間的犧牲品。

不過幾年下來，雙方之間的緊張局面已經有所緩和。全球阿爾法已成長為精英交易機構，管理著一百二十億美元的資產，連年收益豐厚（除了二〇〇六年的大失足），完全可以與任何最好的避險基金（包括AQR）相媲美。

艾斯尼斯給高盛打了好幾通電話，但都沒人接聽，這使他更感不安。

在那個星期一，博阿茲．魏因斯坦還沈浸在週末漢普頓派對的逍遙中，但吃過午飯沒多久，他也開始發愁了，薩巴的量化股票交易部出了狀況。大約在下午兩點，壞消息接踵而至，該部門負責人艾倫．班森（Alan Benson）向他發來當天第二封電子郵件，其中附著損益表。

上午十點，班森便發來第一封郵件，顯示出虧損的早期信號，但沒有引起魏因斯坦的警覺。班森的部門管理著價值二十億美元的股票和交易所交易基金部位，出現較大波動不足為奇。早盤出現的虧損可以在下午輕鬆扭轉。但下午兩點的最新報告顯示，虧損並未變成盈利，而是大幅惡化，班森一天就虧掉幾千萬美元。

魏因斯坦起身下樓，走進薩巴的交易室；班森看起來十分緊張，額頭不停地冒汗。

「艾倫，到底怎麼了？」魏因斯坦問道，他像往常一樣一臉平靜，但聲音難掩緊繃。幾千萬美元一日之間灰飛煙滅，這種駭人景象讓他想起自己二〇〇五年在通用汽車上的慘敗。

「很詭異。」班森說。「我們賣空的股票在暴漲。看起來有人正在大規模回補空頭部位，許多產業都這樣。」

當投資者做了一筆賣空交易時，他實際上是在借入股票然後賣出，希望未來以更低的價格將其買回。

假設IBM當前價格為一百美元，而你認為它會下跌到九十美元，於是你向經紀商借入一百股，將其賣給另一位投資者，獲得一萬美元。如果你預測正確，IBM真的跌到了九十美元，你就能以九千美元的價格買入一百股還給經紀商，而把一千美元差價放入自己的荷包。

但是，如果IBM上漲了會怎樣呢？你會被套住，股價每上漲一美元，你就要遭受一百美元損失。為了使損失最小化，你馬上買回股票，而這可能進一步推高股價；如果成百上千的賣空者同時如此操作，就發生了所謂的「軋空」（short squeeze）。八月六日的那個星期一，發生了也許是史上最大的軋空行情。

「看起來像是有人正在快速清理巨額部位。」班森接著說。

「我們能怎麼做？」

「密切關注。我認為這一情形不可能持續太久，以那傢伙平倉的速度來看，應該沒多久就清完了。但是，如果真的繼續這樣下去……」

「會怎樣？」

「我們也得跟著平倉。」

同一天，在過程驅動交易小組，彼得．穆勒像往常一樣神龍見首不見尾，邁克．里德和艾咪．黃主持著大局。這兩人是穆勒資格最老的手下，從過程驅動交易小組還是個構想的時候便開始追隨穆勒。想當初，過

程驅動交易小組的交易員們只不過是一群整天對著電腦螢幕不斷敲擊鍵盤的年輕數學天才，其情景和一群古靈精怪的小孩在車庫裡玩耍沒什麼區別。

如今，過程驅動交易小組已成長為全球佈局的強大交易機構，在倫敦和東京都有辦事處，資產管理規模也達到六十億美元，而且每天都在變化，因為摩根史坦利不斷撥下資金。日復一日，過程驅動交易小組就像開足馬力的印鈔機。但在那個星期一，印鈔機突然變成了摧毀鈔票的碎紙機。

過程驅動交易小組所追蹤的股票，從七月中旬就開始不太對勁，進入八月以後，形勢更是急轉直下。上週五，納斯達克漲幅最大的五檔股票，全都出現在過程驅動交易小組的賣空名單上，而跌幅最大的五檔股票，則全部出現在過程驅動交易小組的買入名單上。寬客的世界天翻地覆了：模型操作與市場實際正好相反，真諦不再是真諦，倒成了反向真諦。

星期一，虧損加劇，重災區正是量化基本面交易組合——二〇〇六年下半年穆勒回歸之後加大槓桿的地方，艾咪．黃和里德明白，如果虧損繼續擴大，他們就必須開始削減基本面交易組合的部位，以降低過程驅動交易小組的槓桿。事實上，一週之前，過程驅動交易小組已經開始著手削減大富翁的規模，因為市場出現了多次雜亂無章的波動。

大富翁是一個高頻交易系統，無時不刻都在證券市場上快進快出。基本面交易組合則不同，它持有的通常是交易較為清淡的小市值股票，比較難脫手，在多位持有者同時試圖斬倉時更是難上加難。這些部位必須小心打理、逐步減持。削減部位是樁麻煩事，既需要耗費大量時間，也必須付出較高的代價。

在那個星期一，過程驅動交易小組和其他避險基金開始見到了令人難以置信的市場運動。運轉良好的模型——鐘形曲線和隨機漫步、校正相關性——以及所有將寬客推向華爾街最高寶座的數學和科學，統統沒有把握住那一天的市場運動。市場一片混亂，完全被人性的恐慌因素所主宰，再強大的電腦、再複雜的演算法也無濟於事。二十世紀五〇年代被本華．曼德博所發現的瘋狂肥尾運動，似乎每個小時都會重現一次。以前從來沒有發生過類似的事情。**這根本不應該發生！**

寬客們使出渾身解數抑制虧損，但所有動作都像是在火上澆油。他們越想賣，賣壓就越大。人人都想降低槓桿，結果造成了不可收拾的下跌推力。

艾咪．黃和里德透過電子郵件和電話時刻與穆勒保持著聯繫。只有穆勒有權決定在下跌市場中是否減持、要減多少。市場的波動性正在急劇增加，過程驅動交易的風險模型開始不知所措。現在，穆勒需要決定是否削減量化基本面交易組合的槓桿，但這樣做必然代價沈重。如果量化基本面交易組合上的虧損繼續惡化，過程驅動交易小組就會別無選擇，只能開始賣出，這意味著棄卒，甚至棄車保帥。

所有的量化基金都是亂作一團，掙扎著要搞清楚到底出了什麼狀況。正在法國度假的肯．格里芬與芝加哥大本營總部的交易員時刻保持聯繫；文藝復興科技公司也遭受了重創；肖氏避險基金、舊金山的巴克萊全球投資基金（Barclays Global Investors）、J．P．摩根的量化投資部高橋資本（Highbridge Capital Management）也沒能倖免。總之，全世界幾乎所有避險基金，不管遠在倫敦、巴黎還是東京，都在遭受打擊。AQR在格林威治的德拉瑪酒店訂了房間，讓飽受壓力、精疲力竭的寬客們休息。格里芬也搭乘私人飛機，匆匆趕回芝加哥處理危機。

當局對席捲華爾街的巨額損失一無所知。當天下午，美國聯準會宣佈維持短期利率五．二五％不變。美國聯準會在其政策陳述中說：「金融市場出現了較大波動，一些家庭和企業遭遇了信貸緊縮，房地產市場的價格修正仍未結束。但是，在未來數個季度內美國經濟仍將以較為溫和的速度增長，因為就業和薪資增長十分穩固，全球經濟也相當強勁。」

危機在深化，而華盛頓的中央銀行官員們完全沒有把握住。那個星期一和星期二是避險基金史上最慘痛的日子，數十億美金蒸發一空。可是，星期三的形勢更是急轉直下。

在紐約市中心，高盛資產管理公司也拉響了紅色警報。這家管理著三百億美元資產的世界最大的避險基金管理機構四面楚歌。價值股、成長股、小盤股、中盤股、貨幣、商品，所有部位都在巨虧。全球阿爾法、全球權益機會基金，所有策略無一倖免。和其他量化基金一樣，主管卡哈特和伊萬諾夫斯基對此束手無策。

高盛資產管理公司的風險模型在測量波動性方面非常成熟，但在整個七月，波動性一直在猛漲。這是個奇怪現象，因為多年來波動性一直在下降。根據高盛資產管理公司的風險模型，波動性下降意味著應該承擔更多的風險、使用更高的槓桿，這樣才能使賺到的錢不至於減少；其他量化基金的策略也差不多。而現在，波動性變得與以往不同——波動性真的開始劇烈波動了。

高盛的寬客們還注意到了另一大不妙趨勢：全世界的利差交易正在迅速減少。全球阿爾法、AQR、大本營和其他基金，一直透過借入低收益率的廉價日元然後投資於高收益資產，來套取巨額利潤。多年來，這一手法取得了輝煌的戰績，在所有的投機操作中都大獲全勝。但這取決於一個條件：日元的廉價狀態會持續下去。

二〇〇七年八月上旬，日元出現暴漲。隨著日元對其他貨幣匯率不斷上漲，借入日元並預期在未來償還的各大基金紛紛陷入了混亂，手忙腳亂地償還日元貸款。這就觸發了一個自我強化的回饋循環：日元越升值，就有越多基金被迫償還貸款，而這反過來又刺激日元進一步升值。

在高盛資產管理公司，利差交易的突然落潮醞釀著潛在災難，因為它的大量部位：債券、貨幣甚至股票，都是以利差交易為基礎。

利差交易的崩盤以及波動性的突然上升帶來災難性結果。八月三日，上個星期五，市場發生了多年來不曾遇到過的錯位。星期一，混亂演變成一場地震；星期二，情況更嚴重了，高盛資產管理公司不得不開始大手筆賣出。

彼得·穆勒走在市中心百老匯到摩根史坦利辦公室的路上，穿過層層汗流浹背的人群，心裡越來越焦慮。現在是八月八日，星期三，曼哈頓中城的街道上排起了長長的車龍，他覺得比平時堵很多。擠上人行道的人

們不只有平日常見的遊客，還有許多西裝筆挺的商界人士，幾乎人人都忙著按手機。

他剛從自己位於華納時代華納中心的寬敞公寓離開。時間緊迫，他再度抬起手看錶。第幾次了？也許是第二十次？市場馬上就要開盤，他感到心神不寧：市場不會繼續下跌吧？他用自己的黑莓手機掃了一眼新聞，日本股市又完蛋了，天哪！穆勒不知道為何會出現崩盤，更糟糕的是，他不知道何時能夠止跌。然而下跌必須停止，否則的話……

穆勒焦躁地擠過老愛德沙利文劇院（Ed Sullivan Theater）前面熙熙攘攘的人群。似乎連天氣都跟他作對，當天清晨，就在早班通勤高峰之前，颶風襲擊了紐約，時速高達一百三十五英哩的颶風先襲擊了史坦頓島，然後穿越紐約灣海峽，登陸布魯克林。所到之處樹倒屋毀，日落公園（Sunset Park）和灣脊（Bay Ridge）區域一片狼藉。這是颶風五十年來首次侵襲布魯克林，也僅是自一九五〇年以來第六次出現在紐約市。

紐約主幹道成了水鄉澤國，地鐵因進水被迫停駛，使整個城市的交通陷入癱瘓。上班族紛紛湧入街道，讓不少人想起六年前「九一一」襲擊之後的大恐慌。

颶風來也匆匆，去也匆匆，轉瞬間便在大西洋消失得無影無蹤。八月驕陽露了出來，把紐約市烤得猶如桑拿房。華爾街的交易員們各顯神通，拼命在九點三十分市場開盤前抵達辦公室。到處都在告急，不過這和天氣無關。全球金融市場突然出現的風暴讓所有人都措手不及，第一波衝擊已呼嘯而至，而穆勒正處於風暴的中心。

對穆勒來說，這是一場長長的狂野之旅。過程驅動交易小組曾經是運轉順利的賺錢機器，吐出源源不絕的財富，但如今一切都變了。市場上增加許多家紀律嚴明的公司，數量太多了。情況完全不像十年前這支團隊的光榮歲月，那時彷彿是天空開了一道窗，金錢源源不斷地砸到穆勒頭上。

那個下午——是一九九六還是一九九七年來著？——過程驅動交易小組在香料之島格瑞那達盡情歡呼。那時候，過程驅動交易小組如日中天，這支由數學天才組成的團隊開始了他們的環球探險之旅，滿世界尋找新奇的小島，而那一天，他們在格瑞那達落腳。當夕陽西下、水天一色之際，穆勒決定看看紐約的情況。他拿出手機，撥通過程驅動交易小組交易部的號碼，找到一位守在電腦前的值班交易員。

「盈虧如何？」穆勒問道。穆勒習慣於聽到「盈」多「虧」少。

「我看看。」電話裡的聲音十分平靜？「十七。」意思是盈利一千七百萬美元。

「漂亮！」穆勒由衷地說。萬事如意，他露出微笑，理了理自己的金色瀏海，為又一個好日子乾杯。在格瑞那達金色的夕陽下，聚集在穆勒周圍的寬客們無不歡欣鼓舞。海灘的日子令人流連忘返。

如今，穆勒正在匆匆擠開時代廣場的人潮，努力向公司前進。他緊閉雙唇，抬頭望向天空。風暴已過，豔陽高照，摩根史坦利總部大樓出現在藍色的天際中。終於到了：百老匯大街一五八五號，摩根史坦利全球總部。這座矗立在曼哈頓中城中心杜菲廣場（Duffy Square）的摩天大樓，建於二十世紀「奔騰的九〇年代」初期，總面積九十萬平方英呎，高四十二層。底層是一排商鋪，在其上幾層，三道資料流程源源不斷地湧入大廈東區——股票價格、貨幣和世界各地的最新新聞。這座龐大的建築看上去就像是一位高大、魁梧的場內交易員，急於威嚇時代廣場上其他幾棟霓虹色辦公樓。

一看到這座大廈，穆勒仍然感受得到過往那陣興奮。他比這兒的絕大多數員工都更瞭解，在這座建築令人望而生畏的結構中，隱藏著無比強大的交易實力。在這幢大樓裡遍佈著數英哩長的光纖和多不勝數的衛星接收器，與全球金融市場緊緊地連在一起，是金錢網路的一部分。

在百老匯大街一五八五號內，交易員們買賣著日本的公司債券期權、連結俄羅斯的房地產以及德州的原油的衍生性商品，以及世界各國貨幣——加拿大、津巴布韋、秘魯，無所不包，還有次級抵押貸款和抵押貸款衍生性商品，股票自然更是不在話下。每項交易品類動輒價值數十億美元。

穆勒快步走進摩根史坦利的寬敞大廳，逃離外頭的熾熱。他刷了卡，坐上直達過程驅動交易小組交易室的電梯。電梯在六樓停了下來，穆勒走出電梯，刷卡進入辦公室。他走過十年前就掛在辦公室牆上、二十世紀六〇年代高達的黑色電影《阿爾法城》的海報，進入自己的私人辦公室。他打開彭博終端機，世界上所有可交易證券的資料馬上呈現在他眼前。快速瀏覽了市場動向之後，他檢查一下過程驅動交易小組的損益表。

情況不妙！

這是穆勒從未見過的市場動盪，世界各地的量化基金在跌勢面前毫無還手之力。穆勒早已就市場現狀和其他基金的經理有過交流。他和艾斯尼斯通過電話，詢問過AQR的情況，也試圖搞清楚高盛的表現如何。每個人都有自己的見解，但沒有人知道答案。每個人都在擔心，如果拋售潮再拖久一點，將會造成致命性影響。

市場到處都是末日傳言。美國房市正在崩潰，世界各地的銀行和避險基金（比如瑞銀集團和貝爾斯登）

遭受重創，股市正處於騷動之中。恐慌在蔓延，次貸崩盤像電子病毒一樣在金錢網路中迅速傳播。精雕細琢的寬客模型完全失控了，整個金融體系正在滑向癱瘓。

損失在惡化，崩潰的根源卻無處可尋。奇怪的是，在金融體系遭受雨打風吹之時，外部世界卻仍在閒庭信步。事實上，主流大眾對華爾街發生的歷史性崩盤一無所知。亞倫・布朗看到CNBC評論員對股市的詭異運動一臉茫然的樣子，幾乎要笑出聲來，他們完全不知道為什麼會出現這樣的劇烈波動。不過布朗瞭解到：事實上，寬客們自己也還沒搞清楚。

布朗正在竭盡所能盡快熟悉AQR的系統以管理其風險。那個週二晚上，他決定在辦公室過夜，睡在自己辦公桌旁的沙發床上。他並不是唯一一個通宵工作的人。臨近半夜，他走出辦公室，連續二十小時緊盯螢幕上的數字已使他雙眼佈滿血絲。辦公室一片狼藉，許多寬客滿臉憔悴，他們喝著咖啡、戴著耳機在電腦旁奮鬥，拼命在全球市場上減倉。這是一派奇怪的景象：外面一片漆黑，辦公室裡卻如同白天一樣忙碌。

外部世界仍然對金融系統的歷史性崩盤毫無知覺。第一個向大眾傳遞驚駭消息的人，是雷曼兄弟一位默默無聞的量化研究員。

八月六日晚上，舊金山機場，馬修・羅斯曼（Matthew Rothman）搖搖晃晃地走下「紅眼航班」。第二天，八月七日星期二一早，他將和一位潛在客戶碰面。這位雷曼兄弟首席量化策略師正在西海岸路演，推廣他的

新模型。去年他在辦公室裡花了無數個不眠之夜、無數個週末時光才開發出這個新玩意兒，現在是收穫的季節了。

羅斯曼是個敦實的中年男人，國字臉，一頭蜷曲棕髮。此刻他拖著行李，帶著筆電坐在客戶的休息室裡，他甚至沒有到下榻的四季酒店休息一會兒。昨天市場的詭異走勢令他百思不得其解，他的量化模型損失慘重，他卻無從尋找原因。

突然，他猛地從椅子上站起來，一臉震驚。他等著見面的交易員一路小跑過來，也是一副大驚失色的樣子。「上帝啊，羅斯曼。」他一邊說著一邊把羅斯曼拉進自己的辦公室。「你知道發生了什麼事嗎？」

交易員給羅斯曼看了一下自己的投資組合。暴跌！市場上發生了前所未見的可怕大事。羅斯曼也不知道問題出在哪裡。推廣泡湯了，沒人有興趣聽他展示他的出色模型。那一天，羅斯曼拜訪了好幾家量化基金，見到的都是鮮血淋漓的慘狀。

這毫無道理呀！做為對市場有效性堅信不疑的芝加哥大學畢業生、法瑪的學生，羅斯曼預期市場會依照嚴格的量化模型運行。可是市場目前卻在沿著羅斯曼（以及其他任何寬客）都不曾見過的軌跡運行。所有部位都在虧錢，所有策略都失靈了。是世界太瘋狂，還是寬客太沒用？

那天晚上，羅斯曼和朋友阿斯利爾．萊文（Asriel Levin）在舊金山市中心一家日本餐館共進晚餐。萊文以前是世界上最大的資金管理人——舊金山巴克萊全球投資者公司——的旗艦基金「三十二資本」（32 Capital）的基金經理。二〇〇六年年末，他開創自己的避險基金門塔資本公司（Menta Capital）。人們叫他「烏茲」，[3]羅斯曼也認為萊文是自己所認識最聰明的寬客。在如此關鍵的時刻，能和萊文一起探討實在幸運。在享用了壽司和美酒之後，兩人開始交換此次崩盤的看法，一直討論到飯店打烊，終於得出一個後來被證明是無比正確的假說。

他們認定，某家非常大的資金管理者在次貸資產上出現了巨額虧損，致使其主經紀商下達了追加保證金通知（margin call）。

「追加保證金通知」是金融界最可怕的七個字。投資者時不時地會從主經紀商那兒借入一筆錢去購買某項資產，比如一大堆次級抵押貸款，這類交易透過保證金帳戶進行。當資產價值縮水時，主經紀商就會通知投資者，要求他們向保證金帳戶裡追加現金；如果投資者拿不出現金，他就必須斬倉籌資。

流動性最好的資產向來是股票。羅斯曼和萊文推斷，陷入麻煩的資金管理者是一支多策略避險基金，涉獵各種投資策略，期貨、貨幣和次貸都是其投資對象。他們還推斷，起因是次貸崩盤。隨著拉爾夫．喬菲管理的兩支貝爾斯登避險基金的崩盤，所有次貸擔保債權憑證應聲暴跌，穆迪和標準普爾等評級機構也下調了大量擔保債權憑證的評級，使情況雪上加霜，擔保債權憑證進一步下滑，導致被迫賣出部位以籌集現金的情形愈演愈烈。持有大量次貸資產者紛紛收到了追加保證金通知。

大量載有抵押貸款的基金紛紛擱淺，讓他們重新浮起的方法唯有卸去正在暴跌的資產。不過，多策略基金的選擇就比較多了。羅斯曼和萊文推測，至少有一支多策略基金（也可能不止）透過量化模型持有大量的高流動性股票資產，其基金經理必定正在尋找能夠盡快脫手以籌集滿足保證金現金需求的資產，而他們很快發現量化股票交易組合就是不二之選。

這一賣出行為引起了部位相似的其他基金的連鎖反應。空頭部位突然開始上漲，多頭部位則開始下跌。換句話說，某支或多支大型避險基金在有毒次貸資產的重壓之下爆了倉，殃及其他避險基金，就像是一塊鬆動的巨石引發山崩。這些年來，隨著量化基金數量的增長，收益率受到了極大的壓制，於是各基金經理不得不提高槓桿率。現在，他們要為此付出代價了。

這些交易牽涉多少資金無從得知，但一定十分巨大。據業內廣泛採用的理柏TASS資料庫（Lipper TASS Database）的數據。自二〇〇三年以來，多空對沖的中性策略基金（如AQR）旗下的資產漲了近三倍，到二〇〇七年八月崩盤前已高達兩千兩百五十億美元。與此同時，隨著越來越多人想進來分一杯羹，量化策略的盈利能力已大不如前。多支避險基金開始向巨型化發展，將資金源源不斷投入該部門。二〇〇六年，文藝復興機構股票基金（Renaissance International Equity Fund; RIEF）增資一百二十億美元，資產管理規模提高到兩百六十億美元；AQR的規模也膨脹到四百億美元。其他華爾街機構也在爭先恐後地跳上量化列車。當時，最流行的策略是所謂的「一百三／三十」基金，即運用槓桿和量化戲法使多頭部位規模達到資本的一三〇%，同時賣空相當於資本三〇%的股票；文藝復興機構股票基金則是「一百七／七十」基金，意味著其槓桿率更高。到二〇〇七年夏天，量化策略大約管理著一千億美元的資金，其中大多數都是基於類似法瑪的價值和增長因素模型的量化手段。

屍橫遍野的慘狀還體現了金融市場極度缺乏透明度的危險現狀。沒有人知道是哪家基金導致了大崩盤，羅斯曼不知道，穆勒不知道，艾斯尼斯也不知道。基金經理們用電話和電郵尋找著罪魁禍首，許多人將矛頭指向高盛的全球阿爾法，也有人說是七月以來損失慘重的大型紐約避險基金卡克斯頓合夥公司（Caxton Associates）。更重要的是，卡克斯頓有一個很大的量化股票交易組合，叫做ART，負責人是神秘的亞倫·索斯尼克（Aaron Sosnick）。

近幾年來，華爾街的量化基金紛紛大幅提高槓桿率以追求更高的收益。由於湧進避險基金的資金越來越多，幾乎所有的策略都出現了回報率下降的趨勢。寬客的衣食父母——稍縱即逝的市場無效性、法瑪的食人魚苦苦尋找的肥肉——正變得越來越難覓蹤跡。滿大街都是法瑪和法蘭齊的信徒，張口就是增長股、價值股；統計套利成了標準化商品，只要搭上幾台電腦，誰都能玩一把。

價差變得越來越小，要想賺取更多的金錢，唯有提高槓桿率一途——這正是二十世紀九〇年代長期資本管理公司所用的伎倆。一九九八年，華爾街上幾乎所有的債券套利者和固定收益避險基金都在複製長期資本管理公司的交易。十年後，歷史又一次重演。事實上，金融體系的每一分子都在做差不多的事情。幾年來，銀行、避險基金、消費者甚至國家，都在提高槓桿、向下攤平。二〇〇七年八月，隨著全球保證金追加通知潮爆發，所有人都在被迫減持，終於釀成了一場下跌螺旋。

臨近半夜，仍然帶著行李的羅斯曼乘上了開往四季酒店的計程車。他癱坐在後座，筋疲力盡，開始思考下一步計畫。若依照規劃，明天他應該飛赴洛杉磯，會見更多的投資者。但他可以向他們說些什麼呢？他的模型已經不管用了。他暗忖：**忘了它吧，我得打個電話。**他決定取消洛杉磯之行。

ＡＱＲ的損失越滾越大，艾斯尼斯發瘋似地不停打電話給高盛資產管理公司，但對方彷彿下了緘口令，一通也沒接。就在艾斯尼斯快要抓狂的時候，他收到了高盛量化股票交易團隊主管鮑勃・瓊斯的電郵，內容只有五個字：不是我幹的。

艾斯尼斯並不買帳。他比其他外部人士更瞭解高盛資產管理公司，十多年前創建全球阿爾法的正是他。他也知道，全球阿爾法將槓桿率抬得很高。他驚恐地看著他十年前造出的小東西，長成了一個龐然大物，以槓桿支撐起來的巨獸。艾斯尼斯明白，如果高盛資產管理公司倒閉，後果將是災難性的。

ＡＱＲ的交易員們個個精疲力竭，卻依然精神矍鑠。他們就像面臨大決戰的士兵，恐懼中又帶著一絲期待，彷彿自己正在創造歷史。艾斯尼斯決定給寬客手下們發表一番勵志演說，因為外面已開始流傳ＡＱＲ快要撐不住的謠言。ＡＱＲ的辦公室並沒有設中央會議區，因此員工們擠在多個會議室裡，聆聽艾斯尼斯坐在自己辦公室的講話。有些交易員覺得這種安排著實奇怪，為什麼艾斯尼斯不當著大家的面發言，而是像《綠野仙蹤》的巫師那樣躲在布幕之後，只聞其聲、不見其人？在艾斯尼斯的一旁坐著合夥人——包括約翰・劉、大衛・卡比勒，還有亞倫・布朗。

他承認ＡＱＲ正在經歷前所未有的損失，但他告訴員工不必驚慌：「我們沒有遭遇危機。」他的聲音從私人辦公室傳向各個會議室。「我們有足夠的資金挺過去。我們有能力處理目前的狀況。」

演說最後，艾斯尼斯表達了自己的樂觀態度，回顧了AQR應對網路泡沫崩盤的經驗。「我們的合夥人經歷過類似的事情。我們的系統最終還是見效了。過程是曲折的，前途是光明的。」

但仍有一件痛苦的事已無可避免：本已箭在弦上的首次公開募股鐵定泡湯了。艾斯尼斯說：「也許我們再也不會有首次公開募股的機會了。」

在薩巴，量化基本面交易組合負責人艾倫・班森快要瘋了。他現在一天工作十八個小時，像個無頭蒼蠅般沒完沒了地做著交易。他和僅有的幾個手下需要管理二十多億美元的資產，根本不足以逐一檢查部位狀況。僅僅兩天，他們就損失了五千萬至六千萬美元。魏因斯坦大發雷霆，不斷要求班森斬倉止損，越快越好。

整個量化投資業哀鴻遍野，紐約的泰和基金管理公司（Tykhe Capital，名稱出自希臘神話中幸運女神的名字）潰不成軍，虧損超過二〇%。在東錫托基特，文藝復興科技公司的大獎章基金正在遭受打擊，文藝復興機構股票基金——西蒙斯曾說能夠管理一千億美元資產的巨無霸——也未能倖免。

最使人難以理解的是大獎章居然也在虧損，西蒙斯從未見過這種情況。大獎章的極速交易策略為市場上其他交易者提供了大量流動性，奪命而逃的量化基金的許多資產都賣給了大獎章。大獎章的模型預測這些部位最終會回歸均衡，但事實並非如此，部位不停地虧損，不存在均衡。大獎章不停地買，所持部位越來越像那些拼命去槓桿化的基金之前的模樣。這是通往破滅的配方！

虧損飛快增長，根本來不及處理。金錢網路的大潰敗開始了，沒人知道何時會消止。

在過程驅動交易小組，穆勒不停打電話給各個基金經理，想要弄清楚是誰在賣出、誰沒有賣出，但沒人理他。穆勒心想，這倒是跟撲克遊戲有幾分相似。沒人知道誰手裡有什麼牌，有些人虛張聲勢，一手爛牌卻裝得咄咄逼人；有些人小心翼翼，及早休戰靜待峰迴路轉。現在，穆勒面臨的情況和牌局太像了——要麼扔下更多的籌碼，等著時來運轉；要麼蓋牌，放棄底池，高高掛起。只不過，這場比賽的賭注大了許多倍。

其他基金經理也面臨同樣的問題。「我們都嚇壞了。」AQR共同創始人約翰．劉說道。「量化經理們通常都會搞神秘，不怎麼彼此聯繫。我們這一行和牌局有點類似。當你想像大型量化基金經理的世界時，通常把它想得太大。我們彼此認識，那時候我們互相打電話，說『是你在賣嗎？』、『是你嗎？』之類的話。」

情況正在失控。穆勒向摩根史坦利的最高層柔伊．克魯茲和麥晉桁做彙報，希望知道公司可以接受多大程度的傷害。但他的上司沒有給他明確的數字，他們不清楚過程驅動交易的運作細節。這些年來，穆勒的部位和策略一直是嚴格保密，摩根史坦利沒有多少人知道過程驅動交易小組是如何賺錢的。克魯茲和麥晉桁知道過程驅動交易小組能賺錢，幾乎任何時候都能賺，他們也只關心這個。

這意味著一切都要看穆勒。八月八日，星期三上午，他做出了抉擇。前一天晚上大約七點，他來到摩根史坦利辦公室，與飽受重創的過程驅動交易小組量化基本面組合的負責人艾咪．黃見面。他們在位於過程驅動交易小組狹小交易室樓下的會議室裡進行激烈討論，在場的還有其他幾位過程驅動交易小組的高階員工。艾咪．黃計算了總損失，量化基本面組合已經虧了約一億美元。

「我們應該怎麼做？」艾米・黃問道。

穆勒聳聳肩，下令：「賣。」

星期三上午，過程驅動交易小組開始執行指令，大量減倉。情況繼續惡化，其他避險基金也在賣出，大家都在恐慌中奪命狂奔。

那個星期三，先前一系列看起來只是量化模型詭異小故障的事件，演變成一場災難，一次金融市場上史無前例的大崩潰。幾乎所有量化策略——人們眼中最精妙的投資觀念——全都灰飛煙滅，損失數十億美元。去槓桿化的超新星爆炸了。

奇妙的是，這個已經天翻地覆的量化交易世界，反而使外部世界起初幾乎不得而知那些巨額虧損。他們所賣空的股票在強勢上漲，使得整個市場看起來情況並不壞，沖抵了他們期望上漲的股票的跌勢。星期一，道瓊工業指數上漲兩百八十七點，星期二上漲三十六點，星期三上漲一百五十四點。一般投資者對平靜表面下的大屠殺毫無察覺，絲毫不知數十億美元已經在避險基金手中灰飛煙滅。

當然，很多跡象表明形勢已急轉直下：被大量放空的股票反常地大漲。電信股Vonage Holdings在上一年度下跌八五%，卻在沒有任何消息的情況下在一天之內猛漲一〇%；線上零售商Overstock.com、眩暈槍製造商泰瑟國際（Taser International）、住房建築商Beazer Homes USA，還有卡卡圈坊，這些公司向來是賣空者的最愛，但現在它們全線逆市大漲。從基本面的角度看，這是毫無道理的。在經濟衰退期，像泰瑟和卡卡圈坊這樣的股票理應大跌，Beazer在房市衰退的情況下也不會好到哪裡去。但整個市場都在上演轟轟烈烈的軋空行情，使得這些股票一路飛漲。

這些被大量賣空的股票的飆升造成了海市蜃樓的景象：股市的基石已經破碎，但它仍在上漲。艾斯尼斯所愛的價值股越跌越深，迪士尼、美國鋁業（Alcoa）等低市淨率股正在遭受重創。

波士頓GRT資本合夥公司（GRT Capital Partners）董事總經理蒂姆．克羅查克（Tim Krochuk）在接受《華爾街日報》採訪時說：「市場正在大肆平倉。」寬客搞垮股市，令普通投資者大為惱火。穆勒聽過這樣一句譏嘲：「你們這群傢伙高中時把不到妹，如今還來摧毀我的生活。」

在危急關頭，邁克．里德想出了一招：停止賣出操作一小時，看看是不是過程驅動交易小組自己在製造拋售潮。這個想法清楚顯示出市場混亂至極，沒人知道是誰在引發什麼事情。但里德的招數沒什麼用，過程驅動交易小組繼續虧損。午飯後一度出現了短暫的平靜，但在下午收盤前，大屠殺捲土重來。散戶看著市場狂野的波動茫然不知所措，他們無從知道，把他們的共同基金帳戶和401（k）表格弄得亂七八糟的幕後黑手，就是量化策略和超級電腦。

里德的直覺——可能是過程驅動交易小組的賣出決策引發了市場雪崩——也不無道理。星期三和星期四如此慘烈，原因之一就是做為市場流動性提供者的高頻統計套利交易者消失了。在這些交易者中，最大的便是文藝復興科技公司的大獎章基金和肖氏對沖基金。上週，過程驅動交易小組大幅削減了旗下統計套利基金大富翁的規模，其他統計套利基金也在做同樣的事。投資者急於卸掉自己的部位，而往常的買家（即高頻基金）卻不再買入，反而和他們站到同一條船上，結果形成一個吞噬流動性的黑洞。價格因此開始暴跌。

那個星期三總算是過去了。一日之內，過程驅動交易小組虧損了近三億美元，傷得很深。其他基金的損失有過之而無不及，高盛的全球阿爾法當月下跌近一六%，損失十五億美元；AQR在那個星期三損失五億美元，是其歷史上最大的單日虧損。艾斯尼斯目睹了這輩子最快的崩盤，他心知肚明，如果情況長期持續下去，AQR斷無生存希望。

但他毫無辦法，他能做的只有變現、變現、再變現。

在高盛資產管理公司，人們開始意識到如果瘋狂斬倉不能有所收斂，災難性崩潰勢不可免。高盛的精英交易員們開足馬力，每天工作十五到二十小時，不少人甚至通宵達旦。和其他量化基金經理一樣，卡哈特和伊萬諾夫斯基也在盡力去槓桿，希望將其基於波動性的風險模型拉回正軌。但他們遇到了一個問題：一旦高盛資產管理公司開始減持，波動性就會增加，這意味著必須繼續賣出，而波動性讀數上升又會自動觸發高盛資產管理公司削減部位、籌集現金的機制。

結果是致命的：高盛資產管理公司陷入了自我強化循環。更多賣單導致更高的波動性，更高的波動性又導致了更多賣單。其他量化基金情況也差不多。

他們竭盡全力確保足夠的流動性，希望能在避免重大虧損下趕緊脫手，但只要一做賣出操作，就又回到了起點。他們終於震驚地意識到，這是一個死亡迴圈。這就像是長期資本管理公司式的崩盤，不過會有更多大型基金交互影響，最後無一倖免、個個倒下。

「大家開始認為，事情可能真的會那樣收場。」一名高盛資產管理公司的交易員回憶道。如果這一情況持續下去，所造成的損失就連一九九八年的長期資本管理公司崩盤事件也要相形見絀。

可是，該怎麼辦？

———

八月八日，星期三，馬修．羅斯曼起了個大早，步行前往加利福尼亞街（California Street），雷曼兄弟在舊金山的辦事處。他已經向其紐約量化研究團隊發了好幾封郵件，內容只有一項：寫一份解釋量化基金大崩潰原因的分析報告。但他在曼哈頓中城第七大道雷曼總部的手下們沒能完成任務。清晨的颶風使紐約地鐵系統陷入癱瘓，在大街上很難攔到計程車。羅斯曼告訴他們必須盡快趕到辦公室，走也好、跑也好、甚至騎馬也好，反正必須盡快趕到。這件事必須完成。

一整天，羅斯曼都和紐約的研究員保持著密切聯絡，不停收集數據、深入分析華爾街的一舉一動、寫文章、繪製複雜圖表。美國東部時間凌晨三點，報告總算寫成了，羅斯曼筋疲力盡地回到四季酒店。

他使用華爾街的慣用伎倆輕描淡寫地分析道：「在過去幾天中，大多數量化基金經理都出現了反常的回報業績。在我們看來，並不是大多數因素都失靈了，而是它們以反常的方式運作。」

接著，羅斯曼寫上了自己和萊文在日本餐館討論的結果：「是誰引發了災難目前尚未得知，在我們看來，最有可能的原因是有幾支多策略量化基金在信貸或固定收益組合上出現了巨額虧損。為了降低其組合的風險，以及出於對其低流動性信貸組合『按市值計價』的擔憂，這些基金可能必須籌集現金，並在流動性最佳的市場（即美國股市）上削減部位。」

然後，報告詳細分析了可能爆倉的具體交易。但是該報告最後得出了一個奇怪的結論（簡直是寬客信條的簡要歸納）：當天收盤時，人們以及投資者的行為大致上已經回歸理性。真諦畢竟是真諦，不是嗎？

羅斯曼寫道：「我們樂於相信人們（特別是寬客）的理性，也相信我們有共同的動力維持資本市場的有序運行。就像我們開夜車的時候，會相信迎面駛來的車子不會突然進入我們的車道來相撞，事實上，對面司機的心理和我們是一樣的，他也害怕我們會突然改變車道與他相撞。當我們在夜色中擦肩而過，順著各自的方向走遠，成功避免撞車時，我們都會如釋重負。」

那天早晨，這篇名為〈寬客世界的動盪時刻〉（Turbulent Times in Quant Land）的報告登上雷曼的伺服器，很快成為雷曼歷史上傳播最廣的報告。

隨著報告傳頌各方，他接到《華爾街日報》記者卡賈．懷特豪斯（Kaja Whitehouse）的電話。當被問及這次崩潰到底有多嚴重時，羅斯曼直言不諱地說：「星期三將是寬客界被民眾長期銘記的日子。模型裡一萬年才會發生一次的事情，連續三天都發生了。」

聽他的語氣，好像最壞的時刻已經過去了。實際上遠非如此。

八月九日，星期四一早，過程驅動交易小組在穆勒的辦公室召開緊急會議。現在形勢危急，如果過程驅動交易小組繼續這麼虧損下去，就會被摩根史坦利的風險經理關閉了，這代表過程驅動交易小組將會被迫把整個投資組合清盤。里德建議加大賣出力度，穆勒表示同意，但希望再拖一天看看。與此同時，過程驅動交易小組的虧損數字還在不斷增加。

此時，量化基金的崩潰已經影響到了全球市場。星期四，道瓊工業指數下跌三百八十七點。日元因日本的低利率而成為量化基金最喜愛的賣空對象，此時它對美元和歐元大幅升值，表明量化基金回補空頭部位的力度正在加大。但美元同時也在對其他大多數貨幣升值，這是因為投資者在恐慌的驅使下沒命地逃往安全的高流動性資產。這一幕在一九八七年十月的黑色星期一以及一九九八年八月的長期資本管理公司倒閉時都發生過。

星期五上午，穆勒早早地來到了辦公室。他的計畫是趕在形勢不可收拾之前盡快減持，但在動手之前，穆勒還是想再等一等，看看開盤的情況如何。他心想：你永遠不知道會發生什麼，也許事情會有轉機。但他並沒有抱太大希望。

壞消息源源不斷，搞得人心惶惶。法國最大的上市銀行巴黎銀行（BNP Paribas）凍結了旗下三檔基金共計二十二億美元的資產，巴黎銀行指責美國住房貸款證券化市場「完全失去了流動性」，稱這樣一來「根本無法判定某些資產的品質和信用等級，從而無法估量其公允價值」。這樣的聲音將在未來幾年不絕於耳。

星期四晚些時候，吉姆．西蒙斯罕見地在月中發佈旗下基金的業績更新報告。資產管理規模達兩百六十億美元的文藝復興機構股票基金，自七月底以來已縮水八．七%，相當於二十億美元。

在給投資者的信中，西蒙斯試圖解釋問題出在哪裡。這位東錫托基特白鬍子巫師寫道：「我們相信我們得到了非常好的預警信號，毫無疑問，大量多空對沖避險基金至少也能察覺到一些。但出於某種原因，這些多空對沖避險基金表現不佳，一些因素迫使他們清盤。這些因素包括業績不佳、信用證券部位上的損失、過多的風險、保證金追加通知，等等。」

大獎章的表現甚至比文藝復興機構股票基金還差，一個月內，它就縮水了一七%之多，約十億美元。就像一九七一年穆罕默德·阿里在麥迪遜廣場花園被喬·弗雷澤（Joe Frazier）擊敗一樣，有史以來最成功的基金現在也陷入了困境，看起來甚至有性命之憂。

在ＡＱＲ，形勢依舊嚴峻。交易員們又驚又累，二十四小時不間斷工作絕非寬客的風格，他們習於市場的古板、結構明確和可預測性質，一團亂麻從來不在他們的考慮範圍之內。

盛宴結束了。ＡＱＲ原本計劃星期四晚上包場觀看《辛普森家庭電影版》（The Simpsons Movie），現在鐵定是泡湯了。

與此同時，肯·格里芬嗅到了水中的血腥味。雖然米沙·馬利舍夫以量化技術管理的戰術交易基金遭遇虧損，但該基金只是大本營的一小部分。

星期四晚上，格里芬打電話給艾斯尼斯——不是為了和朋友聊天，而是想弄清楚ＡＱＲ是否急需幫助。

艾斯尼斯知道這意味著什麼，他早就聽過格里芬「墳墓舞者」的大名。在不凋花和索務倒閉時，大本營兩度當了禿鷹投資者。艾斯尼斯意識到問題嚴重了。電話裡自然是一團和氣，但兩位基金經理之間彌漫著緊張的氣氛。

艾斯尼斯事後打趣道：「我看到女武神在步步逼近，[4] 聽到了猙獰收割者用鐮刀敲門的聲音。[5]」

但在當時，他一點也笑不出來。

八月十日，星期五早晨，艾斯尼斯站在ＡＱＲ辦公室的東窗邊，凝視著排列整齊的五顏六色的超級英雄小人：蜘蛛人、美國隊長、浩克、鋼鐵人，都是他在長島童年時期的最愛。艾斯尼斯一邊看著，一邊陷入了沈思。

這位基金經理恨不得自己擁有主宰市場的超能力——讓一切都停下來吧，讓損失停下來吧！ＡＱＲ的絕對回報基金這個月已經縮水一三%，是歷史上相同時段最慘重的損失。**沒道理……全都亂了套**。他走到辦公桌旁，看了看電腦螢幕上的盈虧數字：滿滿的紅字。損失觸目驚心；數十億美元，就這樣沒了。

透過辦公室的東窗，艾斯尼斯可以看到汽船大街（Steamboat Road）外紐約擁擠的遊艇碼頭藍光閃爍。十年前，順著汽船大街開車十分鐘就可以到達長期資本管理公司的總部。

如果繼續虧損的話，ＡＱＲ就會淪為第二個長期資本管理公司，造成又一次席捲整個金融體系的量化災難。華爾街知識份子將再一次變成殺人狂，他們的魔法黑箱將再一次變成失控的ＡＩ機器人，摧毀眼前的一切。

他不願意讓這一幕發生。他想：「也許還有一線生機？」

艾斯尼斯一直在和得力幹將商討對策，其中包括孟德爾頌、約翰・劉，還有大衛・卡比勒。他們已經策劃好了一項重大決策，這是個艱難的抉擇。AQR已經命懸一線了。

一整週，AQR與其他量化基金一樣。忙於找出到底發生了什麼事、搜尋罪魁禍首。到星期四，他們推斷幾乎所有的大型量化基金都已大舉削減槓桿，只有一家例外：高盛資產管理公司。

AQR發瘋似地打聽高盛正在發生什麼事情，但高盛緘口不言。透過對形勢的認真分析，AQR認定高盛資產管理公司尚未完成去槓桿工作。這意味著有兩種可能：高盛將注入巨額資金支持高盛資產管理公司，或者高盛資產管理公司將在暴跌潮中倒閉，令市場進一步失控。

如果後一種情形發生，AQR和其他所有量化基金都將遭受嚴重打擊，整體市場也會受到拖累。高盛的全球權益機會基金規模巨大，資產價值高達一百億美元。如果它開始在其他量化基金苦苦支撐的時候賣出，隨之而來的將是毀滅性的崩盤，投資者的財富將灰飛煙滅。

與過程驅動交易小組一樣，AQR的團隊原本計畫在星期五繼續減持。但艾斯尼斯突然靈光一現，做出一個在他的交易生涯中最重要的決定：買入。**此時不買，更待何時？**

他認定，高盛只要資金充裕，就絕不會讓系統崩潰。高盛會理性地做出精明決策：向全球權益機會基金注資，使該基金有能力保住部位而不必削減。

這意味著現在正是殺回去的時候，向賭桌扔下更多的籌碼。AQR向交易員下達指令，告訴他們要有意識地在下單時提高嗓門。他們希望所有人都知道，ＡＱＲ，量化投資界的泰斗之一，要力挽狂瀾了。艾斯尼斯心想，也許這樣一來血就能止住了。

這就好比是撲克牌局，不過是他玩過賭注最大的一場。這一次，不再有彼得．穆勒這樣的聰明人來揭穿艾斯尼斯的虛張聲勢，唯有市場才能決定他的命運。艾斯尼斯決定全押，他知道這意味著什麼。

回到紐約，穆勒面無表情地坐著，他心事重重，想著如何對付眼前的混亂狀況。他在等星期五的開盤，也知道過程驅動交易小組命懸一線。他的團隊已經損失了六億美元，如果進一步虧損，摩根史坦利就要將他的部門關掉了。過程驅動交易小組十四年的輝煌，在穆勒王者歸來僅僅幾個月後就面臨著生死考驗。

情況看起來不妙，歐洲和亞洲市場下跌慘烈。九點三十分開盤的鐘聲越來越近，氣氛也越來越緊張。穆勒、西蒙斯、艾斯尼斯、魏因斯坦、格里芬，世界上幾乎所有量化基金經理都緊盯著電腦螢幕，在時間的滴答聲中膽顫心驚。

接著，奇蹟出現了。美國市場開盤後，量化策略開始出現起色，而且是大大的起色。穆勒下達指令，暫緩賣出。其他量化基金也採取了類似的動作。短暫的停頓後，他們的部位一飛沖天。收盤之際，量化基金經理們紛紛笑逐顏開，很多人說這是自己所見過的最美好的一天。ＡＱＲ的買入決策是否促成了這次絕地大反彈不得而知，但多數人同意其作為吹響了反攻號角。

事實上，高盛從星期三便開始了營救計畫——注入三十億美元救命現金，其中二十億是高盛自己的資金。注入對象是高盛資產管理公司的全球權益機會基金。在七月九日至八月九日期間，該基金遭遇重創，虧損達三〇%，約十六億美元。全球阿爾法及其北美權益機會基金被要求自力更生，到八月末，全球阿爾法的資產縮水至六十億美元，較一年前的水準（一百億美元）下跌了足足四〇%。要知道，全球阿爾法可是華爾街最優秀的交易團隊。

全球阿爾法在當月晚些時候寫給損失慘重的投資人的報告中說：「大量的資金被投資到量化策略中，遠遠超過了我們和其他一些人的預料。」其中很大一部分到了高盛資產管理公司手中。包括全球權益機會基金和全球阿爾法在內，高盛資產管理公司總共管理著兩千五百億美元的資金，其中一千五百億是透過避險基金持有。

在另外一封信中，全球阿爾法的經理們解釋，損失的一大原因是利差交易。他們寫道：「特別是，我們發現我們的貨幣選擇策略表現極其令人失望，不管是發達國家貨幣還是新興市場貨幣都無法令人滿意。全球利差交易的大蕭條，令那些與利差交易員進行的部位受到了重創。」

他們受到了重創，但依然相信他們的系統。他們承認當月二三%的下挫，「對我們的投資者來說是一個重大挑戰」，但他們「仍然對我們的基本投資信念堅信不疑。假以時日，有效的經濟投資原則加上紀律嚴明的量化方法，必能提供不相關的高回報」。

艾斯尼斯在週五晚間也發佈了自己給投資者的信，矛頭直指自己的模仿者：「我們的選股投資過程長期以來戰無不勝，最近卻給我們和所有採用相似策略的人造成了嚴重損失。我們認為，這是因為我們的成功策略吸引了太多的投資者。」

當所有模仿者在同一時間奪路而逃時，就導致了「史上最大的減持潮」。

這是一隻黑天鵝，AQR和其他量化基金從來沒想到的黑天鵝。

與此同時，馬修・羅斯曼已經聲嘶力竭了。星期四和星期五，他一直在向投資者解釋情況。雷曼的各大客戶、一頭霧水的各大公司執行長們，不斷問他為什麼自己的股票會在量化基金崩潰潮中暴跌。「你對我的股票做了什麼！」、「你為什麼要這麼做！」兩天來他幾乎沒有合過眼。

他打電話給住在距舊金山一小時車程、酒莊眾多的納帕谷（Napa Valley）的朋友，說道：「我度過了瘋狂的一週。你介意我在你那兒過週末嗎？」

整個週末，羅斯曼都在參觀酒莊、放鬆精神。上一次如此輕鬆愜意，已經是很久以前的事了。

整個週末艾倫・班森都在薩巴辦公室，研究要怎麼處理所持的部位，結果遇到了急於追趕市場變化的魏因斯坦。此前的混亂令金融市場一片狼藉，薩巴的量化股票交易部虧掉了近兩億美元。魏因斯坦焦躁不安，

他讓班森不停地賣出，到現在為止，班森已經削減了一半部位。

星期一，高盛召開電話會議，討論此次崩盤事件和對全球權益機會基金的三十億美元注資。高盛財務長大衛・維尼爾（David Viniar）說道：「過去幾天的事態發展是前所未見的，全球市場都出現了驚人的波動速率和幅度。我們遇到了二十五個標準差事件，而且一連發生了好幾天。」

這些話和寬客們用來描述「黑色星期一」的話語如出一轍，完全脫離現實。根據量化模型，二〇〇七年八月這場大崩盤發生的機率極其低，在人類區區幾萬年的歷史上根本不應該發生。

———

量化基金死裡逃生，至少現在看來是如此。然而，這只是壓得金融體系抬不起頭的大崩盤的第一波。在接下來的一週中，金融市場越陷越深，整個世界保證金追加通知此起彼伏，持續擴張。

八月十六日，星期四上午，美國國家金融服務公司聲稱需要一百一十五億美元的銀行貸款支持——這是其無法透過公開市場籌資的訊號。幾乎是在同時，倫敦有四十六億美元美國之外發行的短期票據到期，需要展期。在一般情況下，展期基本上是自動進行的，但在那個上午，沒有人買入這些票據。整天下來，只有一半的債務成功售出。金錢網路癱瘓了。

在那個星期四，日元走勢仍然強勁，出現了幾分鐘內大漲二%的單日走勢。在外匯市場上，如此規模的波動足以使做錯方向的交易員血本無歸。美國國債也是氣勢如虹，驚恐萬狀的投資者不斷地買入流動性最好的資產，當時有一位交易員稱之為「異常劇烈的波動」。

《華爾街日報》頭版這樣報導：「這些衝擊反映出做為國際經濟循環系統的全球資本市場，已到了一九九七與一九九八年亞洲金融危機以來最危險的時刻。十年前，始於亞洲的金融危機，經俄羅斯和巴西傳播到美國，最終以長期資本管理公司的倒閉收尾。」

道瓊工業指數在幾分鐘內出現了上下幾百點的波動，股票投資者飽受煎熬，市場狀況令人頭暈目眩。肇始於次級抵押貸款又傳播到量化避險基金的崩潰，終於走進了大眾的視野——包括美國聯準會。

星期五早盤，股市直線下跌，道瓊工業指數期貨一度表明市場將低開五百點。美國東部時間上午八點，美國聯準會將其貼現窗口利率——各大銀行向聯準會直接貸款的利率——從六·二五％下調至五·七五％。聯準會希望透過降低貼現利率能鼓勵銀行向客戶發放貸款，緩解信貸凍結情況。最近一段時間，銀行對那些可能持有巨額次貸部位的客戶（比如避險基金）避之唯恐不及。大家都在猜有毒資產到底在誰手上，一時間人人自危。聯準會還暗示可能在九月的會議上降低聯邦基金利率——這是對銀行更為重要、從美國聯準會進行隔夜拆借的利率。

這是極其反常的舉動，但也確實奏效了。期貨市場猛烈反彈，股市大幅高開。

減持潮似乎已經休止。寬客們已經看到腳下深淵裡沸騰的岩漿，如果賣壓再維持一、兩天，他們就要掉下去了；不僅是量化基金，世界上所有的投資者都將在席捲市場每個角落的賤賣狂潮中血本無歸。到那時，大量量化基金將被迫清盤，整個金融體系將變成一片廢墟。

不過，崩潰所帶來的最可怕後果，是揭露出原先不為人知的複雜金錢網路。次貸市場大崩盤引發了避險基金的保證金追加通知，迫使他們削減股票部位；骨牌開始倒下，導致其他量化基金也被迫開始賤賣各類部位籌現金。當利差交易不再管用，那些仰賴便宜流動性大賺其財的資產便快速失去魅力。

惡性循環於是形成。數日之間，幾十億美元蒸發一空，金融體系穩定性也受到極大威脅。賣出潮在尚未造成重大傷害之前停了下來，但沒人知道接下來會不會繼續下跌，以及在系統最神秘的深處是否還隱藏著不為人知的傷害。

那一週的賣出潮十分詭異，沒人能夠預期它的發生。文藝復興科技公司的幾位尖端科學家給它起了個名字：八月因子（August Factor）。八月因子是對量化策略的大逆襲，整個世界都顛倒了，該漲的跌，該跌的漲，劣質資產漲，優質資產跌。而引發八月因子的，是使用相似策略的避險基金不約而同的去槓桿大潮。這是一種全新的因子，具有很強的統計性質，與過去人們曾經看過的任何性質都不同。當然，每個人都希望以後再也見不到八月因子了。

但更具破壞性的混亂還在後頭。事實上，一場人們從未遇到過的劇烈金融風暴已在醞釀。接下來的兩年中，無情的去槓桿操作就好像是發生了突變的病毒，席捲了整個金融體系，幾乎將金融體系推下了懸崖。過程驅動交易小組和ＡＱＲ只是第一批受害者，在這場風暴中，數兆美元灰飛煙滅，銀行巨擘紛紛倒閉。

然而，事後看來，許多寬客將這場二〇〇七年八月的大崩潰，視為整個信貸危機中最詭異、最難以解釋的事件。這場崩潰摧毀了世界上最成熟的模型，是一場戲劇性、骨牌式的崩盤。

亞倫・布朗觀察道：「十年內，人們對二〇〇七年八月的記憶將勝過次貸危機，它引起了連鎖反應。在大危機之前出現如此反常的事件真是十分新奇。」

譯注

1 美國慣以紅色代表下跌、綠色代表上漲，與我國相反。
2 白衣騎士是指一家公司遭受困境（如面臨敵意收購或像文中那樣遭遇財務困境）時出手挽救的友好收購者。
3 烏茲（Uzi）是以色列出產的著名衝鋒槍。
4 女武神（Valkyries）為北歐神話中引領戰死者靈魂前往英靈殿半神半人的角色，其原意是「貪食屍體者」。
5 猙獰收割者（Grim Reaper）即西方形象上手持鐮刀的死神。

11 喪鐘為誰而鳴

克里夫・艾斯尼斯眉頭緊鎖，他獨自在ＡＱＲ一隅的辦公室中來回踱步。二〇〇七年十一月下旬，ＡＱＲ再次遇到困境，損失慘重。

這是怎麼回事？在八月的崩潰後，ＡＱＲ本已重振雄風，幾乎收復了那可怕一週的失地。一切看上去都重入正軌，艾斯尼斯甚至一度動起了重啟首次公開募股的主意。九月份一切正常，十月份亦然。

然而，進入十一月，噩夢重現了。ＡＱＲ和其他大量量化策略再遭重創，全球保證金追加通知繼續折磨著金融體系，次貸擔保債權憑證資產繼續崩潰。投資者們開始意識到持有有毒資產的銀行遠比他們想像的要多。摩根史坦利承認自己損失七十八億美元，並把責任全部推給豪伊・休伯勒；抵押貸款巨頭房地美披露二十億美元損失；歐洲第一大銀行滙豐集團將四百一十億美元資產納入到資產負債表中——這些資產原本透過表外的特殊投資工具持有，大多是次貸證券化產品，這顯示出信貸市場正在凍結；花旗集團、美林證券、貝爾斯登、雷曼兄弟，都開始陷入越來越嚴重的困境。

ＡＱＲ四面楚歌。艾斯尼斯的寶貝價值股正在下跌，貨幣和利率狀況已經失控，他在商業地產上下的重注也情況不妙，幾週之內就虧掉了幾億美元。

不到三年前，在那個聖瑞吉斯飯店的華爾街撲克之夜，寬客們是如此春風得意，以學究之身，在華爾街的王位上意氣風發。艾斯尼斯和穆勒比肩而立，手握獎盃，那獎盃彷彿標誌著他們所共有的日進萬金的神奇演算法。而現在，市場似乎正處在一齣名為《傲慢》之希臘三幕悲劇中的第二幕。他們被瘋狂的市場擊倒了。這不對呀！這不公平！

艾斯尼斯在辦公桌旁坐下，緊盯螢幕，紅字越來越多。他退後幾步，又猛地衝向前，拳頭重重地砸在螢幕上。螢幕被擊得粉碎，桌上、地上滿是碎片。他搖搖頭，凝視窗外。格林威治的樹葉已經黃了，二〇〇七年即將結束。艾斯尼斯知道，自己絕不是唯一一個在今年一敗塗地的避險基金經理。全球金融危機像癌細胞一樣瘋狂生長，一飛沖天的避險基金業正在經歷考驗，即使是最精明的操作者也受到嚴重打擊。長期以來，ＡＱＲ都是業內公認的一流高手、業績最好的避險基金。但自二〇〇七年八月以來，形勢急轉直下：所有的數學、所有的理論，統統失靈了。ＡＱＲ所做的努力，在一波又一波席捲整個體系的去槓桿浪潮中顯得力不從心。

在一定程度上，是ＡＱＲ的核心操作手法導致了問題的出現。做為價值導向的投資者，ＡＱＲ喜歡持有乏人問津的股票，期望它們在真實價值（即真諦）被價值之王、巴菲特的導師班傑明．葛拉漢口中全知的「市場先生」（Mr. Market）重新認識時能夠收復失地。但在肇始於二〇〇七年的大混亂中，價值投資者屢遭重創，買進的股票毫無起色，反而越跌越深。市場先生大概是休長假去了。

這些遭受重創的股票多是銀行股，比如貝爾斯登和雷曼兄弟。這兩家公司由於不斷地對有毒資產進行動輒數十億美元的減記，價值步步縮水。遭逢前所未遇的局面，一直運轉良好的模型變得一無是處。焦頭爛額的寬客們突然陷入了信仰危機。他們的精美策略難道只是幻覺？這些年來的傲人戰績難道只是幸運？只是因為他們趕上了成長強勁、經濟繁榮、槓桿氾濫的好時機嗎？

令艾斯尼斯等寬客感到最恐怖的是，他們的精神領袖、芝加哥學術權威法瑪也許是對的：市場是有效的，事實就是這麼殘酷。長期以來，這些貪婪的食人魚無時不刻都在尋找短期無效性，卻沒發覺有一種無從控制的力量也在吞噬著自己。

這真是一種可怕的感覺。但艾斯尼斯沒有喪失信心，他仍然豪情萬丈。一切都會恢復正常的。這麼多年來的資料、模型建構，以及支援這些模型的邏輯——動量、價值與成長之爭、關鍵性因素——一切都會恢復正常的。

他就是知道。

二〇〇七年十一月，一個星期一的上午，芝加哥暖和得有些反常。肯．格里芬輕快地走向自己的私人飛機，準備前往紐約。登機時，他接到大本營信用投資部主管喬．羅素（Joe Russell）的緊急電話。

羅素告訴格里芬，大本營的重倉部位，線上經紀商億創理財公司（E*Trade Financial）遭遇了暴跌。這檔股票今年以來已經跌掉了八〇%，今天上午又暴跌了五〇%。

羅素說：「我們必須馬上對此加以重視。」億創理財旗下一家聯邦儲貸銀行與次貸有關，現在正在為此付出代價，有傳聞說這家網路泡沫寵兒正在考慮破產。羅素認為大本營應該出手買入億創的股票以穩定大局。

格里芬說：「採取行動。」他為羅素的計畫大開綠燈。

幾天後，格里芬帶著六十名大本營的一流分析師和顧問拜訪了億創紐約總部，那裡距大本營的紐約分部只有一步之遙。他們仔細審查了它的帳目。在交易談判過程中，格里芬的私人飛機積累了不少里程，他先後三次早上從芝加哥飛往紐約談判，晚上又飛回芝加哥。

十一月二十九日，在羅素首次打電話給格里芬幾週後，交易完成了。大本營同意向億創投資二十六億美元，其中十七．五億美元用於收購億創的股票和利率為一二．五%的票據。此外，大本營還以八億美元的低價接管了億創價值三十億美元的抵押貸款和其他證券投資組合。這項投資占大本營投資組合的二．五%。

格里芬認定市場處於過度悲觀的狀態中，現在正是買入良機。他曾經經歷過類似的情形，驚慌失措的賣家不顧一切地想要脫手，而精明的投資者得以從容不迫地撿起優質資產。和ＡＱＲ一樣，從很大程度上說，大本營也是偏好購入遭受重創的資產的價值投資者，期望這些資產能夠在煙消雲散、真諦重掌大局之後收復失地。

格里芬在億創交易完成後不久，對《華爾街日報》說：「當前市場對資產的定價好像它們真的一文不值似的。但最大的可能性是經濟在兩、三個季度放緩腳步之後將重回強勢。」

億創交易是格里芬職業生涯中最大的一筆買賣。在二〇〇六年的不凋花和今年七月的索務之後，大本營又一次登上了各大媒體的頭條。而此時格里芬的太太安妮．迪亞斯．格里芬已經大腹便便，將於十二月為格里芬王朝誕下首位繼承人。

但格里芬並沒有顯出不堪重負的跡象，這位娃娃臉的億萬富翁風頭正健。億創交易完成之迅速，令畏首畏尾又囊中羞澀的競爭者嫉妒不已。在當前的市場形勢下，在受困公司為了保命而進行大拍賣面前，能夠迅速展開行動的資金管理者已經越來越少了，而格里芬顯然是其中之一。

與此同時，俄羅斯數學天才米沙．馬利舍夫主管大本營集團的高頻交易部門戰術交易，該部門在八月的量化基金地震後依然斬獲了豐厚利潤。二〇〇七年，該部門獲利八．九二億美元，二〇〇八年又更上一層樓。由馬修．安德森執掌的大本營集團部位交易部門「大本營衍生品集團」也在獲利，並成為世界上最大的期權做市商。格里芬是這兩大部門的主要股東，他決定將戰術交易和衍生品集團從他的避險基金業務中分離，這一舉措有利於在實施首次公開募股計畫之前讓大本營集團的業務更加多元化。

這樣做還能加大格里芬在戰術交易部門中的所有權比例，該部門正在日益成為大本營最穩定的利潤來源，在全世界也稱得上首屈一指。格里芬向大本營的投資者開放了投資戰術交易的機會，但必須以追加投資的形式實現。有六〇%的投資者接受了格里芬給予的機會，大本營的其他所有權則掌握在幾位高層手中，格里芬本人佔了多數份額。

十一月，大本營在芝加哥交響中心（Chicago Symphony Orchestra）召開員工年會。大本營的資產管理規模已經達到了約兩百億美元。二〇〇七年，大本營遙遙領先於競爭對手，在八月份出現量化基金崩盤潮的情況下仍然斬獲了三二%的收益率。上週，大本營漂亮地收購了億創，索務的交易也非常理想。大本營已經成為股票期權電子市場上最大的做市商。

格里芬高坐明堂，向近四百名手下發表演講，活像一位鼓足了勁的美式足球教練向隊員在關鍵比賽前的精神喊話。格里芬先是一一列舉了大本營所取得的成就，接著話鋒一轉，進入了公司經理的陳詞濫調：「衡量究竟有多成功並不是看全壘打的次數，而是讓我們步步為營的一壘和二壘安打。最好的時代還在前方。是的，我們會遇到艱難險阻，但對於胸有成竹的人來說，艱難險阻正是機會所在。如果你們已經成竹在胸，那麼你們就已經立於不敗之地了。」

台下衣冠楚楚的聽眾們爆發出一陣掌聲和歡呼聲。格里芬是個鐵面無情的掌門人，甚至稱得上是冷血的自大狂。但他是贏家，他為大廳裡的所有人帶來了萬貫財富。大本營未來的榮耀已鋒芒乍現。格里芬相信，由房地產市場崩潰導致的經濟收縮不會持續多久，只不過是不可阻擋的世界經濟增長大循環中的一個小顛簸。事實上，他認為曙光已經出現，美好時代就在眼前。

華爾街對這種樂觀有著古老的警告：**隧道盡頭的光亮必然來自迎面而來的火車**。肯．格里芬正站在火車路線的正中央。

克里夫．艾斯尼斯拍案而起，憤怒地大叫：「啊！啊！啊！」他抓起身邊的檯燈向牆上扔，椅子摔得粉碎。他氣鼓鼓地站在飯店的大窗旁。現在是二〇〇七年十二月，紐約正下著紛紛揚揚的大雪，這家高層豪華飯店許多房間的窗戶都掛上了聖誕燈飾。

「見鬼，克里夫！」彼得．穆勒吼道，他被艾斯尼斯嚇了一大跳。「你有病啊？」

舊事重演，艾斯尼斯又輸了一手，真不走運，但有必要這樣大動肝火嗎？只是玩牌而已，認真你就輸了。平時，艾斯尼斯的避險基金靠數學賺錢，理性地絞殺交易中非理性的人性因素而盈利。但一看到牌桌上的籌碼，艾斯尼斯就不鎮定了。

「克里夫，你每天進出市場幾分鐘內就有這點錢了吧。」尼爾．克里斯說。「你何不客觀地想想？」

為什麼艾斯尼斯那麼不能接受輸牌？為什麼他要那麼生氣？他總是脾氣火爆，又討厭失敗，尤其是在其他寬客面前。

「去他的。」艾斯尼斯深吸一口氣，回到牌桌旁。

在過去一年中，艾斯尼斯越來越容易動怒。寬客牌局的賭注大大加碼，時常到達上萬金額。當然，絕不是艾斯尼斯負擔不起，他可是牌房裡最富有的人。但ＡＱＲ在這一年中業績慘澹，他的財富也大大縮水。艾斯尼斯的牌技好像和ＡＱＲ的盈虧密切相關——當ＡＱＲ業績不佳時，艾斯尼斯在牌桌上也是任人宰割。他心想：「這只是運氣問題。我現在運氣不佳。」

寬客牌局總是又臭又長，玩到凌晨三、四點是常有的事，但艾斯尼斯並不全程參與。他有兩對雙胞胎，分別出生在二〇〇三年和二〇〇四年，他們在格林威治的豪宅中等著爸爸回家。他喜歡把連生兩對雙胞胎稱為「風險控制的大失敗」，這和他過分注重不孕治療有關。

風險控制在牌局中也無從說起，至少外部人看似如此。即使在寬客們遭受重創、金融系統發生崩潰的時候，他們牌局的賭注仍在水漲船高。入場額變成一萬美元，若有穆勒、尼爾．克里斯這樣認真的賭客參與，入場額更可能上看五萬美元。

寬客們不必一開始就把所有賭注投下去，有心人大可一整夜都揣著籌碼不出手，但一般情況下，他們總會押出大部分籌碼。誰在乎呢？對他們來說，五萬美元與大富翁的玩具鈔票無異，誰勝誰負才是關鍵。一夜鏖戰下來，贏家通常可以贏個十來萬，但這對於他們的財富來說只是九牛一毛。

可是艾斯尼斯根本贏不了。他不停地輸，就像ＡＱＲ一樣。

「下底注吧。」穆勒一邊說著，一邊張羅著新的一局。

艾斯尼斯從口袋裡掏出一疊籌碼扔進底池。看著牌被一張張發出，他看了看穆勒，又面無表情地看著自己手裡的牌。他不明白為什麼穆勒能夠不動如山，這小子八月份曾在幾天之內就虧掉六億美元，現在卻像是在夏威夷海灘曬太陽。不過ＡＱＲ更慘，慘得多。

看了一眼自己的牌，艾斯尼斯皺起眉頭。又是一手爛牌。

他不準備放棄，甚至連這樣的念頭都沒動過。ＡＱＲ在曼哈頓中城的高級日本餐館 Nobu 57 舉行慣例的聖誕派對，但景象一派凋零：不准帶配偶，也不准帶客人，與往年大相徑庭。這群疲憊不堪的格林威治寬客在餐館裡埋頭大嚼日本料理，猛灌日本啤酒。一位與會者說：「一個個都喝得爛醉如泥。」

寬客頭上還有一片縈繞不去的烏雲：系統風險。二〇〇七年八月的崩潰表明，市場並非寬客所認為的那樣溫和。金融體系就像一張蜘蛛網，看起來精美，但只要撕去一角，比如爆發次貸危機，就會連累其他部分，甚至整張網都會毀於一旦。市場之錯綜複雜遠超寬客之想像。

麻省理工學院金融學教授羅聞全及其學生阿米爾．卡恩達尼（Amir Khandani），就二〇〇七年十月的市場崩潰發表了一篇權威的研究報告，題為〈寬客怎麼了〉（What Happened to the Quants）。文中，兩位作者做出了不祥的預言：世界金融體系的喪鐘快要響起了。二〇〇七年八月，或許是喪鐘自一九九八年長期資本管理公司倒閉以來最接近午夜的時刻。

他們在報告中寫道：「如果就避險基金業對全球金融體系的衝擊設置一個喪鐘，一九九八年八月就是深夜十一點五十五分，一九九九年一月是十一點四十五分，而我們目前面臨的系統風險相當於十一點五十分。眼下，市場似乎開始回穩，但喪鐘並未停止走動。」

羅聞全和卡恩達尼解釋道，最大的隱患之一是金融體系內部聯繫十分緊密，如同一張大網。「顯然，本次混亂的終極源頭並非股票的多空交易，而極有可能是幾個風馬牛不相及的市場和金融工具。這表明近年來避險基金業的系統風險潛滋暗長到了極高的程度。」

高頻交易量化基金因極端市場波動而被迫關門會引發什麼後果，這也是值得擔心的問題。現在，高頻交易量化基金已成為金融市場的核心元素，它們可以在一瞬間轉移風險。他們寫道：「避險基金決定收回流動性只需要一秒鐘。如果這類決策只是偶爾且隨機地發生，那麼問題不大。但若所有避險基金同時回收流動性，而這一幕又恰好發生在錯誤的時間和錯誤的部門，那麼將會對金融體系造成災難性的後果。」

這絕非避險基金的初衷。寬客向來將自己視為市場穩定器，金錢網路的潤滑劑。而現在，顯而易見，他們帶來了極大的系統風險，將世界一步步推向末日。艾斯尼斯坐在牌桌旁，手裡又是一把爛牌。他閉上眼睛，開始回想自己在芝加哥大學的輝煌學生生涯。

究竟哪裡出了問題？

多年來，有一位特立獨行的寬客一直在鼓吹金融體系崩潰論，他就是納西姆·塔雷伯，幾年前在尼爾·克里斯婚禮上跟穆勒吵架的那位前避險基金交易員和作家。二〇〇八年一月，塔雷伯來到格林威治AQR辦公室做講座。亞倫·布朗請他來解釋為什麼量化模型可以在物理世界完美運行，卻在金融世界變得面目猙獰（儘管布朗未必贊同此觀點）。

這場演講聽者寥寥。艾斯尼斯藉口精神不佳，早早走了。布朗是塔雷伯多年的老朋友，他的新書《華爾街的撲克牌》便由塔雷伯作序。布朗對塔雷伯的演講內容雖不贊同，仍然饒有興致。

「嗨，納西姆。情況怎麼樣？」

「還過得去。」塔雷伯捋捋鬍子。「我聽說你們最近不太順利。」

「說出來你都不信。」布朗回應道。「又或許你會相信，誰知道呢？我的意思是，我們顯然是遇到了史上最黑的黑天鵝，但事情似乎已經出現轉機了。」

塔雷伯迅速打開簡報檔案開始講課，第一張投影片的內容是八月十一日《華爾街日報》上關於馬修・羅斯曼量化基金崩盤報告的文章，寫道：「馬修・羅斯曼周圍都是些自詡理性之徒，畢竟他是個『寬客』，是華爾街為數眾多、使用不帶情感色彩的數學規則建立部位的博士之一。但在本週，他似乎有些恐慌。」

塔雷伯的幻燈片標題是〈機率論的謬誤〉（Fallacy of Probability）。按羅斯曼的說法，量化基金崩潰屬於模型中萬年一遇的事件。現在卻「連續發生三天」。在塔雷伯看來，這意味著模型本身是有問題的。他對房間裡的人（當然全都是金融工程師）說道：「這些所謂的金融工程師，每隔幾年就會遇到一次按照機率定律應該幾萬年才會碰到一次的事件，這肯定有問題。你們明白我的意思嗎？」

另一張投影片上畫著一座天秤，右邊坐著一個巨人，左邊是一群零零散散的小人，有些已經掉到了秤下。投影片上寫著：兩個領域。類型一：溫和的「中庸」（如高斯）；類型二：狂野的「極端」。

這張投影片代表著塔雷伯對市場極端事件的主要看法。為什麼數學可以在物理世界大顯神威，可以將人類送上月球，可以造出飛越大洋的飛機，可以駕馭微波給三明治加熱，卻在金融世界一敗塗地？原因就在這裡。在他看來，物理世界是「中庸」的。鐘形曲線可以完美地描述人群的身高和體重，如果你測量一千個人的身高，再量一次也不會改變平均值。

但是在金融世界，**突發價格波動可以改變一切——這就是塔雷伯所謂的「極端」世界**。比如，收入分佈就顯示出一定的極端性。假設在大街上隨機抽取一千個人，記錄他們的財富狀況。在平日裡，你將得到正態分佈；但如果你恰好選到了比爾．蓋茲，擁有四百億美元的世界首富，你得到的分佈就會立刻出現嚴重傾斜。因此，市場價格也會出現出人意料的快速劇烈波動。

塔雷伯向寥寥無幾的聽眾講了半個多小時。他談到了肥尾、不確定性和隨機性。看得出來，他的聽眾開始躁動不安了。他們不需要別人告訴他們黑天鵝——他們已經親眼目睹了一隻，還被嚇得半死。

但是，仍然沒有多少人認為情況會繼續大幅惡化。然而，狂野波動的一年才剛剛拉開序幕。一月，法國興業銀行（Société Générale）傳出爆炸性消息，它旗下一位三十一歲的交易員在複雜衍生性商品交易中虧損七十二億美元。這人名叫傑宏．柯維耶（Jérôme Kerviel），他構築了一個價值七百三十億美元、巨大的歐洲股指期貨合約單邊部位，賭市場上漲。柯維耶透過入侵興業銀行的風險控制軟體掩蓋自己的所作所為，興業銀行發現這些交易之後決定削減部位，結果引發全球市場的拋售潮。為了平息因此劇增的波動性，對興業銀行交易毫不知情的美國聯準會大幅降息〇．七五％。投資者對此大驚失色，因為美國聯準會此舉帶有明顯的恐慌味道。

然而，即使金融體系已經搖搖欲墜，許多最精明的投資者仍然低估了撲面而來的金融海嘯的破壞力。三月份，貝爾斯登倒臺，終於令所有人都驚醒了。

喪鐘的指針滴答作響。

二〇〇八年三月十三日下午一點左右，吉米．凱恩（Jimmy Cayne）在底特律一張牌桌旁坐下，開始使用自己的策略。他是貝爾斯登的董事長，今年七十四歲，是北美橋牌錦標賽（North American Bridge Championship）國際序分雙人賽的四號種子。他全神貫注地看著自己手裡的牌。出生在芝加哥南區貧民窟的凱恩是位十足的橋牌迷，即使自己的公司目前正在水深火熱之中掙扎，他也捨不得放棄今年最重要的橋牌賽事。

與此同時，在貝爾斯登位於紐約麥迪遜大道的總部，四十位高層正聚集在十二樓的用餐區群策群力。所有人都知道，公司遇到了大麻煩，貝爾斯登萎靡不振的股價早已說明了一切，但沒有人知道情況究竟壞到了什麼程度。下午十二點四十五分，貝爾斯登執行長艾倫．施瓦茨（Alan Schwartz）來到會議現場，向大家保證一切正常。

但沒有人相信他的話。驚慌失措的交易客戶爭先恐後地提取現金，這家創建於一九二三年的投資銀行正處於風雨飄搖之中。三月份上半月，貝爾斯登最重要的客戶之一將資金抽離，數額超過五十億美元，內部人士由此感到情況已十分嚴重——這個客戶就是文藝復興科技公司。接著，另一個重要客戶也抽離了五十億美元，這回是肖氏避險基金。

寬客正在宰殺貝爾斯登。

時至今日，貝爾斯登的員工相信公司已經積重難返。做為上市公司存在的最後一週伊始，貝爾斯登還手握一百八十億美元的現金儲備，但一待開始出血，緊張不安的交易客戶們就再也沒有耐心等待事情的發展。他們擔心在還來不及收回自己的資金之前，貝爾斯登就倒閉了，這風險可擔不起。願意接受他們資金的投行多的是，雷曼兄弟就是其中一家。

二〇〇八年三月十五日，星期六，貝爾斯登已經奄奄一息了。美國聯準會和財政部官員連同J・P・摩根的高層頻繁出入貝爾斯登位於曼哈頓中城的摩天大樓，好似食腐動物圍在屍體旁邊爭食。貝爾斯登的高階主管們又驚又怕，唯恐被指定收購。他們拼命地聯繫著可能的救世主，但一切徒勞無功。星期日，凱恩和其他貝爾斯登董事同意將這家八十五年的老牌機構以兩美元一股的價格賣給J・P・摩根；一週後，收購價提高到十美元一股。

一時間，樂觀的投資者相信貝爾斯登的倒閉已經標誌了信貸危機的最高峰。股市開始反彈，金融體系成功度過了危險期，至少看起來是這樣。

迪克・富爾德（Dick Fuld）表演了一齣經典鬧劇。這位雷曼兄弟執行長著克洛曼儂人一般的寬闊前額，[1]說起話來惜字如金，做起事來雷厲風行，人稱「大猩猩」（Gorilla）。眼下，他已經在坐滿董事總經理的房間裡滔滔不絕地講了半個多小時。只見他氣急敗壞地怒吼，暴跳如雷、雙拳揮舞。

現在是二〇〇八年六月。由於投資者對雷曼慘澹的資產負債表憂心忡忡，該公司的股票一年來一直下跌，現在情況更是雪上加霜。雷曼剛剛披露了二十八億美元的季度虧損，其中包括三十七億美元的有毒資產（如抵押貸款和商業地產投資）減記，這是雷曼自一九九日年脫離美國運通以來首次出現季度虧損。富爾德在公眾面前擺出一副信心十足的樣子，堅持公司一切正常，但事實遠非如此。

富爾德召開了一次董事總經理會議，意欲撥亂反正、解釋清楚。一開始，富爾德就宣佈：「本週末我向董事會做了報告。」之前有人懷疑他是不是已經遞交辭呈了。一週前，這位六十二歲的執行長才發動了一次辦公室內鬥，用自己的長期夥伴赫爾伯特・麥克達德（Herbert McDade）取代了原總裁喬・葛列格里（Joe Gregory）。這回輪到富爾德繳槍了嗎？與會者中有不少人正希望如此。

「我告訴他們，我今年不準備拿獎金。」富爾德說。

房間裡出現一陣歎息聲，聽起來有些失望。富爾德繼續演說，開始做起了算術，力證雷曼尚處於十分健康的狀況，其資產負債表並無大礙。他大談雷曼將如何收拾那些將公司股價壓得一文不值的賣空者。

有人舉起了手。「迪克，你所說的我們都聽到了。但說起來容易做起來難。你什麼時候買個一百萬股給我們看看？」

富爾德毫不示弱：「只要凱西賣掉幾件藝術品。」

凱西是富爾德的妻子，狂熱的昂貴藝術品迷。有人暗忖，富爾德是在開玩笑嗎？但富爾德一本正經，前額出現了他經典的皺紋。此時此刻，不少雷曼最優秀的員工開始懷疑公司是否能平安度過危機，他們的執行長好像不食人間煙火似的。

只要凱西賣掉幾件藝術品？他認真的嗎？

突然傳來一陣狂叫，接著是玻璃掉在地上摔碎的聲音，打破了辦公室慣有的寧靜——平時，這裡只有機器的嗡嗡聲和寬客飛速敲擊鍵盤的啪啪聲。坐在自己座位上的ＡＱＲ研究員和交易員們嚇了一大跳，把目光從自己的顯示器上挪開，望向約翰．劉的辦公室，響聲正是從那裡傳出的。

透過窗戶，他們看見老闆克里夫．艾斯尼斯正朝著自己靦腆地微笑。他打開門說：「沒事、沒事。一切正常，別緊張。」

這只是艾斯尼斯又一次情緒爆發。他剛剛抄起某件硬物投向牆壁，擊中了約翰．劉辦公室裡的一幅畫，把鏡框打得粉碎。在此之前，艾斯尼斯因ＡＱＲ持續虧損已經打破了數台顯示器和一張辦公椅。現在是二〇〇八年夏末，辦公室的空氣越來越緊張，輕鬆的氛圍已經消失一年多了，剩下的只有猜疑、恐懼和擔憂。ＡＱＲ正在迷失方向，但沒人敢向喜怒無常的老闆提諫言。有人抱怨，在艾斯尼斯周圍全是唯唯諾諾之徒，而且他絕對不能容忍任何人對其精心打造、使他大富大貴的模型有不敬之詞。「一切都會恢復正常的。」他一遍又一遍地重複這句話，彷彿是在念咒。「只要瘋狂勁兒過去。」

其他人可不這麼看，部分員工已對老闆的頻頻發作提高警覺。一位ＡＱＲ的前員工說：「日復一日，他在錯誤的道路上越陷越深，他已經瘋了。事態正在失控。」

已經有一名重量級員工離開了。二〇〇八年早些時候，馬尼・曼約立（Mani Mahjouri）辭職了，他是二〇〇〇年就開始追隨艾斯尼斯的天才小子，但他實在受不了艾斯尼斯那些言詞辛辣、傷人如利斧的電子郵件。

曼約立一直以來都是AQR年輕寬客心中的偶像。他是二十世紀九〇代肯尼斯・法蘭齊在麻省理工學院的學生，擁有數學、物理學和金融學學位，原本已經快要成為AQR的合夥人。他是年輕人成功在由高盛老手把持的華爾街中出人頭地的活生生的例子。他還是公司的活寶，在萬聖節的時候把自己的辦公室打扮成鬼屋，把研究員格子間也用氣球和三角帽裝扮起來（這一切都是背著研究員幹的），然後侵入他們的郵件系統，寫上：「今天是我的生日，都回來跟我一起慶祝。」然後發給全公司所有人。寬客們大多喜歡離群索居，曼約立的這種行為頗為異類。

歡笑和遊戲都不會再有了：曼約立走了，首次公開募股已成成為泡影，徒增往昔崢嶸歲月的惆悵之感。二〇〇八年的夏天即將過去，但AQR的寬客們絕未料到（也許以艾斯尼斯為甚），事態還會繼續大幅惡化。

九月九日，迪克・富爾德已對雷曼兄弟完全失去了信心。在他位於曼哈頓中城雷曼總部三十一樓的辦公室中，淋浴室、圖書館一應俱全，他能在那裡遠眺哈德遜河。這位華爾街大佬此刻就像是裴廓德號甲板上的亞哈船長，[2]誓與折磨他的人不共戴天。當天上午，雷曼的白衣騎士——韓國開發銀行（Korea Development

Bank）——決定放棄對雷曼股權的收購計畫。雪上加霜的是，J．P．摩根投資銀行業務聯席主管史蒂文·布萊克（Steven Black）打電話給富爾德，告知雷曼需要追加五十億美元的抵押品和現金。這個追加保證金通知猶如刺入雷曼心臟的匕首，雷曼的股價開始了自由落體，暴跌超過四〇%。

「我們必須盡快採取行動，否則就要被金融海嘯吞沒了。」富爾德向手下說道，聲音充滿恐慌。

但一切都太晚了，這家富爾德一九六九年便開始效力的公司已經無力回天。二〇〇八年九月十三日週末，在曼哈頓下城自由街（Liberty Street）美國聯準會戒備森嚴的要塞中，[3] 由一小撮指定人員組成的小組宣判了雷曼的死刑，富爾德甚至沒有被邀請與會。休伯特·麥克達德（Hubert McDade）和固定收益專家亞利克斯·柯克（Alex Kirk）參加了會議，與會者還有財政部長亨利·鮑爾森、紐約聯邦儲備銀行行長蒂姆·蓋特納（後來成為歐巴馬政府的財政部長）。

富爾德瘋狂地給會場打電話，拼命地修改要價，試圖為雷曼找到買家。「這樣如何？或是這樣？」然而，一切都是徒勞。倫敦銀行巨頭巴克萊總裁鮑勃·戴蒙德（Bob Diamond）曾短暫提議為雷曼提供一定數量的現金，但條件是美國聯準會出面支持——就像支援貝爾斯登那樣。據說鮑爾森一口回絕了。

衍生性商品交易商們對世界上最大的投行之一倒閉感到驚慌失措。星期六晚上，他們在紐約聯邦儲備銀行辦公室碰頭商議對策，會議目標是設立雷曼倒閉後的交易結算規則。博阿茲·魏因斯坦是與會者之一，德意志銀行有大量交易是透過雷曼進行的，魏因斯坦擔心雷曼倒閉會對自己的部位造成極大衝擊。他擺出一副冷靜輕鬆的樣子，就像在牌桌上那樣，其實心裡緊張得要死。他清楚地知道，自己也許正在面臨交易生涯中最大的考驗。

星期日上午，一群銀行家大致達成共識，為由巴克萊主導的收購提供支持，但這一計畫最後功虧一簣。英國的監管者覺得風險太大，拒絕簽字批准。這決定了雷曼的命運。星期天晚上，麥克達德回到雷曼總部，將壞消息傳達給富爾德：雷曼得遞交破產申請了。

「我想去吐一下。」富爾德哀歎道。

那個星期天，雷曼的寬客馬修．羅斯曼焦頭爛額。他的東家正在走向破產，上司居然依舊讓他飛赴歐洲參加一系列寬客會議：倫敦、巴黎、米蘭、法蘭克福，還有蘇黎世。**一群白癡！**

他檢查一下日程表。他馬上要前往倫敦，在次日的雷曼量化會議上做主題演講。上週他發了一封電子郵件給歐洲負責主辦這次會議的團隊，內容是：「我們可能要宣佈破產了，有不小的機率到時大家都沒工作了。」對方的回信是：「你瘋了。」

羅斯曼的上司拉維．馬圖（Ravi Mattu）收到許多對羅斯曼不滿的聲浪。**這傢伙缺乏團隊精神。他腦子有點問題。雷曼宣佈破產？開什麼玩笑！**

但羅斯曼堅持己見。他盡力和自己的團隊保持聯絡以備不時之需。他就像散兵坑裡的野戰軍士官，絕對不會在緊急情況下拋下自己的士兵。他可以感到情況正在急劇惡化，因此他決定妥協：他將搭乘「紅眼航班」

前往倫敦參加星期一的會議，會後馬上乘「紅眼航班」回紐約。這樣肯定會很累，但至少不會錯過任何事情。

星期日下午，羅斯曼從紐澤西州蒙特克萊市（Montclair）的家中驅車前往甘迺迪機場，一路上不停看著自己的黑莓手機，生怕錯過大新聞或同事發來的郵件。在機場拿到登機證後，他發了最後一封郵件給上司：「你真想讓我去參加這次會議嗎？」

正要出關之際，馬圖回信了：「取消行程。」

羅斯曼先是鬆了口氣，接著意識到大事不妙：雷曼真的要完了！一時間，羅斯曼發懵了。他乘計程車趕回蒙特克萊，一到家就鑽進妻子的旅行車，而不是開自己的本田轎車——因為他需要更多空間來裝打包完畢的箱子。

當天晚上，幾乎所有能趕來的雷曼員工都來到紐約的辦公室。第七大道上擠滿了記者，有流言稱雷曼將於半夜關門，現在已沒多少時間了。

雷曼內部則相對平靜。員工在收拾自己的物品，一切都像是一齣超現實戲劇，彷彿做了一場夢。又冒出一條流言：電腦系統快要關閉了。於是所有人開始發送郵件，向同事們道別，並留下可供未來聯繫的郵箱。人人都說著「和你們一起工作真是愉快」之類的話。羅斯曼也發了郵件，收拾好自己的東西，放到妻子的旅行車上。

星期一上午，華爾街陷入一片混亂。雷曼宣佈破產，美林也被美國銀行吞下。世界最大的保險商美國國際集團在懸崖邊上搖搖欲墜。

雷曼辦公樓外擠滿了攝影記者，紛紛給帶著物品箱、垂頭喪氣走出大門的雷曼員工拍照。位於第七大道西側的雷曼大樓成了新聞中心，到處都是衛星轉播車。在雷曼大樓頗具二十一世紀風格的電子螢幕外牆上，影像和色彩不斷地變換著花樣。一位身穿藍色西服、打著條紋領帶、禿頂白鬚的粗壯男巡警（他的打扮像是在參加葬禮）在被人群圍得水泄不通的大樓門外維持秩序，一位身穿邋遢白夾克、頭戴綠帽的男子在大樓入口處上竄下跳，眼睛緊盯著旋轉門。「資本主義秩序完蛋了！」他高聲吼著，對著鏡頭揮舞拳頭。「整個陰謀已經破產了！」保全迅速將其趕出場。

在三十一樓的執行長辦公室，富爾德俯視著樓下的壯觀景象。他的全球金融帝國已轟然倒下。為了使自己免遭失業員工的攻擊，富爾德這位二〇〇七年收入七千一百萬美元的執行長，不得不增加保鏢人數。在大樓外的人行道上，人們給富爾德畫了一幅諷刺像，上面寫滿憤怒的標語。有人寫道：「這就是貪婪的下場。」還有人寫：「迪克，我替後代子孫感謝你。」

股市開盤後，信貸市場完全凍結，投資者還在消化雷曼倒閉和美國國際集團奄奄一息的利空消息。星期一晚些時候，評級機構大幅下調美國國際集團的信用。由於美國國際集團必須依靠AAA級信譽才能給大量金融資產——包括數十億美元的次貸債券——提供保險，此舉無異於將美國國際集團向破產邊緣狠狠地推了一把。這一回，美國政府沒有坐視不管，而是採取了大規模救助措施。

美國國際集團的一個部門，即美國國際集團金融產品公司（AIG Financial Products; AIG- FP），是使美國國際集團險些萬劫不復的罪魁禍首。該部門吞下了大約四千億美元的信用違約交換，其中很大一部分是與次貸有關。美國國際集團金融產品公司總部設在倫敦，因此可以規避嚴格的美國銀行法規。該部門擁有ＡＡＡ級信用，因此所有投資者——從避險基金到受嚴格監管的養老基金——無不對其業務趨之若鶩，卓越的信用還使其能以比許多競爭者更便宜的價格出售產品。

美國國際集團金融產品公司發售了價值上百億美元、與資產支持擔保債權憑證掛勾的債務證券保險。這些擔保債權憑證的基礎資產可謂包羅萬象，有公司貸款、次級抵押貸款、汽車貸款、信用卡債務。美國國際集團金融產品公司有著極高的信用，因此不用提出多少抵押品便可以做買賣，這簡直是坐地分金。本質上，這是在利用美國國際集團的好名聲無限量放大槓桿。抵押品就是美國國際集團本身，既包括其資產，也包括其信譽。

監測這些部位風險的模型開發者是蓋瑞．戈頓（Gary Gorton），一位在耶魯大學執教的寬客。在模型中，美國國際集團所保險的債券的違約可能性被一一估算。但並不是違約摧毀了美國國際集團金融產品公司，而是追加保證金通知。不管是什麼原因。只要信用違約交換所保險的基礎資產價值下滑，保險人（即美國國際集團金融產品公司）就必須提供更多擔保品，因為違約風險增加了。自二〇〇七年夏天開始，此類保證金追加通知紛至遝來。在二〇〇八年下半年，光是高盛一家就要求美國國際集團金融產品公司追加八十億到九十億美元的擔保品。

這可謂是風險模型的全面潰敗。美國國際集團按照模型出牌，卻被重重地擺了一道。

然而，那個星期天晚上便匆匆離開雷曼的員工都操之過急了。在接下來的一週，巴克萊收購了雷曼的投資銀行部和資本市場部，羅斯曼的團隊亦在其列。但傷害已經造成了，而且是嚴重的傷害。監管者正在為收拾爛攤子而焦頭爛額。

九月十八日，星期四，美國聯準會主席班．柏南克、財政部長亨利．鮑爾森，以及由十六名指定參議員和眾議員組成的小組，在眾議長南茜．佩洛西（Nancy Pelosi）的辦公室召開會議，成員包括紐約州參議員查克．舒默（Chuck Schumer）、內華達州參議員哈利．里德（Harry Reid）、康乃狄克州參議員克里斯．陶德（Chris Dodd）等。柏南克開始解釋：信貸市場已經凍結，目前的金融體系就像是血流不暢的病人的動脈。

「心臟病已經發作，隨時都有生命危險。」柏南克陰沈的語調在死一般沈寂的辦公室裡縈繞。「如果我們不立即採取果斷行動，將可能面臨一次蕭條。」

柏南克的講話持續了十五分鐘，他指出全球經濟正面臨生死存亡的金融大決戰，金錢網路正在崩潰。在座的議員們本就被恐怖襲擊和戰爭壓得喘不過氣來，此刻更是驚得目瞪口呆。向來言語便捷的舒默此時一言不發，陶德則臉色慘白，他的州從避險基金產業獲得了豐厚的稅收。

很快，大量現金注入到金融體系。政府拿出八百五十億美元挽救美國國際集團，這筆資金在六個月後膨脹到一千七百五十億美元。在接下來的幾週裡，由前高盛執行長所領導的財政部，拋出一項七千億美元的救助計畫，欲使病入膏肓的金融體系重現生機，但沒人知道藥量是否已經足夠。

羅聞全的喪鐘，距離午夜越來越近了。

譯注

1 克洛曼儂人（Cro- Magnon）為舊石器時代原始人，以高前額為特徵。

2 亞哈船長為小說《白鯨記》的主人公，捕鯨船裴廓德號的船長。他在一次航行中被南太平洋一條名叫莫比．迪克的白鯨咬掉一條腿，立志報仇，指揮裴廓德號全球追蹤，並在發現牠後放下小艇緊追。莫比．迪克雖然被魚叉刺中，但牠十分頑強，咬碎小艇、撞沈大船，最後亞哈被魚叉上的繩子纏住而落海身亡。

3 指紐約聯邦儲備銀行，高十四層，由堅硬的巨石砌成，地下二十公尺處是全球最大的金庫。

12 骨牌倒場

二〇〇八年十月二十三日，艾倫．葛林斯潘大汗淋漓地坐在美國國會山莊的電視攝影機前。憤怒的議員們紛紛要求美國聯準會前主席解釋重創美國經濟的信貸危機到底是如何產生的。一年多來，葛林斯潘反覆辯解，聲稱崩潰與自己完全無關。幾週前，喬治．布希總統簽署了七千億美元的救助計畫法案，以挽救被房市崩盤嚴重挫傷的金融業。

七月，布希以直白的方式說明金融體系的診斷結果。「華爾街喝醉了。」布希在休斯頓共和黨籌資會上說道。「它喝多了，正處在宿醉當中。問題在於，它得花多長時間才能清醒過來，不再亂用那些亂七八糟的金融工具？」

二〇〇八年下半年信貸崩潰的兇險程度震驚了全世界，恐懼從華爾街傳播到世界經濟的各個角落。全球貿易受到重創，世界經濟引擎也一蹶不振。在國會山莊，政府開始竭盡全力尋找始作俑者，葛林斯潘便是首先受到指責的人之一。

許多國會議員相信，華爾街之所以酗酒，是葛林斯潘的放任所致。他本應早早地將酒碗拿走，亦即提高利率，卻遲遲不那麼做。「我們正處在百年一遇的金融海嘯中。」葛林斯潘用他招牌式的乾澀嗓音在國會說道。他左邊是一本正經的美國證券交易委員會主席克里斯多夫．考克斯（Christopher Cox），下一位受拷問的人。

主持聽證會的加州民主黨眾議員亨利．韋克斯曼（Henry Waxman）移了移自己的座椅，又扶了扶眼鏡。他光禿禿的頭頂上滿是汗珠，在燈光照射下閃閃發亮。葛林斯潘用單調低沈的語氣訴說著危機成因：華爾街各銀行欠缺謹慎，對住房抵押貸款實施了大規模證券化，風險管理也有所缺失——一切都是老生常談。一年來，在委員會聽證的經濟學家和銀行家多如牛毛，每個人都這麼說，韋克斯曼都聽膩了。然後，格林斯潘說出了令不瞭解寬客及其機制的聽眾感到十分詭異的內容：

「近幾十年中，在電腦和通信技術重大突破的推動下，風險管理和定價系統發展日新月異，最精妙的數學和金融理論珠聯璧合。定價模型獲得了諾貝爾獎，也成為衍生品市場進步的基石。」說話的時候，葛林斯潘眼睛一直盯著身前的長木桌。「幾十年來，現代風險管理典範統治著市場。但在去年夏天，整座智識大廈轟然倒下。」

韋克斯曼希望進一步瞭解葛林斯潘所謂的「智識大廈」，他憤怒地問道：「你覺得你的意識形態迫使你做出你希望自己沒有做的決策嗎？」

「為了生存，你必須持有某種意識形態。」葛林斯潘回應，語氣依然單調。「問題在於這種意識形態是對還是錯。我想對你說的是，我確實發現了一個缺陷。我不知道這個缺陷有多大、會持續多久，但我對自己的發現感到很痛苦。」

「你在現實中發現了一個缺陷？」韋克斯曼問道，似乎真心不懂葛林斯潘在說什麼。

「可以這麼說。我意識到有一個缺陷，一個存在於關鍵功能結構模式中的缺陷，而這個模式決定了世界如何運行。」

葛林斯潘提到的模式，是指對金融市場和經濟具有自我修正能力的信仰。這個概念可以追溯到亞當・斯密，神秘的「看不見的手」——**價格可以引導資源在供需法則的作用下產生最有效率的結果**。經濟主體（交易者、貸款人、屋主、消費者，等等）依自己的利益行事，最後達到的效果是所有可能的效果中最好的，由此指引他們無情地走向真諦，即寬客們信仰的有效市場機器。政府的干涉通常只會幫倒忙。因此多年來，葛林斯潘一直在同一群國會議員面前一遍又一遍地宣傳大規模去監管化政策。葛林斯潘相信，放任投資銀行、避險基金、衍生性商品產業（潛滋暗長的影子銀行系統的核心成分）自由發展，能夠產生效率更高、成本更低的金融體系。

但是，二〇〇八年銀行系統的崩潰證明，銀行和避險基金的年輕交易員急功近利、手握重金，而越界行事的誘惑又太大，若不對其進行監管，很可能會產生效率低下的結果；他們所做的大量拙劣交易，甚至動搖了金融體系本身。葛林斯潘不知道如何修復金融體系，只是一味要求銀行將所放貸款中的一部分記在自己的資產負債表上，以使它們有動力真正關心這些貸款是否會違約。當然，銀行隨時可以使用信用違約交換來避險這些貸款的損失。

葛林斯潘的坦白令人震驚，這標誌著這位八十二歲的老人從此走下神壇。在此之前，人們長期把他視為世界上權力最大的人、具有點石成金能力的精明的中央銀行行長。在二〇〇五年五月的談話中，他還在對自己當下質疑的金融體系大唱讚歌：「衍生性商品的日漸豐富和與之相關的風險測量和管理手段日漸成熟，已成為銀行體系自我修復能力顯著增強的關鍵因素。最近，經濟和金融體系受到了嚴重衝擊，但銀行體系毫髮無傷。」

現在，葛林斯潘對自己數十年來一直盛讚不已的體系，來了個一百八十度態度大轉彎。

從前在二〇〇〇年的國會聽證上，佛蒙特州眾議員伯尼・桑德斯（Bernie Sanders）曾經問葛林斯潘：「當前，財富集中程度日益加深。只要一家巨型機構倒閉，整個美國及全球經濟都將受到嚴重衝擊。你難道一點都不擔心嗎？」

葛林斯潘眼睛都懶得眨一下，他回應道：「我不擔心。我相信大型機構的普遍增長建立在市場結構的基礎上。當前的市場結構意味著大型風險大部分可以說全部被避險掉了。」

時代已經發生了改變。葛林斯潘似乎是被崩潰弄糊塗了，華爾街風險承擔規模的爆炸式增長就發生在他的鼻子底下，甚至可以說是他的政策的直接產物，他卻對此視而不見。

聽證會後，葛林斯潘起身離開，傴僂著背、顫顫巍巍地走出電視鏡頭。事實就是那麼殘酷，葛林斯潘，曾經的金融體系救世主，一九九八年長期資本管理公司救援行動的總指揮，此刻只是一位噤若寒蟬的老人，昔日的榮光早已不見蹤影。

克里夫·艾斯尼斯在格林威治ＡＱＲ辦公室內收看了國會聽證會的全過程，他簡直不敢相信自己的耳朵。如果說有誰可以做為葛林斯潘所質疑的金融體系的典型代表，非艾斯尼斯莫屬。做為芝加哥大學金融系的畢業生，自由市場一直被艾斯尼斯奉為圭臬。葛林斯潘在證詞中所質疑的經濟模式，在艾斯尼斯眼中是完美無瑕、沒有什麼缺陷的。

「叛徒。」艾斯尼斯一邊看電視一邊嘀咕。他認為葛林斯潘為了挽回名聲，不惜背叛自由市場有效性理論。「太晚了，老傢伙。」

在艾斯尼斯看來，葛林斯潘對自由市場的信仰是絕對正確的，其錯誤在於將過低的利率維持了過長時間，致使地產泡沫愈演愈烈，最後成為全盤崩潰的急先鋒。這才是葛林斯潘應該道歉的地方，絕不是他對自由市場的支持。

艾斯尼斯所信仰的一切都在風雨飄搖。艾斯尼斯認為，正是現在遭到葛林斯潘反戈一擊的行動，造就了美國和全世界前所未有的財富和繁榮。資本主義運轉良好，自由市場運轉良好。是的，有時候會過猶不及，比如眼下經濟就在擠出多餘的水分，但這正是機制運轉的一環。葛林斯潘居然在最黑暗的時刻失去了信仰、背棄了信條。

但對艾斯尼斯來說，更大的壞消息是ＡＱＲ自身也處於風雨飄搖之中。市場崩潰使ＡＱＲ損失了數十億美元，市場上已經出現了ＡＱＲ即將倒閉的流言。

在二〇〇八年十月，ＡＱＲ絕非這些流言的唯一主角。另一家避險基金巨頭也在死亡螺旋邊緣徘徊。

在芝加哥南迪爾伯恩大街，肯．格里芬走入燈火通明的大本營會議室，坐在光可鑒人的木桌前，戴上耳機。他旁邊是橙髮綠眼的大本營營運長杰拉德．比森（Gerald Beeson）。比森是一位警官的兒子，成長於治安混亂的芝加哥南區。他一九九三年就加入了大本營，是格里芬最信任的部下之一。十月二十四日，星期五下午，上千名聽眾正等著格里芬和比森解釋大本營的情況。一天前，葛林斯潘剛剛在國會山莊做了聽證。

關於大本營即將倒閉的流言日囂塵上，甚至登上了ＣＮＢＣ財經新聞網。有交易員說大本營失血情況十分嚴重，雷曼兄弟倒閉所引發的市場動蕩導致大本營規模巨大的可轉債組合出現巨額虧損。很多人擔心，如果大本營也倒閉，後果將一發而不可收拾，許多持有相似部位的基金將像骨牌一樣逐一倒下。

根據從大本營離職的資深經理表示，隨著公司深陷危機，格里芬砍人不手軟。大本營信用交易業務主管、億創交易的關鍵人物喬．羅素，自以為能獲得更大的權力，但格里芬沒有滿足他，反而露出了猙獰的面目。據傳兩人大吵一架、彼此對罵，大家都認定他們不可能繼續共事了。有人聽到格里芬說：「我要推他出去當代罪羔羊。」九月初，羅素被解雇了。

格里芬對大本營的抗壓能力仍充滿自信，但有一個未知因素搞得他無法安然入睡：高盛。高盛股價正在大幅下滑，有人擔心它可能步貝爾斯登和雷曼兄弟的後塵。高盛是大本營眾多交易的對手方，也為大本營提供了大量資金。整個危機期間，格里芬曾多次與高盛執行長洛伊德·布蘭克芬恩（Lloyd Blankfein）討論市場狀況。隨著形勢逐漸失控，所有的不可能一夜之間變成了難以避免。格里芬相信，如果高盛倒臺，大本營也必將隨之灰飛煙滅。

高盛倒閉看起來是不可思議、不可能發生的事。但貝爾斯登不是倒下了嗎？雷曼、美國國際集團、房利美、華盛頓互助銀行……它們不都倒下了嗎？甚至肯·格里芬的金錢堡壘也在搖搖欲墜。他使出渾身解數阻止這一情況的發生，不惜用上了難以置信的招數：以電話會議召開新聞發佈會。

當天早些時候，大本營資本市場部主管詹姆斯·福雷賽（James Forese）向格里芬發出警告：「我們快被謠言淹死了。這些謠言大部分是捕風捉影，但只有你出面澄清，一切才能恢復正常。」因此格里芬撇開自己一貫保密的習慣，清了清嗓子，準備解釋大本營的現狀。

問題是，一切並不正常。

近二十年來，格里芬只在一九九四年出現過一次年度虧損。而現在，他的基金到了生死存亡的關頭。大本營的突然墜落令人一時摸不清頭緒，也讓後雷曼兄弟時代的市場平添動盪。

此刻的大本營，世界上最神秘的避險基金之一，如同被海嘯震到海面上的珍稀深海魚類，完全暴露在了公眾的視野中。雷曼的倒閉及隨後的美國國際集團幾乎破產所引發的恐慌潮，如同一場席捲整個全球金融體系的大地震。一開始，震波似乎還控制得住。在九月十五日雷曼遞交破產報告之後的幾天裡，市場只是略有位移，遠未威脅到大本營的生存。但沒過多久，格里芬所謂的暗湧變成了滔天狂瀾，將渾然不覺的航船撕得粉碎。

大本營和博阿茲．魏因斯坦的薩巴是第一批感受到巨潮壓頂的機構之一。這兩家信用交易巨頭深深涉足公司債券和信用違約交換市場中，大本營的旗艦基金肯辛頓和威靈頓，在九月虧損高達二〇％，到十月下旬，當年虧損已達三五％；薩巴也遭受重創，在通用汽車和華盛頓互助銀行（這家位於西雅圖的次貸巨頭被美國聯邦監管者接管，二〇〇七年九月後以十九億美元的低價賣給J．P．摩根）身上虧掉數億美元。魏因斯坦認定，被認為具有系統重要性的金融公司不會在危機中倒閉，然而他的樂觀預期被無情的信貸崩潰擊得粉碎。

眼下，大本營和薩巴已陷入水深火熱之中。大本營的倒閉傳聞不啻在已然極高的市場波動性上火上澆油，引發了暴跌和狂野動盪。在網路論壇和金融部落格上廣為傳播的流言中，最具殺傷力的一條要數美國聯準會已派出官員空降芝加哥大本營總部審查其部位，以決定是否需要救助——縈繞在華爾街老玩家心中的長期資本管理公司噩夢再次重現。

大本營否認陷入了麻煩，但關於聯準會的流言也並非無中生有。聯準會官員私下很擔心大本營若有三長兩短會對金融市場造成的衝擊。據消息人士透露，大本營的可轉債套利部門持有一百五十億美元的公司債券，是大本營槓桿最高的部門。儘管槓桿率到底有多少被嚴格保密，但一份銀行報告認為在二〇〇七年該部門的槓桿率至少是三十倍，在二〇〇八年夏天則降低到十八倍。

可轉債套利之濫觴，可以追溯到索普在二十世紀六〇年代的突破性洞見。在大本營，可轉債套利是最炙手可熱的業務，如果大本營倒閉並開始在市場上大舉賣出債券，整個金融體系將再遭重創，此刻可謂一髮千鈞。為了監控大本營的風險，紐約聯邦儲備銀行的監管者開始詢問德意志銀行和高盛等大本營的主要交易對手，弄清它們對大本營的風險暴露。監管者擔心大本營一旦倒閉，將危及又一家大銀行。

在大本營的芝加哥總部，氣氛雖然凝重，員工仍表現出職業風範。交易員們像往常一樣工作，早早前來上班，很晚才下班，至少比平日晚得多了。許多員工被螢幕上觸目驚心的虧損金額嚇得說不出話來。

格里芬知道他必須為大本營止血了。在福雷賽等華爾街銀行家的鼓動下，格里芬匆匆決定在十月底的星期五召開新聞發佈會，試圖打消謠言。發佈會定於美國東部時間下午三點三十分，似乎是配合這一刻動輒神經緊張的氣氛，一切都亂了套；通訊線路成了熱門商品，許多聽眾無法連上線。由於通訊需求過大導致的技術問題，迫使發佈會延遲了二十五分鐘，令向來以軍事般準時而自豪的大本營顏面盡失。

發佈會召開之際，比森似乎被這樣的大場面弄得十分緊張，開場白講得結結巴巴。「感謝各位犧牲……」他不得不重新開始，用平穩的語調說道：「感謝各位犧牲寶貴的時間參加我們這次緊急發佈會。」

格里芬突然插了進來，開始感謝起團隊的艱苦工作，接著又把話筒還給比森。比森以一副對市場崩潰的毀滅力量充滿敬畏的聲音繼續說：「稱其為混亂，遠不足以形容我們看到的恐怖景象。我們看到的是什麼？

是世界金融體系幾乎崩潰。」

比森描述了大力去槓桿化行為對大本營部位所造成的衝擊。正如一九八七年黑色星期一和一九九八年長期資本管理公司倒閉時，投資者紛紛將資金抽離並轉投到現金和國債一樣，在雷曼破產後，大量資金湧入高流動性資產；投資者同時大量拋售公司債券之類的高風險資產，其情景就像恐慌的人群在被大火吞噬的大樓內奪路狂奔。

通常，這種程度的動盪根本不會對大本營造成嚴重傷害。與其他優秀的量化基金一樣，大本營也使用信用違約交換來避險。當債券價格下跌時，這些交換合約本應增值；如果通用汽車債券下跌一〇％，那麼為其提供保險的交換合約應該上漲一〇％，就這麼簡單。正如魏因斯坦所言，這並非尖端手術。

但在二〇〇八年下半年的金融海嘯中，信用違約交換失靈了。去槓桿化的力量是如此強勁，以至於大多數銀行和避險基金不願意再買入保險，本應為投資者提供保護的信用違約交換完全失去了作用。很多人擔心，如果信用違約交換基礎債券發生違約，自己所投的保險很可能無法獲得賠付。銀行要麼已經實質上停止借貸，要麼大大收緊了借貸期限，使得許多投資者（包括大本營等避險基金）極其被動，很難籌集資金。無法籌集資金，就無法提高槓桿；無法提高槓桿，就無法做交易；無法做交易，就無法獲得利潤。

這其實是金融危機的老生常談：**當形勢轉壞時，投資者開始奪路而逃，造成運轉良好的量化模型失靈**。流動性蒸發殆盡，損失迅速攀上數十億美元；投資者已成驚弓之鳥，稍有動靜便風聲鶴唳。整個全球信貸市場陷入巨大的恐慌，連薩巴和大本營這樣的強大機構都岌岌可危。

在雷曼和美國國際集團出事後的一週，美國聯邦政府頒布了禁空令，這對大本營來說無異於在傷口上撒鹽。由於金融股瘋狂下跌，即便是高盛和摩根史坦利這樣無比堅挺的公司也未能倖免，為了使事態不致失控，九月，美國證券交易委員會頒布暫時禁令，禁止賣空八百種金融股——大本營恰恰在這些股票上持有大量空頭部位。這是其可轉債套利交易的一部分，正如索普在二十世紀六〇年代所做的那樣：大本營買入公司債券，然後賣空其相應股票部位進行避險。美國證券交易委員會禁令一出，各大機構紛紛回補，慘烈的軋空漲勢由此產生，避險基金遭受無妄之災。十月初，摩根史坦利（當時空頭的最愛）在幾日之內上漲一倍以上，從九美元漲到二十一美元。

在禁止賣空令生效之前，驚慌失措的格里芬撥通了美國證券交易委員會主席考克斯的電話。他告訴考克斯：「這將給我們造成災難性的後果，其他與我們相似的基金都跑不掉。」

但考克斯不為所動，他說：「金融體系正在危急之中，我們需要保護人們免遭滅頂之災。」

這是寬客的噩夢。市場被恐慌的投資者和政府監管者等難以預料的力量左右。在新聞發佈會上，比森一遍又一遍地重複著一個相同的詞彙：前所未有。他說，大本營的損失是因為「過去幾週內出現的前所未有的、席捲全球的去槓桿浪潮」。

對寬客來說，「前所未有」大概是最令人討厭的詞語。他們所使用的模型不可避免地屬於後瞻型，建立在過去幾十年來市場在各種情形下如何運行的資料之上。當「前所未有」的情況發生時，模型馬上束手無策；換句話說，此時模型就會失靈。這相當於一個人擲了一百次硬幣，預期正面與反面各出現五十次，卻遇見了連續出現其中一面的情形。

最後，格里芬又搶過話頭。「跟各位再次道個午安。」他迅速提醒聽眾，他或許是個妄尊自大的四十歲頑童，但他畢竟已在這個行業呼風喚雨了相當長的時間，什麼大風大浪都見過——一九八七年崩盤、一九九八年債務危機、網路泡沫破滅。但是這一次，情況有所不同，這次是「前所未有」的。

他說：「我從未見過市場像最近七、八週那樣充滿了恐慌。在『向前行』（going forward）的口號下，[1]這個世界正在發生巨變。」接著，格里芬似乎有些控制不住情緒。他帶著哭腔，飽含情感地說：「我不敢奢望能得到比現在更好的團隊共同抵抗這次風暴。他們勇往直前，必將贏得戰鬥。」這話說得無比傷感，彷彿他的公司真的倒閉了。

發佈會只進行了十二分鐘就結束了。關於大本營倒閉的謠言暫時被壓了下去，但並沒有平靜多久。

格里芬開始疑神疑鬼，總是懷疑對手避險基金和冷酷無情的投行交易員正在圍剿他的基金，要把大本營趕盡殺絕。在大本營集團內部，他對戰戰兢兢的債券交易員大發雷霆，因為他們拒絕在市場陷入一片混亂的情況下加倉。格里芬與從二十世紀九〇年代早期就開始在大本營效力的隱士寬客、同時也是自己得力助手的詹姆斯．葉發生了分歧。詹姆斯．葉認為格里芬的行動有誤。貝爾斯登倒臺後，隨著危機加劇，大本營已經積累了巨大的可轉債部位，格里芬甚至在雷曼兄弟破產前夕看上了它的可轉債。不過，詹姆斯．葉和大本營中的其他人比格里芬悲觀得多，他們認為最明智的辦法是未雨綢繆、靜觀其變。

但這不是肯．格里芬的風格。在過去的危機中，當所有人都在斬倉觀望時，格里芬總是能夠勇敢衝進市場、拾取便宜貨而大大獲利。一九九八年的長期資本管理公司倒閉事件、網路泡沫崩潰、安隆破產，還有不凋花、索務及億創，全都是如此。大本營總是手握重金，在其他人奪路而逃時殺入市場賺錢。二〇〇八年下半年，金融體系再次坐上了火山口，格里芬又想去撿便宜貨了。

但是這一回，格里芬招牌式的交易伎倆不靈光了。市場並未平復下來，價值一崩再崩，把大本營也拖下了水。

隨著市場崩潰愈演愈烈，格里芬開始用個人帳戶買賣證券。他不用個人帳戶做大筆交易已經好多年了，這一回他似乎欲憑一己之力，不顧一切力挽狂瀾以拯救公司。但有一個問題，在交易界有句老話：**當市場越跌越深的時候，所有的部位都會虧錢**。

但格里芬與艾斯尼斯看法一致，認定情況會穩定下來，而只要恢復穩定，大本營就會如往常一樣回到巔峰。

可是大本營的債主，那些華爾街的大銀行們可不這麼篤定。大本營依賴這些銀行提供的資金做交易。二〇〇八年春，大本營的自有資本大約為一百五十億美元，但其資產規模高達一千四百億美元，槓桿率接近十倍。大多數額外部位的資金來源是銀行授信和與銀行的協議。

不少銀行擔心大本營的倒閉會危及自己的資產負債表，因此它們組織了特別委員會來盤算這一可能性。據大本營的交易員透露，J．P．摩根的態度相當強硬。它對大本營交易員在特定部位上的融資所提出的要求非常嚴格。與此同時，監管者開始向銀行施壓，要求它們在與大本營討價還價時不要過於嚴厲。監管者擔心，只要有一位貸款人抽腿，其他人就會對大本營唯恐避之而不及，從而引發另一場金融衝擊，屆時已然在懸崖邊上搖搖欲墜的整個體系真的是要凶多吉少了。

投資者顯然也很擔心。大本營的投資人之一，北卡羅萊納州摩根凱瑞資本管理公司（Morgan Creek Capital Management）的經理馬克・尤斯科（Mark Yusko）有一回在電話會議中這樣告訴客戶：「市場上每天都會傳出大本營快要撐不下去的新謠言。」

在大本營內部，隨著形勢日益嚴峻，員工們也快要不堪負荷。大本營的來訪者注意到，交易員無不帶著黑眼圈，留了好幾天的鬍子沒刮，鬆鬆垮垮的領帶沾染咖啡漬。隨著大本營小命難保的流言越傳越廣，交易員遭到外部人士的電話轟炸，他們急切地想知道美國聯準會的審查員是不是已經在考慮援助了。一位壓不住怒氣的交易員站起來對著電話怒吼：「對不起，我沒看到任何聯準會的人。」另一位交易員則譏誚地回覆來電：「我看了看桌子底下，沒有躲著聯準會的人。」

隨著大本營的損失越來越嚴重，比森被推到了風口浪尖。他進入了損害控管模式，在紐約和芝加哥之間來回穿梭，與心急火燎的同行們會面，信誓旦旦地表示大本營有足夠的資金渡過這場風暴。交易員們也使出渾身解數斬倉回收現金、降低槓桿。據消息人士透露，隨著旗艦基金肯辛頓淨價值持續下跌，大本營一度從旗下高頻交易部門戰術交易處融資八億美元；戰術交易由米沙・馬利舍夫主管，二〇〇七年年末從肯辛頓分離出來成為獨立基金。獲悉這一奇怪安排的投資者紛紛將此視為絕望信號，他們認為這代表大本營真的是陷入絕境：用自己的錢來給自己融資，意味著它很難從外部取得利率合適的貸款。

在接到債權人的電話幾天後，格里芬給大本營世界各地的員工發了一封電子郵件，以他一貫的樂觀態度說，大本營能夠生存下來並重現繁榮。他解釋道，大本營的現狀讓他想起了一四九二年哥倫布的橫渡大西洋之旅。當山窮水盡疑無路的時候，哥倫布在航海日誌中寫下了兩個字：向前。

這對於大本營身心俱疲的員工來說不啻一針強心劑。就在一年前，大本營還是全世界最強大的金融力量，手握二十億美元重金，而且還在不斷壯大。如今，大本營卻面臨一場災難。格里芬說，雖然情況是危急的，道路是曲折的，但前途是光明的，柳暗花明的一刻必將到來。

不過有些讀了這封電郵的人依稀記得歷史課的內容：哥倫布其實是迷路了。

不久後，在芝加哥市中心距離大本營總部僅幾個街區之遙的喬氏海鮮牛排石蟹館，格里芬舉行了四十歲生日派對。員工們送了格里芬一個救生艇大小的哥倫布船隊模型，格里芬愉快地笑納了。但命運之劍依然懸在頭頂，派對氣氛冷淡，一點都沒有節日的味道。所有人都能感覺到，大本營正在下沈。

在摩根史坦利，彼得．穆勒和過程驅動交易小組也在危機的泥潭中掙扎。摩根史坦利的股價正在暴跌，許多人擔心它將步雷曼的後塵，成為華爾街廢墟上的新殘渣。市場上顯現出瘋狂的運動，波動性已經失控，達到前所未有的高度。穆勒決定減掉過程驅動交易小組的大部分部位，搶在其他人之前變現。

一位過程驅動交易小組的交易員說：「我們現在所見到的波動性在歷史上沒有先例。如果你的模型是建立在歷史模式的基礎上，而你所見的又是前所未有的，你就別指望模型會起作用。」

與此同時，穆勒的生活也是一團糟。做為一位永不停歇的旅行者，穆勒決定把家搬到加州聖塔芭芭拉（Santa Barbara），買了一棟帶泳池、三車位車庫的房子。他的女朋友已經懷孕，他希望能找到自己真正喜歡的地方落地生根。過程驅動交易小組的事務主要透過遠端控制來處理，但他每個月仍要在紐約待一、兩週，為的是和牌友一聚。

與此同時，摩根史坦利已陷入水深火熱之中。透過摩根史坦利交易的避險基金正在竭力抽離資產，總值超過一千億美元。摩根史坦利的清算銀行紐約梅隆銀行（Bank of New York Mellon）要求追加四十億美元保證金，這正是貝爾斯登和雷曼兄弟走向死亡的老路。

九月下旬，摩根史坦利和高盛放棄了自己的投資銀行業務模式，轉型成傳統銀行控股公司。人們所熟知的華爾街，實際上已經面目不再。摩根士丹利和高盛的轉型意味著它們將受到銀行監管者的監督，受到更嚴格的資本要求的限制。高槓桿、高利潤、高風險的光榮歲月一去不復返——至少目前看來是這樣。

幾天後，摩根史坦利執行長麥晉桁從日本三菱日聯金融集團（Mitsubishi UFJ Financial Group）籌到一筆九十億美元的注資，高盛則與巴菲特的波克夏．海瑟威公司談判成功，後者將向前者投資五十億美元。

大災難似乎堪堪閃過，但金融體系的傷口仍在大量失血。過程驅動交易小組總算熬過難關，但現金儲備縮水了不少，而穆勒若不是在陽光普照的聖塔芭芭拉打理房子，就是在格林威治村玩撲克牌。穆勒看上去並無多少改變，但實際上他正在醞釀過程驅動交易小組的劇變，幾個月後便見分曉。

相對來說，博阿茲．魏因斯坦就沒那麼逍遙了。

從表面上看，魏因斯坦在信貸崩潰中遊刃有餘，並未受到多少影響，實際上他怕得要死。信貸市場的恐慌對薩巴造成嚴重衝擊，這位德意志銀行交易員難以置信地目睹著自己精心設計的交易分崩離析。

進入二〇〇八年時，魏因斯坦可謂春風得意。他和在倫敦的同事范崑崙（Colin Fan）共同主管著德意志銀行所有的全球信用交易。薩巴的資產管理規模將近三百億美元，他已經規劃好二〇〇九年離開德意志銀行自立門戶（當然，新基金將命名為薩巴）。

二〇〇八年三月，貝爾斯登倒下後，魏因斯坦認為信貸危機已經度過了最嚴重的階段。他並不是唯一持有這一觀點的人：格里芬也認為經濟正在回穩；摩根史坦利的麥晉桁告訴股東，次貸危機已經進入了第八局或第九局；高盛執行長洛伊德．布蘭克芬恩）的樂觀程度稍微少一點，他說的是「我們大概正處在第三局或第四局」。

為了利用價格的暴跌，魏因斯坦開始掃貨，買入廉價的福特、通用、奇異、論壇公司（Tribune Co.，《芝加哥論壇報》的出版商）等企業的債券。當然，他同時也大量使用信用違約交換進行避險。起先，隨著公司債市場回暖，這些交易斬獲些許利潤，於是魏因斯坦在夏天進一步加大債券投資。在進入二〇〇八年九月之前，薩巴迎來了盈利亮麗的一個月。

然後，一切都崩潰了。政府接管了抵押貸款巨頭房利美和房地美，雷曼宣佈破產，美國國際集團告急，幾乎將整個全球金融體系拉下懸崖。

與大本營一樣，薩巴也是首當其衝者之一。隨著損失的積累，薩巴交易員之間的資訊交流也陷入停滯。在通常情況下，薩巴各部門的初級交易員會逐日登記盈虧狀況並做成報告，對當日操作作出總結。現在，在既沒有預警也沒有解釋的情況下，逐日報告突然停止了。一時間空穴來風，謠言四起，稱薩巴已不堪巨虧。有人擔心薩巴瀕臨倒閉，薩巴交易室每週例行的一百美元牌局也暫停了。

魏因斯坦感到束手無策，他驚恐地看著投資者像躲避瘟神一樣避開高風險公司債券，導致公司債的價格一跌再跌。與大本營一樣，薩巴的部位以信用違約交換進行避險，但投資者擔心交易對手方可能不會履行義務，因此對交換合約毫無興趣。通常，在場外交易市場每日交易（在銀行、避險基金及類似機構間直接交易）的信用違約交換，價格會隨市場情況波動，如果薩巴持有的信用違約交換價值升高，它將在帳簿上錄入部位增值，儘管它本身並未實際交易這些信用違約交換。

但是，如果金融市場崩潰、槓桿率下降，信用違約交換市場就會癱瘓，可能一天都做不成一筆交易，於是薩巴也就無法錄入代表信用違約交換新價值的成交價。魏因斯坦最鍾愛的工具、他親手在二十世紀九〇年代末推廣到整個華爾街的信用違約交換，正在日漸被人們視為摧毀金融體系這個火藥桶的導火線。

魏因斯坦仍舊擺出一副鎮定自若的樣子，躲在自己可以俯瞰華爾街的辦公室裡沈思。但損失正在迅速膨脹，很快就達到十億美元。他要求德意志銀行風險經理授權買入更多信用違約交換，以便更妥善地避險自己的部位，但高層斬釘截鐵地表示：不允許買入，只能賣出。德意志銀行所使用的風險管理模型，正如華爾街每家銀行都在使用的風險值算式，要求交易員在這個狀況下清倉做空部份，包括那些信用違約交換。

魏因斯坦知道這個操作瘋狂至極，但主管風險的寬客不容辯駁。魏因斯坦乞求道：「拋棄這個模型吧。唯一讓我脫離這個狀況的法是做空。如果市場在下跌，而你在賠錢，就代表你正是在做多市場——而你所應該做的是做空，而且要盡快做。」

他解釋道，德意志銀行在二〇〇七年繞過了次級抵押貸款模型，令它賺了一大筆。如今，正確的做法與以前一樣，應該要跳脫寬客的框框來進行思考。

但這不管用，風險管理正處於自動駕駛模式中。損失越累越高，很快就達到近二十億美元。薩巴的股票交易部門被授命賣出幾乎所有部位，實質上等同關閉了。

自從遭受巨虧以來，魏因斯坦就很少出現在薩巴的交易室中，而是整日待在自己的辦公室，時常到半夜還不離開，不停與得力手下開會商討如何止血。但沒人知道答案，他們也是束手無策。

整個基金彌漫著疑神疑鬼的氛圍。薩巴看起來隨時都有可能關閉，不少頂級交易員已被解雇，包括股票部門的艾倫．班森。十一月下旬，一位交易員做導覽時走上薩巴辦公室二樓，說道：「如果你們過幾個禮拜回到這裡，會發現這裡已經清空了。」

他說這番話顯得太早了些，但也沒早太多。

葛林斯潘出席聽證會後一個月，在十一月中旬，韋克斯曼的委員會開始訊問信貸危機的另一類嫌疑犯：避險基金經理。

並非所有避險基金都將被訊問，韋克斯曼只對二〇〇七年業績最好的五位經理發出傳票，要求他們在電視鏡頭前說明這一影子產業到底給經濟帶來了怎樣的風險。這五人在二〇〇七年的平均收入是十億美元，大名鼎鼎的喬治・索羅斯是其中之一。其他人包括先驅資本（Harbinger Capital）的菲力浦・法爾孔（Philip Falcone），他的避險基金二〇〇七年透過做空次貸，回報率達一一五％；但這樣的收益與身旁的約翰・鮑爾森（John Paulson）一比又是小巫見大巫了，鮑爾森公司（Paulson & Co.）透過大量做空次貸，回報率高達六〇〇％，鮑爾森的個人獎金高達三十億美元，這可能是有史以來年收入最高的投資者。剩下的兩人分別是吉姆・西蒙斯和肯・格里芬，寬客們在美國國會山莊聚首了。

格里芬以大本營典型的嚴整紀律準備這次聽證。當天上午，他乘坐大本營的私人飛機從芝加哥飛抵華盛頓？一下飛機，他的律師團就迎了上來，協助他準備證詞，華盛頓政治掮客羅伯特・巴內特（Robert Barnett）赫然在列。巴內特替比爾・克林頓策劃過一九九二年的總統競選辯論，幫助他在與老布希的競爭中勝出，還當過歐巴馬、英國前首相布萊爾、《華盛頓郵報》記者鮑勃・伍德沃德（Bob Woodward）和小布希政府國防部長唐納德・倫斯斐（Donald Rumsfeld）等人的文膽。

所有派頭盡是典型的格里芬風格，金錢不是問題。在聽證過程中，當他終究脫稿演出，開始向國會議員們宣揚不受監管的自由市場的價值時，這也是典型的格里芬風格。

但總體而言，這位避險基金巨頭態度良好。他贊同金融體系需要修補，但並未呼籲自己所在的行業需要受到直接監管。索羅斯表達了自己對避險基金的十足鄙視，他認為模仿者和趨勢跟隨者遲早要滅亡。索羅斯操著沙啞的匈牙利口音，愉悅地說出末日預言：「泡沫已經破滅，九〇％以上的避險基金將會倒閉。我猜他們管理的資金將縮水五〇％到七五％。」

二〇〇八年年初，避險基金控制著兩兆美元資金。索羅斯估計該行業將失去一兆到一兆五千億美元，可能是巨額虧損，也可能是資本向安全港瘋狂逃逸。

西蒙斯頭髮日漸稀疏，留著花白鬍子，身穿一件皺巴巴的灰色夾克，看起來十足像是不懂時尚的老教授。他斷然宣稱，文藝復興科技公司與引發災難的「字母湯」無關。[2]他的證詞基本上無助於尋找崩潰原因，倒是透露了一些文藝復興科技公司的交易手法：

從某種程度上講，文藝復興科技公司算是非典型的投資管理公司。我們的方法受我的數學家背景影響很深。我們進行的那些交易，完全是根據數學公式算出的……我們只交易流動性好、能夠快進快出的證券，這意味著我們不會涉足信用違約交換和擔保債權憑證。我們的交易模型偏向逆市風格：買入不太有人問津的股票，賣出當前的熱門股。

格里芬則是發出了反駁之聲。他身穿深藍色夾克和藍襯衫，繫著黑領帶，一雙藍眼睛緊盯著一頭霧水的立法者，聲稱避險基金絕非崩潰的幕後黑手，監管極嚴的銀行才是。他說：「我們認為避險基金絕非金融海嘯的罪魁禍首。」

不管他是否真心如此，總之他的陳述帶著幾分否認的味道，對二〇〇八年下半年大本營告急給市場造成的大動盪視而不見。美國聯準會等監管者早就對大本營有了警覺，密切關注著其倒閉是否會引發更大的惡果。

格里芬也反對增加透明度。「要求我們向公開市場披露持倉情況，就好比要求可口可樂公司向全世界公開其秘密配方。」

儘管格里芬一再發出警告，但國會已下定決心要加強對避險基金的監管，因為避險基金被他們視為造成金融市場崩盤的「影子銀行系統」的一部分。喪鐘理論的提出者、麻省理工學院教授羅聞全對《華爾街日報》說：「當避險基金變得大到不能倒時，金融體系將面臨嚴重問題。」

大本營雖然沒有倒閉，但終究在死亡線上走了一遭。曾經雄心勃勃、意欲打造華爾街最偉大金融帝國的格里芬，不得不重拾謙卑。二〇〇八年上半年，他開始推遲上班時間，經常上午十點才走進辦公室，與從前天不亮就開始工作的風格大相徑庭。他這樣做是為了多花點時間陪伴自己一歲的兒子，儘管他總覺得自己是

在為過去的一時疏忽付代價。

但格里芬心知肚明，過去二十年避險基金一飛沖天的日子不會再有了。高槓桿、高風險、巨額豪賭，這些已是昔日雲煙。格里芬強裝自信，正如他在那個十月星期五下午的電話會議中所言：「我們必須面對現實，渡過難關。在這個過程中，我們必須做出必要的改變。我們必將在新的金融時代中重現輝煌。」

他的投資者可不這麼想，許多人要求贖回自己的資金。十二月，在被抽離十二億美元之後，大本營宣佈停止旗艦基金資金的贖回。大本營的資產管理規模已從兩百億美元下降到一百零五億美元，若要滿足更多的贖回要求，格里芬就必須削減更多的部位以籌集現金，而在疲軟的市場環境下，最痛苦的事情莫過於此。

投資者除了妥協之外別無選擇，但格里芬的所作所為觸怒了很多人，他們覺得這屬於惡霸行為。這一年來，大本營已經虧掉了他們無數個百萬美元。

格里芬自己的荷包也遭受重創。外部人士很難得知格里芬到底擁有多少大本營的股份，但有些人估計當大本營的資產捲入危機之時，格里芬大約持有大本營五〇％的資產；也就是說，當時他的個人財富至少是一百億美元，比大多數人所認為的要高得多。因此，大本營旗下避險基金暴跌五五％的最大受害者，也非格里芬莫屬。除此之外，他還從自己的財富中拿出五億美元用於支持大本營，充當通常由投資人支付的管理費。當然，他也是大本營高頻交易量化投資基金戰術交易（資產管理額大約十億美元）的最大投資者。

大本營自然也受到嚴重打擊，總資產從二〇〇八年春季的一千四百億美元，在年底暴跌至僅剩五百二十億美元。在緊急去槓桿化的過程中，他們拋售了將近九百億資產，龐大賣壓加劇了後雷曼時代的市場恐慌。

在二〇〇八年下半年，大本營絕非唯一傳言將倒閉的避險基金。另一支與大本營同病相憐、損失慘重的避險基金，就是AQR。

克里夫·艾斯尼斯暴怒不已。流言、謊言、數不盡的下三濫手段，全都必須被制止。

二〇〇八年十二月上旬，康乃狄克州格林威治一片混亂。在格林威治地中海別墅風格的德拉瑪酒店，豪華遊艇和電動快艇塞滿了船塢，賓利、保時捷和寶馬鎖在寬闊的車庫內。警衛森嚴的別墅躲在異國情調的灌木叢中，矗立在康乃狄克寒冷的冬日裡，絲毫見不到傳統的聖誕裝飾，顯赫的住客完全沒有心思慶祝。在格林威治，這個世界避險基金之都，今年的假期充滿了陰沈憂鬱的氣氛。

雪上加霜的是，一家管理著數十億美元、由退休銀行家伯納·馬多夫掌舵的資金管理公司，被發現是一樁「龐氏大騙局」。損失向地震波一樣傳向整個產業，一朵巨大的疑雲籠罩著這個以疑神疑鬼、故弄玄虛著稱的產業。

格林威治的避險基金主要集中在雙子廣場，這是一幢平凡無奇的四層建築，位於格林威治火車站旁，原先是一批托運公商、製造業公司和法律事務所進駐，不過這是避險基金業發達以前的情況。

當然，在這裡的所有避險基金中，AQR算得上最大的一家。其掌門人艾斯尼斯已是暴跳如雷，被他打碎的電腦螢幕越來越多。有人認為艾斯尼斯陷入顛狂，出現了狂躁症傾向，與其基金的理性原則完全不符。使他暴怒的原因是經久不衰的ＡＱＲ倒閉流言，比如：ＡＱＲ一日之間虧掉四〇％；ＡＱＲ快要永久關門了；ＡＱＲ的崩潰將會如同避險基金界的核爆災難……

許多流言都來自一個華爾街熱門部落格「Dealbreaker」。這個部落格不斷發表對ＡＱＲ的負面評論，其八卦寫手貝絲．萊文（Bess Levin）最近又寫了一篇關於ＡＱＲ裁員的文章，稱艾斯尼斯把跟隨自己很久的秘書雅德蓮．麗格（Adrienne Rieger）解雇了。

萊文寫道：「據說克里夫大叔最近解聘了跟隨自己十年的秘書。誰都知道，秘書掌握著你最不可告人的秘密。要不是你的公司快完蛋了，你是不會拿她們開刀的。」

萊文的文章引來大量網友留言。艾斯尼斯坐在辦公室裡閱讀這些留言，發現許多來自被解雇的ＡＱＲ員工，甚至是由滿腹牢騷的在職員工所寫，說不定那些人現在就坐在自己的辦公室外打字。有些留言是純然的攻訐：「我猜黑箱不管用了」、「ＡＱＲ是個徹頭徹尾的悲劇」。

十二月四日下午，艾斯尼斯決定反擊。他沒有像格里芬那樣召開電話會議，而是直入流言巢穴——網際網路。在格林威治雙子廣場的三樓辦公室中，他坐在電腦前，進入Dealbreaker的網站，開始打字。

「我是艾斯尼斯。」他這樣開頭，人先是靠在椅背上，抹抹嘴，然後向鍵盤傾身：

「這些內幕要麼是信口開河，要麼是彌天大謊。很明顯，許多留言純屬被ＡＱＲ解雇的人的抱怨，無非是些惡毒中傷和胡說八道，總之都是假的……讓好部下離開，我覺得非常難過。我們產品的投資者現在面臨困難的時刻，對此我也覺得非常難過，而且正在竭力彌補。老實說，看到那些日子難熬的人們，我都會難過，但是，對那些騙子們，以及那些被AQR解雇而滿腹怨恨的前員工，孰不知你們是因為比那些你們現在撒謊的對象更沒用處而被炒魷魚，還有那些因為看了幾則網路匿名謊言就沾沾自喜的小人物，我＊你們，也＊你們打字的鍵盤。真抱歉我出口成髒，但這是你們應得的。我言盡於此，我在這裡只發這一則留言。」

——克里夫．艾斯尼斯本尊核可此則留言。

這段宣洩一經發出，艾斯尼斯就意識到自己犯下嚴重錯誤，後來他稱此舉「蠢透了」。這位廣受尊敬的資金經理十分罕見地在大眾面前暴怒，這件事馬上在AQR和避險基金業內引起軒然大波。財富的縮水早已使AQR士氣低落，而向來以理性和數學的嚴密而著稱的創始人，似乎也情緒失控了。

不過投資者似乎並沒有受到這次騷動的影響，他們真正關心的是AQR虧掉的數十億美元。艾斯尼斯認定明年會好轉。模型將會重新起作用，幾十年的研究不可能會錯。真諦只不過開了個小差，但終究會回來，而真諦回歸之際，便是AQR重生之時。

AQR曾是華爾街最炙手可熱的避險基金，它現在的步履維艱，以及艾斯尼斯所承受的巨大壓力，都是避險基金業被數十年以來最動盪的市場壓得喘不過氣的真實寫照。

市場混亂將寬客們開發出的模型打得七零八落。二〇〇八年下半年，隨著雷曼兄弟的倒閉，全球市場出現劇烈動盪。ＡＱＲ一日難過一日，它旗下的絕對回報基金在二〇〇八年下跌四六％，而標準普爾五百指數也不過下跌了四八％。換句話說，只要你把錢投在普通的指數基金上，就能得到與那些把錢交給業內最成熟的資金管理人打理的投資者差不多的回報。

這是避險基金有史以來最慘澹的年份。據芝加哥研究團隊「避險基金研究」（Hedge Fund Research）的統計資料，二〇〇八年避險基金平均回報是負一九％，是一九九〇年以來第二度出現全年虧損（上一次是二〇〇二年，避險基金平均虧損了一．五％）。

絕對回報基金損失了資產峰值的一半以上，從二〇〇七年年中的四十億美元下滑到十五億美元。ＡＱＲ在所謂的另類基金上總共剩下七十億美元，在多頭基金上則剩下一百三十億美元，較二〇〇七年八月初計劃首次公開募股、坐擁四百億美元時大大地縮水了。在短短一年多時間裡，ＡＱＲ損失了近一半彈藥。

ＡＱＲ的慘澹業績令投資者大驚失色。所謂的「絕對回報」基金，理應在任何市場環境下都能為投資者帶來經風險調整的正收益，應該要旱澇保收才對，然而現在卻成了標準普爾五百的跟屁蟲。背後的原因是：二〇〇八年上半年，ＡＱＲ下了重注，賭美國市場上揚。根據其價值本位的模型，大市值美國股票相對於美國國債等資產和外國市場顯得非常便宜。艾斯尼斯據此採取行動，花數億美元構築了一個複製標準普爾五百的投資組合。

這一決定使艾斯尼斯經歷了職業生涯中最慘痛的一年。同時ＡＱＲ在利率、貨幣、商業地產和可轉債上也看錯了方向。

隨著損失不斷擴大，投資者感到越來越不安。他們以為AQR應該在市場下跌時逆市上揚，就像它在二〇〇一和二〇〇二年網路泡沫破滅時所表現的那樣。然而這一次，AQR卻和市場一起重重地摔了一跤。

十月和十一月，艾斯尼斯的私人飛機沒有空閒的時候。他幾乎是和基金的所有投資者一一見面，足跡遠至奧克拉荷馬州的塔爾薩（Tulsa）和澳洲的雪梨。在少有的閒置時間裡，他也會拿出自己的Kindle閱讀器讀點書，裡面存有《用數學解釋世界》（How Math Explains the World）、《安娜．卡列尼娜》，以及由太平洋投資管理公司的金融權威、穆罕默德．艾爾伊朗（Mohamed A. El-Erian）執筆的《大衝撞》（When Markets Collide）等書籍。

不過艾斯尼斯沒多少時間可以看書，他正忙於扭轉基金頹勢，必須讓投資者相信AQR的策略終將獲得豐厚報酬。出人意料的是，很多投資者並沒有被AQR的慘澹業績所嚇倒，沒有撤走資金，相信艾斯尼斯真的能重振雄風。

十二月，隨著市場繼續下滑，艾斯尼斯的壓力也越來越重。他開始目不轉睛地盯著螢幕，看著絕對回報基金的業績一點一點惡化。AQR辦公室內的氣氛越來越緊張，艾斯尼斯解雇數名研究員以及自己的秘書，引起了對AQR生存能力的擔憂。

AQR的危機成了避險基金圈內的熱門話題，艾斯尼斯和格里芬也經常互相交流各自打聽到的關於對方的流言蜚語。兩位曾經叱吒風雲的人物都知道自己的鼎盛時期已經成為過去。艾斯尼斯對此心知肚明，卻心有不甘。他和AQR研究員亞當．伯傑（Adam Berger）共同在十一月的《機構投資者》雜誌上發表文章，題

為〈我們仍在〉（We' re Not Dead Yet），做為《機構投資者》質疑量化投資是否仍有未來的回應

他們寫道：「我們被問到這個問題，表明許多人認為量化投資前途黯淡。畢竟，當你見到身體健康的好友，抑或即便他只剩下一口氣，難道你真的會走向他說：『見到你真好。你還活著嗎？』如果你真的這樣問，你可能已經認為量化投資行將就木了。」

艾斯尼斯知道，寬客並沒有徹底完蛋。但他也知道，寬客受到了重創，沒有經年累月的休養很難恢復元氣。

肯．格里芬也在艱苦抗戰。他孤注一擲，將自己的資金投入大本營的各個基金中，試圖力挽狂瀾，但收效甚微。二〇〇八年年底，大本營各主力基金在史上最險惡的避險基金災難中潰不成軍，虧損高達五五%。步入新年時，大本營的資金從二〇〇八年年初的兩百億美元，大幅跌落至一百一十億美元。

或許更令人矚目的是，大本營居然挺了過來。格里芬遭遇了滑鐵盧，卻不至一蹶不振。二〇〇八年，他的個人財富估計減少了二十億美元，是當年避險基金經理財富縮水的冠軍。這位昔日避險基金的世界王者可謂元氣大傷。

並非所有避險基金在那一年都出現了虧損。文藝復興科技公司的大獎章基金逆市大漲，二〇〇八年斬獲八〇%的回報，成功秘訣在於依靠快如閃電的電腦在極端的市場波動中獲利。西蒙斯是當年避險基金的賺錢

冠軍，收入達二十五億美元。

大獎章的一枝獨秀令投資圈目瞪口呆，老問題又捲土重來了：他們是如何做到這一點的？在幾乎所有投資者一敗塗地的二〇〇八年，大獎章為什麼還能獲得幾十億美元的利潤？

最後的答案無非老生常談：掌門人比其他人更聰明。數不清的文藝復興科技公司前員工表示，該公司並沒有什麼神秘的財富公式，埃爾溫．伯利坎普和詹姆斯．艾克斯等天才並沒有在幾十年前發現財富密碼。大獎章有一支由九十多名博士組成的隊伍，他們孜孜不倦地尋找著改善基金交易系統的方法，就像是一支肩負使命、戰無不勝的運動隊，日復一日、週復一週、年復一年地擊敗市場，從未失手。

梅花香自苦寒來，文藝復興科技公司有著名的「雙四十小時」文化。員工有四十個小時的時間完成分派到的任務：程式設計、研究市場、搭建電腦系統。然後，在第二個四十小時中，他們可以自由選擇涉獵基金中幾乎所有的領域和實驗。這樣的自由度成了醞釀突破的溫床，也是大獎章的創新源泉。據內部人士透露，該基金不存在任何對員工保密的地方。

內部人士也對其領袖吉姆．西蒙斯讚不絕口。西蒙斯天賦異稟、智力超群，又很容易相處。他創造了一種極端忠誠的文化，激發員工對成功的渴望。多年來，從文藝復興科技公司離職的員工少之又少，而從大本營跳槽的人才數不勝數，憑這一點就可以說明西蒙斯的領導才能。

文藝復興科技公司也沒有受現代投資組合理論、有效市場假說或是資本資產定價模型的束縛，它更像是一台機器、一項科學實驗，唯一重要的東西是策略是否有效、是否能賺錢。說到底，文藝復興科技公司的真諦，並非市場是不是有效、是不是處於均衡。它的真諦很簡單，和華爾街的冷血銀行家一樣殘酷：你是不是賺到了錢？除此之外，什麼都不重要。

同時，一支與納西姆．塔雷伯有關聯的基金「寰宇投資公司」（Universa Investments），在二〇〇八年也表現優異。該公司旗下的基金由塔雷伯的長期夥伴馬克．斯皮茨納格（Mark Spitznagel）擁有和管理，二〇〇八年透過下注於市場波動將遠比量化模型所預測的要高，而斬獲了一五〇%的利潤。

該公司的「黑天鵝保護協議計畫」（Black Swan Protocol Protection plan）買入了大量深度價外的股票和股指「看跌」期權，因此在雷曼倒閉引發市場崩潰時大發橫財。到二〇〇九年年中，寰宇投資公司的資產管理額已高達六十億美元，遠遠高出二〇〇七年一月創建時的三億美元。該公司還下了重注，賭美國政府和聯準會向經濟注入的巨額現金將引發惡性通貨膨脹。

過程驅動交易小組也嘗到了劇烈波動的甜頭。儘管在十月曾大幅斬倉，二〇〇八年它的回報率仍達二五%。不過穆勒的私募投資基金「白堊溪基金」（Chalkstream Capital Group），由於持有大量房地產和私募股權資金部位而損失慘重，跌了四〇%；穆勒自己也有大量資金投在白堊溪基金中，可謂禍不單行。

與此同時，魏因斯坦終於決定離職並開創自己的天地，但他留下一副爛攤子給德意志銀行收拾。二〇〇八年，薩巴虧掉十八億美元；二〇〇九年一月，該團隊被德意志銀行正式解散。幾乎與所有銀行一樣，德意志銀行也在大舉擴張自營交易規模後不得不快速將其割除，看來平復流血的傷口得花費好長一段時日了。

二月五日，魏因斯坦離開德意志銀行。差不多十年前，二十四歲的魏因斯坦懷著在華爾街創造財富的夢想，第一次踏入德意志銀行的大門。他獲得了財富，也在史上最嚴重的市場騷亂中遭受重創。

譯注

1 「向前行」這個詞，在金融危機之後突然成了文過飾非的常用語。

2 字母湯（alphabet soup）意指各種以字母縮寫命名的東西，語源出自做成字母樣的義大利麵。在衍生性金融商品蓬勃發展的時代，做為表外工具的結構性投資產品層出不窮，它們通常用字母縮寫命名，如CDO（擔保債權憑證）、CDS（信用違約交換），於是人們把它們統稱為「字母湯」。

13 站在天堂口的惡魔

曼哈頓中城文藝復興酒店（Renaissance Hotel）的一個房間裡人頭攢動。保羅．威爾莫特（Paul Wilmott），牛津大學首個量化金融項目創建者、首個國際金融工程師認證項目——量化金融工程認證（Certificate in Quantitative Finance program; CQF）——創始人。現在，他手裡握著寫滿了深奧數學概念的紙張，朝聽眾皺了皺鼻子。

「很多人就是喜歡把簡單問題複雜化。」他一邊說，一邊有些激動地揮著手裡的紙。「這就是虧掉兩兆美元的方式。」他停頓一下，冷笑一聲，理了理亂蓬蓬略帶紅色的頭髮繼續說道：「我可以這麼說嗎？」

二〇〇八年十二月上旬，信貸危機正在肆虐，將世界經濟撕得血肉模糊。美國人民對經濟狀況的擔憂助了巴拉克．歐巴馬一臂之力，使其成功入主白宮。道瓊工業指數自二〇〇七年創下新高以來已下跌近五〇%，十二月一日一天便下挫六百八十點，是該指數自一八九六年發佈以來第四大單日跌幅。十一月，美國減少五十萬個工作崗位，是一九七四年以來的最高值。經濟學家不再爭論經濟是否正在滑向衰退，問題已經變成另一次大蕭條是否會捲土重來。金融機構，從高盛到美國國際集團一虧再虧，美國人民對於救助計畫已經有點厭倦了。

納稅人在尋找指責對象，但這場危機實在是錯綜複雜，衍生性商品和層出不窮的複雜金融工具，使得金融界門外漢根本無從尋找問題的根源。但越來越多人將矛頭指向寬客。

複雜的衍生性商品，以及依靠高速電腦作決策、槓桿率極高的避險基金，形成了一個緊密聯繫的系統，眨眼間就能在全球轉移幾十億美元。這一切都是由華爾街的數學天才們創造，如今，這一切都在崩塌。這個由寬客所設計的體系在金錢網路中伸出了無數觸手，它們原本是用來使市場趨向有效的，然而事實並非如此，市場反而變得前所未有地不穩定了。有效市場假說之類流行的幻覺，蒙蔽了金融界的眼睛，對多年來愈演愈烈的巨大泡沫視而不見。

做為管理著一千億美元資產的機構資金管理人，GMO投資公司經理，悲觀的傑瑞米．格蘭瑟姆（Jeremy Grantham）在二〇〇九年初一份名為〈目前的故事：貪婪＋無能＋信仰市場有效性＝災難〉的客戶季報中寫道，有效市場假說和寬客是造成崩盤的罪魁禍首：

「他們渴望發現數學秩序，做出精緻的模型，於是這些經濟學界的建制派刻意貶低那些儘管重要、他們卻不願面對的事情，像是不良行為……以及非理性思維全面爆發。有效市場理論斷然是錯的，卻被不少金融界的顯赫人物所篤信，而且幾乎所有人都或多或少地相信這一謬論。有效市場理論讓我們的經濟和政府自信滿滿，即使是資產泡沫、寬鬆管制、有害激勵以及為害甚大的複雜金融工具所形成的致命組合擺在我們眼前，都無法讓我們擺脫有效市場理論的束縛。『別擔心，這種事情在理性、有效的世界中斷無可能發生』，似乎人人都這麼認為。而這一信仰中最危險的地方在於，它導致了我們長期低估資產泡沫破裂的危險性。」

在二〇〇九年九月的《紐約時報雜誌》上，諾貝爾經濟學獎得主保羅．克魯曼（Paul Krugman）發表了一篇題為〈經濟學家大錯特錯〉的文章，猛烈抨擊了有效市場假說，指責經濟學家對本華．曼德博幾十年前就提出的警告——價格和環境有可能出現巨大波動——視而不見。克魯曼批評道：「經濟學界沒能看到市場經濟出現災難性失靈的可能性……在我看來，經濟學界之所以走入了歧途，是因為經濟學家整體而言錯誤地認為『數學形式上的漂亮』就是真諦。」

市場崩潰發生於波詭雲譎的次級貸款市場，最後幾近蔓延到金融世界每個角落，從商業地產到貨幣市場基金無不遭受巨額損失，還威脅到主要產業，比如囤積了大量高風險債務的保險業。

不過，並非所有寬客都趟了渾水。保羅．威爾莫特，對寬客批評最犀利的一員，恰恰是成就最大的寬客之一。

門外冰天雪地，但這位戴眼鏡的英國數學家卻穿著夏威夷花襯衫、仿舊牛仔褲和皮靴。威爾莫特面前擺著一排排塑膠椅子，坐滿了各個專業的科學家——物理學家、化學家、電子工程專家，應有盡有。這些人

有一個共同點：他們都是前來聽取威爾莫特量化金融工程認證宣講課程的未來寬客。

威爾莫特希望熱情的聽眾明白，自己絕非普通寬客——如果他們沒有從自己與華爾街風格迥異的穿著打扮上看出這一點的話。許多寬客（按威爾莫特的說法是絕大多數）是有社交障礙的書獃子，他們平時兩耳不聞窗外事，只懂埋首自己的數學研究，根本不適應世俗混亂的金融世界。

他說：「難處在於人性。我們是在為人類建模，不是為機器。」

多年以來，威爾莫特一直在向他那些滿腦子不切實際、擅長計算數字的同事們灌輸這一點，但在大多數情況下都是白費力氣。二〇〇八年三月，威爾莫特在自己的個人網站 Wilmott.com 上，把華爾街急功近利的寬客文化批得體無完膚。他寫道：「銀行和避險基金雇用沒有任何金融市場經驗的數學家，開發交易員根本搞不懂的模型，而且不對它們進行科學檢驗。人們居然對這種模型會虧損而感到奇怪！」

威爾莫特向來不受寬客界歡迎，而他也有足夠實力以數學武器捍衛論點。他著有多部量化金融專書，還出版了以自己名字命名的寬客雜誌，讀者甚眾。一九九二年，他開設了牛津大學首個金融工程課程；一九九九年，他單槍匹馬創建牛津大學數理金融項目。

他多年前就發出警告，金融體系遲早要毀在寬客手上。在二〇〇〇年出版的《自然科學會報》（Philosophical Transactions of the Royal Society，其重要性相當於英國版本的美國國家科學院官方刊物）上，威爾莫特發表了一篇題為〈數學在金融中的應用、誤用和濫用〉（The Use, Misuse and Abuse of Mathematics in Finance）的文章，其中寫道：「顯然我們亟需反思，否則必將迎來一場由數學導致的市場崩潰。金融市場原先是由『人際關係網』主導的，但最近，只有那些擁有數學或物理學博士頭銜的傢伙，才被認為是能夠應付金融市場複雜性的人。」

問題就出在這裡。博士可能擅長使用科學公式，但通常缺乏判斷股票或債券價值的技巧。他們只會在精美的模型中自我陶醉，相信自己的模型已經完美反映了市場運行方式；在他們看來，自己的模型便是真諦。威爾莫特警告說，這種妄尊自大是極度危險的。

二〇〇三年，威爾莫特離開牛津大學，創辦量化金融工程認證項目，在世界各地（如倫敦、紐約、北京）培訓金融工程師。他目睹紙上談兵的金融工程師向金融系統注入數以兆美元計的複雜性衍生性商品，令他感到十分震驚——這無異於在埋放定時炸彈。他希望透過自己的量化金融工程認證課程，培養出一批真正懂得金融市場運行模式的新型寬客以取代老一代寬客。做為一名寬客，至少應該在用數學公式預測真實市場時分得清可能與不可能。

這是一場與時間的賽跑，輸家是威爾莫特。數十年來在金融體系中心肆意妄為的瘋狂科學家成功了——金融體系毀在他們手上。

二〇〇九年一月上旬，寒風刺骨。在給文藝復興飯店的未來寬客們講課幾週後，威爾莫特又回到紐約市，和頂級寬客艾曼紐·德爾曼見了面。德爾曼是個瘦瘦高高、頭髮花白的南非人，掌管哥倫比亞大學金融工程

項目。他是華爾街最早的一批寬客之一，在高盛有過數十年設計衍生性商品的經驗，曾與業界傳奇費雪、布萊克等人共事。

威爾莫特和德爾曼為自身專業所造成的混亂狀況和難以想像的破壞感到十分憂慮。德爾曼認為太多寬客將自己的精美模型和現實混淆在一起，但是寬客的本能使他堅信，他的專業應該在華爾街核心擁有一席之地。威爾莫特則認為寬客已經走火入魔，對前景感到十分悲觀。不過與德爾曼一樣，他也相信受過良好訓練、睿智、理解金融的寬客仍有用武之地。

在那個一月，他們共同寫出了《金融建模宣言》（The Financial Modelers）。它的內容介於呼籲起義與自助手冊之間，但也或多或少是一次懺悔：我們遇到了敵人，敵人就是我們自己。無良寬客即是此次崩潰的罪魁禍首。

宣言開頭寫道：「一個幽靈在市場遊蕩，那是流動性缺乏、信貸凍結以及金融模型失靈的幽靈。」諷刺的是，這段文字恰與馬克思與恩格斯在一八四八年發表的《共產黨宣言》呼應。接著，他們直白地譴責「量化模型可趨近於真諦」的思維：

> 物理學由於其在根據物體客觀現狀預測其未來行為方面所取得的巨大成就，而成為大多數金融模型的靈感之源。物理學家研究世界的方式，就是一次又一次重複相同的實驗，以此來發現背後的驅動力以及魔法般的數學定律……但對金融學和經濟學來說，情況有所不同，這兩個學科涉及貨幣價值的主觀判斷。為了發現

自己的定律，金融理論竭盡全力模仿物理學的風格和韻律……然而事實是，金融學根本沒有什麼基本定律。

換句話說，金融學的混沌世界不存在什麼單一真諦。在這裡，恐慌、狂躁和騷動的人群可以摧毀任何關於理性的預期，基於市場可預測和理性假設的模型註定失敗。當人們透過槓桿投入數千億美元，在這些模型上下注時，崩潰的惡果便開始潛滋暗長。

為了確保二〇〇七年八月肇因於寬客作為的崩潰不再發生，兩位寬客界宗師草擬了一份寬客的《希波克拉底誓詞》：[1]

- 我願銘記我並非造物主，世間萬物亦不必遵從我的方程式。
- 我願戒除數學迷信，儘管估值需要大量使用模型。
- 我願戒除盲目追求精緻而忘記建模初衷、忽視現實。
- 我亦願杜絕引導模型使用者對我的模型產生盲目信任。不僅如此，我願直言模型之假設與疏忽之處。
- 我明白我的工作對社會與經濟影響巨大，其程度往往超過我的理解能力。

這份宣言立意良善，但實在無法相信憑藉幾句誓言就能令寬客拋棄多年信仰，同意自己的模型並非十全十美、一再威脅著金融體系的穩定性。正如二〇〇九年二月下旬巴菲特在波克夏・海瑟威公司年報中所寫的那樣，華爾街在寬客及其模型的簇擁下如履薄冰。巴菲特警告說：「**提防炮製公式的極客。**」

巴菲特的長期合夥人、睿智的查理．蒙格（Charlie Munger）觀察到：「人們以為有了更高深的數學和更強大的電腦模型就可以當上帝了。實際上他們當的是惡魔。」

多年來，在寬客圈外，批評者的警告從未止息。比如，本華．曼德博在幾十年前就告誡寬客要提防自己的數學模型狂野的一面——破壞力巨大的鐘形曲線肥尾事件。二〇〇八年，這一面終於在世人面前露出了猙獰的面目。

就在大崩潰發生前，曼德博還發出「金融體系的量化基礎面臨土崩瓦解」的警告。曼德博是歐洲人，口音濃厚，頭髮已花白稀疏，高高的寬廣前額泛著紅光。二〇〇八年夏天，他在麻薩諸塞州劍橋市查理斯河畔的公寓裡寫回憶錄，他目睹了席捲整個金融體系的大崩潰，因此對寬客們頗有微詞——這幫人對他半個世紀前就提出的警告一直置若罔聞。

在他公寓的書架上擺滿了他寫的書，當然還有許多其他人的著作。二〇〇八年的一個夏日，他從書架上取下一本破損的舊書，平整了一下，然後開始閱讀。這本書就是麻省理工學院金融學教授保羅．庫特納編的《股市價格的隨機性質》，一九六四年出版的市場理論論文集。該書在二十世紀六〇年代幫助愛德華．索普發現了權證定價公式，也是第一部收入巴舍利耶一九〇〇年關於布朗運動論文的文集；曼德博關於棉花價格反常波動發現的論文也在其中。

曼德博手裡的書因年代久遠已經泛黃發脆，他快速翻到自己尋找的那一頁：

「曼德博如同邱吉爾首相一樣，承諾給我們的不是烏托邦，而是鮮血、汗水、辛勞和眼淚。如果他是正確的，那我們還是把統計工具都丟到垃圾箱去吧……過去的計量經濟學成果沒有任何意義，幾個世紀以來我們都在做無用功。當然，要我們承認這一點，就必須拿出能夠證明我們的工作純屬徒勞的鐵證來。」

這一段文字出自庫特納之手，他對曼德博論文中所描述、在棉花價格上所觀察到的反常行為提出質疑。曼德博發現，市場價格極易出現突發的劇烈狂野跳動。是什麼導致了這種跳動並不重要，自我強化回饋循環也好，肆無忌憚的投機潮也好，恐慌引致的去槓桿化風潮也好，重要的是它們確實存在，而且在所有市場內再三發生。

曼德博得出結論：市場行為遠非標準金融學理論所顯示的那樣規規矩矩。在鐘形曲線之外的空白處潛伏著市場的黑暗面，就像噩夢一樣盤旋在寬客頭頂；他們大多不願面對這一事實，便將其驅逐到潛意識中。多年後，曼德博的理論被納西姆．塔雷伯發揚光大。塔雷伯不厭其煩地警告寬客，他們的模型是註定要失敗的，因為未知的黑天鵝（傳說中不存在）會從天而降，摧毀整個系統。這一概念可以說是寬客（如庫特納和法瑪）精美數學世界的死亡陰影。儘管曼德博是不折不扣的數學傳奇，開創了分形幾何的全新領域，在混沌理論上也頗有前瞻性發現，但他的結論還是迅速引來了攻擊，並很快被所向披靡的寬客所遺忘。在寬客無往不利的前進之路上，曼德博的結論根本不值一提。

但幾十年來，曼德博從未改變初衷。他一直堅信寬客註定要失敗，不是不報，時候未到。在二〇〇八年一路下跌的市場上，關於金融崩潰的頭條報導日復一日地宣告著曼德博的勝利，而這類崩潰本就不可能預測，至少幾乎是不可能。

如果說被認可是一件令人興奮的事情，那麼曼德博並沒有顯得多高興。崩潰的慘狀令曼德博揪心不已，怎麼可能笑得出來？雙眼凝視著窗外的查理斯河，曼德博說道：「根據庫特納的觀點，對我所做的工作唯一嚴重的批評是，如果我是對的，那就意味著他們之前的工作是錯的。他們所有的工作錯了，他們所做的假設根本站不住腳。」說到這裡，他停頓了一下，聳聳肩說：「**模型中看不中用**。」

二〇〇八年二月，愛德華．索普在位於加州紐波特比奇高檔辦公樓十二樓一隅的辦公室裡臨窗遠眺，波光粼粼的太平洋一望無際，直到遠處海天一色。他對記者笑道：「景色不錯。」

儘管這場金融危機尚未完全露出其獠牙，也足以讓索普氣憤難平。那些倒閉的銀行和避險基金對風險管理一無所知，他們使用槓桿參與自己根本不瞭解的高賭注賭局，妄圖攫取利潤。早在他尚未建立自己的避險基金、還在拉斯維加斯的二十一點牌桌前證明自己能夠擊敗莊家的時候，他便已明白了這一道理——他悟出了風險管理的本質，即是避免下你輸不起的注。

在二〇〇七和二〇〇八年陷入困境的所有銀行和避險基金，它們無一例外在這一點上犯了錯誤。金融市場不是好惹的，時不時會瞬間發生曼德博式的波動。拿著數十億美元在金融市場上走跳的銀行需要意識到，市場可能會在短時間內出現比標準金融模型所反映的混亂得多的情況。

長年的運動習慣，讓索普能保持腰桿挺直的良好體態。在一九九八年背部受傷以前，他每年都會跑幾次馬拉松。他身高一八〇，身材勻稱，乍看像是上了年紀的體育好手。他戴一副方形金框眼鏡，眼神明亮犀利。索普每天要服用大量藥物，這是他健康計畫的一部分。如果他死了，他的遺體將被冷凍保存，等到科技足夠發達的那一天，他就能復活。索普計算過自己起死回生的機率，大概是二％（他真是到死還脫不去寬客的影子）。這是他擊敗莊家的終極版本。

就算肉體不滅的願望無法實現，索普也早已將大名永遠銘刻在了華爾街上，這一影響可以在一幢猶如倒置的結婚蛋糕的白色建築內得到體現。這幢建築就在索普紐波特比奇辦公室不遠處，是世界上最大的資金管理人（規模達一兆美元）太平洋投資管理公司的所在地。

太平洋投資管理公司的掌門人是債券之王比爾・葛洛斯，他大概是這個星球上除巴菲特之外最著名、最強大的投資者，葛洛斯的買賣決定可以引發全球固定收益市場大震盪。他的耐力也與投資能力一樣驚人。五十三歲時，他決定參加一場馬拉松系列賽，五天要跑五個馬拉松。到第五天時，他的腎臟吃不消了，鮮血開始順著他的大腿往下流。但葛洛斯沒有停下，他堅持跑完全程，直到通過終點線後才倒在救護車裡。

很少有人知道，要不是因為索普，葛洛斯就不可能成為債券之王。一九九六年，葛洛斯還是杜克大學的一名學生，一場車禍幾乎奪去了他的生命——一層頭皮被削掉，再往下一點他就身首異處了。死裡逃生的葛洛斯在醫院裡整整躺了半年，為了消磨時光，他打開了《擊敗莊家》，在病房裡反復試驗其中的策略。

索普接受採訪那天的晚些時候，葛洛斯在太平洋投資管理公司巨型交易室樓下的會議室裡說：「唯有透過實踐，我才能確認愛德華所說的是真是假。」他的紅色領結鬆鬆垮垮地耷拉在脖子周圍，活像一塊圍巾。他每天都要做冥想練習，身材瘦瘦高高，梳得一絲不苟的頭髮帶點橙色。他坐在椅子上，表情輕鬆，好像是在享受按摩似的。索普坐在葛洛斯身旁得意地笑道：「怎麼樣，沒騙你吧！這很有用！」

從車禍中恢復以後，葛洛斯決定在現實中檢驗這個系統，就像索普在二十世紀六〇年代早期所做的那樣。葛洛斯帶著兩百美元奔赴拉斯維加斯，很快便連本帶利滾到了一萬美元。他用這筆錢做為洛杉磯加大的研究生學費，攻讀金融學；求學期間，葛洛斯研讀《戰勝市場》他的碩士論文也是基於此書所闡述的可轉債投資策略。

在讀到索普的著作後不久，葛洛斯參加了一家名為太平洋人壽的公司的面試。[2]他沒有交易經驗，本來沒什麼機會獲選，但面試官注意到他的論文是關於可轉債的。葛洛斯說：「那個雇用我的人說：『聰明的應聘者不少，不過這傢伙對債券市場有興趣。』所以我要謝謝愛德華讓我找到了工作。」

葛洛斯和索普一起坐在太平洋投資管理公司的會議室裡，討論起凱利規則。索普正是靠著這套東西在二十世紀六〇年代的二十一點牌桌上起家；格羅斯指出，太平洋投資管理公司也在使用凱利的辦法。「我們的部門其實就是奠基在預測之上，二十一點和投資都一樣。」他一邊說著一邊指向交易室。「雖然我不想講得這麼誇張，但從風險管理的角度看，我們無非就是以職業手法在這裡玩二十一點，這也是我們獲取巨大成功的主要因素。」

索普點頭表示贊同。凱利規則的精髓就是防止投資者建立超過風險承受能力的倉位。索普解釋道：「你要確保自己不會過度下注。」

他們的對話又轉移到避險基金和槓桿。近幾年，資金向洪水一般湧入避險基金，使其資產管理規模從二十世紀九〇年代的一千億美元膨脹至兩兆美元。但索普說，實際上投資機會並沒有增加多少，這個行業已經沒有多少利潤了，但避險基金經理和銀行家的胃口並沒有因此而停止放大，這導致大規模的槓桿使用；換句話說，就是過度下注。如此一來。不可避免的後果就是：全球的賭徒全部輸個精光。

索普說：「長期資本管理公司就是典型的例子。未來我們還會看到更多這樣的案例。」

葛洛斯對此十分贊同，並強調太平洋投資管理公司跟巴菲特的波克夏·海瑟威一樣，基本上不使用槓桿。「利潤正在減少，要維持回報率水準，就必須增加槓桿率。而正是槓桿，也就是過度下注，導致了大崩盤。穩定性導致了不穩定，讓我們淪落此境。想當然耳的穩定性欺騙了所有人。」

索普說：「再好的投資，如果使用了過多槓桿，便可能導致災難性後果。」

大約一個小時後，葛洛斯起身，跟幫助他發跡的索普握手，然後走向太平洋投資管理公司的交易室，查看自己打理的近一兆美元資金表現如何。

索普同樣走回自己的辦公室，他也在為自己做些交易。索普對他雇來為自己打理資金的經理們失去耐心，決定親自操刀。他開發了一個看起來很管用的策略，但對此保密到家。二〇〇八年上半年，他在該策略上投入三千六百萬美元做測試，到二〇〇八年年末，這個不使用槓桿的策略（對外他稱之為X系統）獲得了

一八%的回報率。在二〇〇八年全年，X系統只在第一週出現過虧損，

而這一年，華爾街見證了史上最華麗的崩盤之一，貝爾斯登、美國國際集團、雷曼兄弟和其他多家金融機構轟然倒下，大本營投資集團虧掉了一半的資金、AQR虧損超過四〇%、薩巴虧掉了近二十億美元。

索普重出江湖了。

譯注

1 希波克拉底是古希臘醫生，《希波克拉底誓詞》（Hippocratic Oath）是醫生對病人、對社會的責任及行醫行為規範的誓言。

2 後來的太平洋投資管理公司，原先是太平洋人壽（Pacific Mutual Life）的子公司之一。

14

暗池，寬客交易的新寵

二〇〇九年四月下旬一個悶熱的星期二晚上，第七屆華爾街撲克之夜開賽，寬客們又在曼哈頓中城的聖瑞吉斯飯店凡爾賽大廳聚首了。

這一次的氛圍比三年前要壓抑得多。那時，精英數學交易員站在投資世界的巔峰；此時，好幾位上一屆的風雲人物——肯・格里芬、克里夫・艾斯尼斯和博阿茲・魏因斯坦——都沒有露面。他們沒時間參加比賽了。市場已經進入新時代，金錢不再像從前那樣源源不斷地滾入，現在他們得主動出擊推銷自己的基金。

格里芬正在比佛利山的米爾肯全球機構會議（Milken Institute Global Conference）上，與前垃圾債券之王麥克・米爾肯攀關係。在這場會議上，各路富豪彙聚一堂，向同行顯示自己的聰明才智。

首次公開募股夢碎之後，格里芬正在尋求其他出人頭地的途徑，但二〇〇九年上半年他諸事不順。手下多位頂級交易員離他而去，不過這也是理所當然，因為大本營的主基金肯辛頓在二〇〇八年虧掉了資產規模的一半，代表若想拿到誘人的激勵費（基金經理在基金產生一定利潤後獲得的分成），就得在目前的資產基礎上翻倍之後才開始有得分潤，這恐怕得花上好幾年時間。對追求及時行樂的避險基金經理們來說，幾年宛若永恆，或乾脆直說永遠拿不到。

格里芬並沒有就此關閉基金，而是推銷新基金、新策略以及新激勵費結構。他也開始在其他投資銀行衰退之際涉足該類業務，其中的諷刺異味相當濃厚：那些投資銀行轉型避險基金失敗，最後不得不淪為商業銀行，而現在有一家避險基金居然在向投資銀行轉型！

在某些人看來，格里芬在做困獸之鬥，其他人則把這一舉動看成另闢蹊徑。這位芝加哥大學的避險基金王者儘管搖搖欲墜，他正在從被聯邦紓困縛住手腳的競爭對手那裡搶奪業務。他的基金正在謀劃東山再起，今年上半年，隨著混亂逐漸消退，大本營開始盈利。無論如何，格里芬希望投資者將二〇〇八年的災難視為偶發事件，但要說服投資者並非易事。

與此同時，魏因斯坦正在芝加哥推銷自己的避險基金。他使出渾身解數，想使投資者明白他留給德意志銀行的二十億美元損失純屬意外，這是只有在最瘋狂的市場中才會發生的不幸事件。到六月上旬，他僅為新基金——薩巴資本管理公司（Saba Capital Management）——籌集到兩億美元，與他在德意志銀行所主宰的三百億美元相比簡直不值一提。薩巴資本管理公司坐落於曼哈頓中城克萊斯勒大廈，計劃在夏天開始交易。

艾斯尼斯待在家裡，一邊逗著自己的兩對雙胞胎，一邊看著自己支持的紐約遊騎兵隊（New York Rangers）在北美職業冰球聯賽東部季後賽中的第七戰輸給華盛頓首府隊（Washington Capitals）。他也在忙於發佈自己的新基金。ＡＱＲ正在向常規、低費用的共同基金業務進發。為了顯示對自己策略的信心，艾斯尼斯投入了大筆自有資金在AQR中，光是絕對回報基金中就有他自已的五百萬美元。此外，他還向AQR在二〇〇八年新發行的德爾塔基金（Delta）投入了五百萬美元。德爾塔是一個低費用避險基金，它量化複製了所有避險基金策略，從多空策略到「全球宏觀」策略無所不包。

二〇〇九年以來，AQR旗下基金大多表現良好，其中可轉債基金業績尤為出色，這些基金所用的正是數十年前愛德華．索普在《戰勝市場》中闡述的策略；自二十世紀九〇年代以來，這一策略催生了大本營和其他數以百計的避險基金。艾斯尼斯甚至認為，最壞的時刻最終已經過去了。他忙裡偷閒，抽空休息了一陣子。在沒日沒夜地連續工作幾個月之後，三月份他外出度了一週假，徜徉在蘇格蘭崎嶇的山路間，連黑莓手機都不帶。

不過，聖瑞吉斯飯店的會場還有彼得．穆勒。皮膚黝黑的他身穿棕色夾克，輕快地走入凡爾賽大廳的玩家群中呼朋喚友，露著一臉加州風格的燦笑。

乍看之下，穆勒鎮定自若，也很有道理：二〇〇八年他斬獲兩千萬盈利，屬於摩根史坦利頂尖之列。但他的內心其實在翻江倒海。一週前，《華爾街日報》報導說過程驅動交易小組可能會從摩根史坦利分拆出來，部分原因是摩根史坦利已接受聯邦紓困資金，可能導致過程驅動交易小組的巨額獎金受到影響。

穆勒為過程驅動交易小組規劃新業務模式已經一年多了，但他一直在媒體面前三緘其口。《華爾街日報》的報導無異於洩漏先機，讓他陷入無盡的官僚主義泥淖中。轉眼間，過程驅動交易小組成了華爾街與美國政府的巨人之戰的焦點。有些人認為摩根史坦利是在下很大的一盤棋——分拆過程驅動交易小組，對它做一筆大投資，這樣就可以既拿到紓困資金、也不會害交易員損失豐厚的獎金。

對穆勒來說，這是個噩夢。滑稽的是，摩根史坦利倒打一耙，指責是穆勒將消息傳了出去。顯然這不是穆勒所為——不到萬不得已，穆勒是絕不會迎合媒體的。

但此時他眼裡只有撲克。一上牌桌，穆勒就興奮起來了。

已經七十一歲的吉姆．西蒙斯也出席了這次比賽。他站在餐桌邊，穿著藍色夾克、灰色便褲，儒雅地捋著花白鬍子。但文藝復興科技公司最近日子並不好過。

規模九十億美元的大獎章基金仍舊在盈利，二〇〇九年前四個月已獲利一二%。但文藝復興機構股票基金，西蒙斯口中足以運作一千億美元（這一數字從來沒有達到過）的巨無霸，卻在今年市場反彈的情況下虧損了一七%，打破了西蒙斯永不虧損的神話。儘管西蒙斯從未保證文藝復興機構股票基金應該和大獎章基金取得同等的業績，但文藝復興機構股票基金的投資者仍對兩大基金之間的表現差異十分不滿。文藝復興科技公司的資產管理規模已大為縮水，在二〇〇八年從三百億美元下滑到一百八十億美元，離二〇〇七年八月大崩潰前的峰值三百五十億美元更是相去甚遠。

西蒙斯的生活也起了重大變化，表明他正準備從自己於一九八二年建立的基金中淡出。二〇〇八年，他去了趟中國，向中投公司（由中國政府持有並運營其兩千億資本）推銷文藝復興科技公司。中國之行雖然沒有談成交易，卻清晰地表明這位上了年紀的數學天才準備退休了。消息靈通人士說，可能的繼任者包括前IBM語音辨識權威彼得．布朗和羅伯特．默瑟。

也許最令人震驚的是，一天抽三包煙的老煙槍西蒙斯居然戒煙了。

與此同時，其他頂尖寬客也在三三兩兩地聊個不停。尼爾．克里斯，就是婚禮被塔雷伯和穆勒之間關於市場是否可戰勝的爭論鬧得不可開交的那位，在一張桌子上向幾位朋友大發感慨。克里斯頭腦聰明，是寬客界冉冉升起的新星。他是名副其實的數學家，曾在哈佛大學執教。不久前，他發佈了自己的避險基金哈欽希爾資本公司（Hutchin Hill Capital），該基金在二〇〇八年大獲成功，文藝復興科技公司是該公司的財務支持者之一。

比賽還沒開始，後場已經擺開了私人牌局。科洛妮．高恩和T．J．克盧捷這兩位職業高手在旁圍觀，看著玩家的爛牌技直搖頭。

凡爾賽大廳裡的人們正在享用美食。市場崩潰沒有影響他們的打扮，倒是影響到了他們的食欲。吧台早已準備好香檳和葡萄酒，但沒什麼人喝，很多人都在玩牌，幾年前的熱烈氣氛，今朝已不復見。

開賽鐘聲響起，將玩家召喚到主廳。牌桌上，撲克牌排成彩虹狀，莊家衣冠楚楚，早已恭候多時。西蒙斯向人群致詞，大談這項賽事如何一年勝似一年，對數學教育如何起到推進作用。諷刺的是，在座的寬客卻沒有想過，正是他們所從事的職業造成數學人才的大量流失，使本應在高能效汽車、高速電腦、甚至是高效率捕鼠器領域大顯身手的數學天才，紛紛轉而為富人設計智慧賺錢機器。

很快，牌局開始了。今年的冠軍是尼爾．克里斯，他在金融市場的好運氣延續到牌桌上。穆勒則沒有打進決賽。

三年來，華爾街幾乎沒有一天安穩的日子。對那些曾出席二〇〇六年華爾街撲克之夜的交易員和避險基金經理來說，生活已經發生了極大的變化，黃金歲月來了又走。他們仍然能夠賺錢，但又快又好地賺錢，動輒十億美元的瘋狂入賬，已不再是易如反掌、人人可得的事。

穆勒待在自己聖塔芭芭拉的家中，思考著過程驅動交易小組的未來。這不僅關係到穆勒，也將對摩根史坦利（昔日華爾街弱肉強食的投資銀行世界中的至尊強者）的未來產生極大影響。二〇〇九年，過程驅動交易小組儘管遭受重創，仍是摩根史坦利規模最大的自營交易部門。將過程驅動交易小組剝離，意味著摩根史坦利停止向激進的風險承擔者轉型，重新做回古板的「白鞋」銀行公司，回到貸款和撮合買賣的業務上，不再在金錢網路中跳長袖之舞，不再在信用違約交換和其他複雜性衍生性商品的世界中叱吒風雲，不再在依靠強大電腦和複雜量化模型的領域中賺錢。

可以確定的是，摩根史坦利曾經的神秘量化賺錢機器及其才華橫溢的掌門人，必將發生天翻地覆的變化。格里芬、穆勒、艾斯尼斯和魏因斯坦，不約而同地將目光投向了未來，打算東山再起。在經歷了焦頭爛額之後，他們自信地認為自己必能學會曲突徙薪。

但巨大的風險仍然潛伏，曾有巨虧紀錄的避險基金經理格外可能引發危機。吃過苦頭的投資者可能提出更為挑剔的條件，變得更加缺乏耐心，只要不能立刻斬獲豐厚利潤，他們就會翻臉。如果真的到了這步田地，遊戲也就結束了。

這意味著，避險基金經理將有巨大的動機把基金的量能逼至極限，以求獲取高額回報，抹去投資者心中他們曾經搞砸的印象。既然無論大虧、小虧或小賺，到頭來都會導致基金關門大吉，提高槓桿、孤注一擲的誘惑就會相當強烈。

這類自我毀滅性的偏執行為與現代金融學教義大相徑庭，比如有效市場假說認為市場總是趨於穩定均衡的理念。這些理論已不再像過去那樣堅不可摧，就連最忠實的信徒葛林斯潘也倒了戈，宣稱在自己長期捍衛的經濟學理性秩序中發現一個缺陷。

近幾年，新理論紛紛將金融市場中的混亂行為納入研究範圍。艾斯尼斯在華頓商學院的老師、二〇〇七年八月發出廣受讚譽的喪鐘警告的羅聞全，提出一種新理論，他稱之為適應性市場假說（adaptive market hypothesis）。

傳統理論將市場看做是理性舞者隨著巴哈的清唱套曲（cantata）翩翩起舞的舞會，而在羅聞全看來，市場更像是一場鼓聲隆隆、參與者眾的重金屬音樂盛會，各方勢力爭得你死我活，跳的是生存之舞。市場參與者一刻不停地尋覓著市場的無效性，並將其一掃而光（市場就在此過程中不斷回歸均衡），然後繼續尋找新的獵物，或者自己成為獵物。於是，市場呈現出充滿破壞和創新的混亂迴圈。

這種觀點令人沮喪，但在很多人看來更為接近現實，至少它不會對二〇〇七年八月起出現的大混亂視而不見。

此外，還有二〇〇二年諾貝爾經濟學獎得主丹尼爾・康納曼（Daniel Kahneman）提出的行為金融學。[1]行為金融學（通常在小黑屋般的實驗室裡拿倒楣的本科生做實驗）發現，**當人們面對金錢時，並不會一貫做出最優選擇**。另一組類似思維是神經經濟學（neuroeconomics）。神經經濟學與行為金融學有諸多相似之處，它透過深入研究大腦的神經線路來探索為何人們總是做出非理性決策——例如，有些投資者喜歡購買和他們的名字相近的股票，還有些人喜歡透過股票的英文代碼選股。有證據表明，**大腦中某些部位容易產生「貨幣幻覺」，使人們看不見未來事件的影響**（比如通貨膨脹對現金現值的影響），對遲早要破滅的投機泡沫視而不見。

頂尖智庫機構聖達菲研究所（Sante Fe Institute，創建者就是二十世紀九〇年代早期與穆勒有過一面之緣的避險基金經理多伊思・法默）的研究小組提出了一個新觀點：**將金融市場視為各種力量相互作用的生態系統**。這一觀點希望從各方勢力角逐有限資源的角度看待市場（與羅聞全的進化論觀點非常相似），使經濟學家、分析師、甚至交易員能夠更加全面地理解市場如何運行、如何與這些市場互動，而不至於將其毀滅。

同時，儘管寬客被指責為金融危機的罪魁禍首，但很少人要求將寬客趕出華爾街（塔雷伯這樣的極端份子除外）。這樣做就好比是因發生了橋樑坍塌事故而禁止土木工程師參與橋樑建設。事實上，很多人認為應該把目光著眼於設計出更好的橋樑；對寬客而言，這意味著更好、更穩健、足以抵禦金融海嘯的模型。

這樣的跡象已經顯現，越來越多公司採用了將幾十年前曼德博所描述的狂野肥尾波動也考慮在內的模型。發明了基於鐘形曲線的ＶＡＲ風險模型的Ｊ・Ｐ・摩根，推出了一個基於肥尾分佈的資產配置新模型；芝加哥投資研究集團晨星公司（Morningstar）為退休計畫參與者，設計了基於肥尾假設的投資組合預測工具；彼得・穆勒的老東家BARRA公司，也開發出一種應對潛在黑天鵝事件的最新風險管理策略。

市場則自顧自地繼續著反常走勢。二〇〇八年下半年的千點大波動已成為過去，但二〇〇九年的股市仍在泥淖中苦苦掙扎，只在年初略微反彈了一下；房地產市場看起來似乎要跌到下一個十年才止得住。銀行和避險基金忙於削減槓桿，向新投資者（即美國政府）保證將謹慎行事。但有跡象表明，形勢還會進一步惡化。

二〇〇九年春，多家銀行開始報告高於預期的盈利，部分原因是會計規則有所改動。華爾街將回到大派獎金的日子的傳言甚囂塵上，著名銀行分析師布拉德・欣茨（Brad Hintz）對《紐約時報》說道：「他們又要舉起罪惡的手了。」

與此同時，避險基金也在遭遇又一波大震盪。四月，巴克萊量化研究員馬修・羅斯曼（前雷曼兄弟員工）提出報告，說「追蹤量化策略的指數紛紛出現自發佈約一萬五千天以來最大的漲幅和跌幅」。

引發大崩潰的有毒資產市場正在大幅萎縮。擔保債權憑證已經萬劫不復，信用違約交換交易清淡，但華爾街其他潛在的危險量化小玩意兒就像雜草一般，野火燒不盡，春風吹又生。

人們開始擔憂一種叫做交易所交易基金（ETF）的高槓桿投資工具，投資者將大量金錢投入了諸多這種高槓桿基金。這些基金追蹤著各種各樣的市場，比如原油、黃金股、銀行股等。光是在二〇〇九年三月，就有約三十四億美元新資金湧入槓桿型ETF。各銀行的量化交易部門和避險基金開始用專門的工具追蹤ETF，以弄清這些基金何時開始買賣。如果他們能夠預測未來——也就是說，如果他們掌握了真諦——他們就可以搶先建倉，坐等盈利。

人們擔心之處是，如果所有交易所交易基金同時買入（或賣出，許多ＥＴＦ容許賣空），就很有可能掀起毀滅性的劇烈動盪。巴克萊全球投資者公司的兩位頂級研究員陳明德（Minder Cheng）和阿南思．麥德哈範（Ananth Madhavan）在一份交易所交易基金研究報告中稱，這種工具可能造成意外後果，給市場帶來潛在系統風險。他們寫道：「ＥＴＦ很有可能扮演一九八七年大崩盤中投資組合保險所扮演的角色。」

另一大憂慮是電腦驅動的高頻交易基金，如文藝復興科技公司和過程驅動交易小組，在交易量的爆炸式增長。晶片速度變快、網路速度變快、演算法也在變快，於是交易成了競速比賽，瞬間交易是當下最熱門的東西。各大基金的交易速度已經達到了微秒（百萬分之一秒）的水準。在距離曼哈頓下城大約三十五英哩的紐澤西州莫瓦市，紐約證券交易所正在建造新的巨型資料中心，規模有三個足球場那麼長，比第二次世界大戰時期的飛機場還大，專門用來處理電腦化交易。

約紐證券交易所聯席資訊長斯坦利．楊（Stanley Young）告訴《華爾街日報》：「當人們談及紐約證券交易所，就會想起它。它是我們的未來。」

但監管者對此感到憂心忡忡。越來越多的高頻交易公司從經紀人那裡借入電腦識別碼，直接「裸准入」（naked access）交易所，證券交易委員會對此非常擔心。高頻交易公司對市場有諸多好處，它們的存在使投資者買賣股票變得更容易，因為不論何時總有高頻交易者願意當你的交易對手方。但它們同時也帶來了一大問題：風險管理水準很差的流氓基金，會引發破壞性的賣潮。

一位向高頻交易公司提供服務的某公司高層說：「我們認為這樣很危險。我擔心一個長期資本管理公司式的炸彈，會在短短五分鐘內爆炸。」

二〇〇九年七月，高頻交易的世界終於來到了媒體的聚光燈下。剛從高盛程式師位子上辭職的寬客謝爾蓋・阿利尼科夫（Sergey Aleynikov），在結束了芝加哥之旅後，乘飛機前往紐華克自由機場（Newark Liberty Airport），一下飛機就被美國聯邦調查局的特工逮捕並起訴，罪名是竊取高盛高頻交易團隊的機密原始碼。雙方在法庭上展開唇槍舌戰。

此事因與另一支芝加哥避險基金巨頭有關而平添了幾分神秘色彩，這支避險基金就是大本營。阿利尼科夫剛剛在泰莎技術公司（Teza Technologies）獲得了一份新工作，而泰莎技術的創始人就是大本營的賺錢機器、戰術交易部門的前掌門人米沙・馬利舍夫。阿列尼科夫被捕六天後，大本營也將馬利舍夫及其數名同事（均為前大本營員工）告上法庭，聲稱他們違反了競業條款，而且可能竊取了大本營的原始碼，但被告人斷然否認。

該案披露了從前不為人知的大本營快速交易操作的細節。戰術交易部門的辦公室戒備森嚴，由全副武裝的保全看守，需要輸入特殊代碼才能進入，而且裝有多部監控攝影機，以確保大本營的獨有資訊不被竊取。多年來，大本營在程式碼開發方面投入了上億美元，如今指控馬利舍夫及其同夥威脅到這筆投資。

該案還披露，戰術交易部門簡直是一台印鈔機，二〇〇八年該部門利用市場波動獲利超過十億美元；與此同時，大本營的避險基金業務則虧損高達八十億美元。這不禁令人質疑格里芬在二〇〇七年將戰術交易從避險基金業務中拆分出來的舉動——此舉使他在這台賺錢機器中所占的股份大增，同一時刻他的投資者卻在遭受重創。根據熟悉戰術交易財務狀況的人士透露，大本營的幾位高層（主要是格里芬）擁有基金六〇%的所有權，而該基金規模已達二十億美元。

這些爭議引起了監管者和普通投資者的警覺，他們不曾料到，光速交易已經成了金錢網路的核心。這個由格理·班伯格和吉姆·西蒙斯在二十世紀八〇年代提出，大衛·肖和彼得·穆勒等人在九〇年代深化的策略之網，如今被極速交易所主宰了。但是，隨著電腦驅動交易達到了令人瞠目的高速，危險也在潛滋暗長，人們對此感到擔憂絕非無理取鬧。

很多電腦驅動交易基金將目光投向了一種新型的股票交易機制：暗池（dark pool）。暗池是一種神秘的電腦交易網路，可以利用無摩擦的網路空間撮合大宗股票交易買賣指令。通常，股票交易必須在公開交易所（如納斯達克和紐約證券交易所）內進行，過程完全公開，任何人都能看得一清二楚。而暗池，顧名思義，進行的是黑箱操作的匿名交易。

目前，暗池層出不窮，比如SIGMA X、Liquidnet、POSIT、CrossFinder、NYFIX Millennium HPX等等。在這些看不見、摸不著的電子交易池中，大量股票在監管者的視線之外被轉手。在原本不見天日的衍生性商品一步步被置於監管之下的同時，股票交易卻在一步步走入陰暗王國。

越來越多避險基金開始發展在不同交易池間套利的新策略，它們無止境地尋找著股票在不同交易池間的價差，甚至不惜採取可疑手段和掠奪性演算法（predatory algorithm）來人為製造價格變動。避險基金就像是暗池中的潛水艇，不停地發出電子信號搜尋著獵物：流動性。它們的所作所為大多極為隱蔽，比監管手段超前了不知道多少光年。

暗池也為極速高頻交易提供了良機——這正是文藝復興科技公司、肖氏避險基金和過程驅動交易小組的拿手好戲。NYFIX Millennium HPX交易池可以在三毫秒內回應客戶的交易指令，該交易所的宣傳手冊稱，交易者只要具備「必殺技」，就能依靠「相對於措手不及的對手的巨大速度優勢」，在暗池中取得成功。

散戶的退休夢，撞到了避險基金武士的刀口上。

這一新發展趨勢是否會給金融體系帶來更大的風險尚不清楚。新技術的使用者聲稱更快的交易速度提高了「流動性」，使交易變得更容易、更便宜。但二〇〇七年和二〇〇八年的金融恐慌已經表明，當你不需要流動性的時候，這東西到處都是，一旦你急需它們，它們又消失得無影無蹤。

與此同時，美國國會、歐巴馬總統和監管者不斷宣稱要實施新規則、推行新監管模式，並已獲得了一定進展。信用違約交換清算所已經建立，以便更好地追蹤這些燙手的合約。但與此同時，金融工程師們肯定也在不遺餘力地開發新方法，妄圖繼續在影子世界中呼風喚雨。

看吧——有毒槓桿化投資工具正在全球熱銷，避險基金在大玩回報率遊戲，電腦已足以自動進行光速交易，掠奪性的必殺演算法正在暗池中狩獵流動性……

而這些東西的背後，就是寬客。

譯注

1 康納曼與同僚阿莫斯．特沃斯基（Amos Tversky）於一九七九年提出展望理論（prospect theory），因此獲得二〇〇二年的諾貝爾經濟學獎。但特沃斯基已在一九九六年過世，故沒能獲獎。

國家圖書館出版品預行編目 (CIP) 資料

撼動華爾街的數學鬼才：瘋狂又高智商的淘金客，如何運用量化交易鯨吞市場、掀起海嘯 / 史考特．派特森 (Scott Patterson) 著；盧開濟譯．-- 初版．-- 臺北市：商周出版：英屬蓋曼群島商家庭傳媒股份有限公司城邦分公司發行, 2021.07
面；　公分
譯自：The quants : how a new breed of math whizzes conquered Wall Street and nearly destroyed it
ISBN 978-986-0734-77-5(平裝)
1. 傳記 2. 定量分析
784.21　　110008529

BW0775

撼動華爾街的數學鬼才

瘋狂又高智商的淘金客，如何運用量化交易鯨吞市場、掀起海嘯

原文書名／The Quants: How a New Breed of Math Whizzes Conquered Wall Street and Nearly Destroyed It
作　　者／史考特．派特森（Scott Patterson）
譯　　者／盧開濟
責任編輯／劉羽芩
協力編輯／李皓歆
企劃選書／黃鈺雯
版　　權／黃淑敏、吳亭儀
行銷業務／周佑潔、林秀津、賴晏汝

總 編 輯／陳美靜
總 經 理／彭之琬
事業群總經理／黃淑貞
發 行 人／何飛鵬
法律顧問／台英國際商務法律事務所　羅明通律師
出　　版／商周出版
臺北市 104 民生東路二段 141 號 9 樓
電話：(02) 2500-7008　傳真：(02) 2500-7759
E-mail: bwp.service@cite.com.tw
發　　行／英屬蓋曼群島商家庭傳媒股份有限公司　城邦分公司
臺北市 104 民生東路二段 141 號 2 樓
讀者服務專線：0800-020-299　24 小時傳真服務：(02) 2517-0999
讀者服務信箱 E-mail: cs@cite.com.tw
劃撥帳號：19833503　戶名：英屬蓋曼群島商家庭傳媒股份有限公司城邦分公司
訂購服務／書虫股份有限公司客服專線：(02) 2500-7718；2500-7719
服務時間：週一至週五上午 09:30-12:00；下午 13:30-17:00
24 小時傳真專線：(02) 2500-1990；2500-1991
劃撥帳號：19863813　戶名：書虫股份有限公司
香港發行所／城邦（香港）出版集團有限公司
香港灣仔駱克道 193 號東超商業中心 1 樓
E-mail: hkcite@biznetvigator.com
電話：(852) 25086231　傳真：(852) 25789337
E-mail：hkcite@biznetvigator.com
馬新發行所／Cite (M) Sdn. Bhd.
41, Jalan Radin Anum, Bandar Baru Sri Petaling, 57000 Kuala Lumpur, Malaysia.
電話：(603) 9057-8822　傳真：(603) 9057-6622　E-mail: cite@cite.com.my

封面設計／萬勝安
美術編輯／簡至成
製版印刷／韋懋實業有限公司
經 銷 商／聯合發行股份有限公司　電話：(02) 2917-8022　傳真：(02) 2911-0053
地址：新北市 231 新店區寶橋路 235 巷 6 弄 6 號 2 樓

2021 年 07 月 08 日初版 1 刷
2023 年 02 月 23 日初版 4 刷
Printed in Taiwan

定價 460 元
ISBN: 978-986-0734-77-5
版權所有．翻印必究
ISBN: 978-986-0734-65-2 (EPUB)

城邦讀書花園
www.cite.com.tw